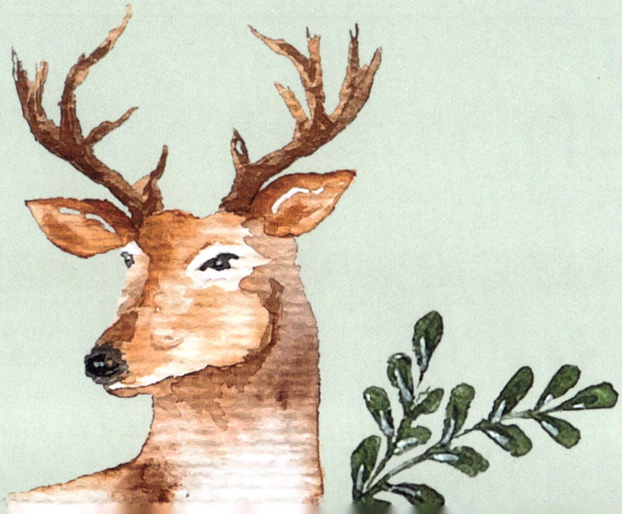

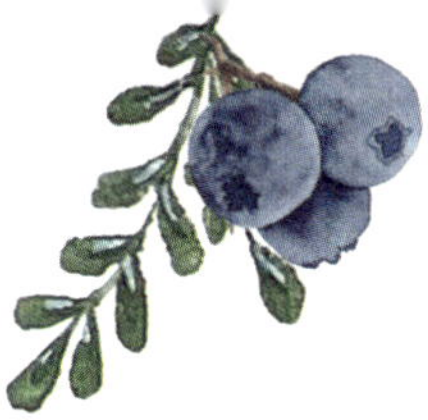

Inhalt

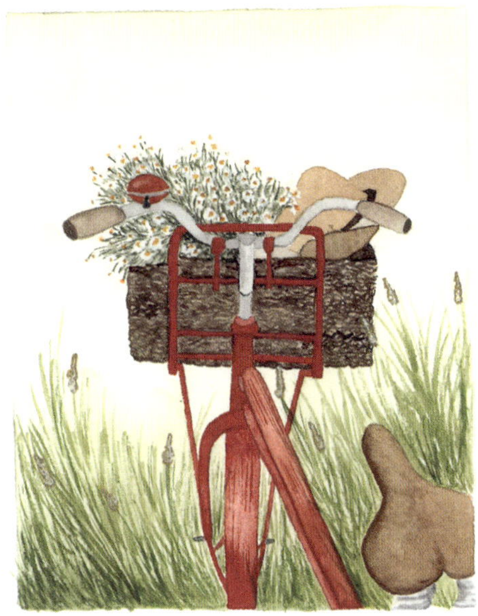

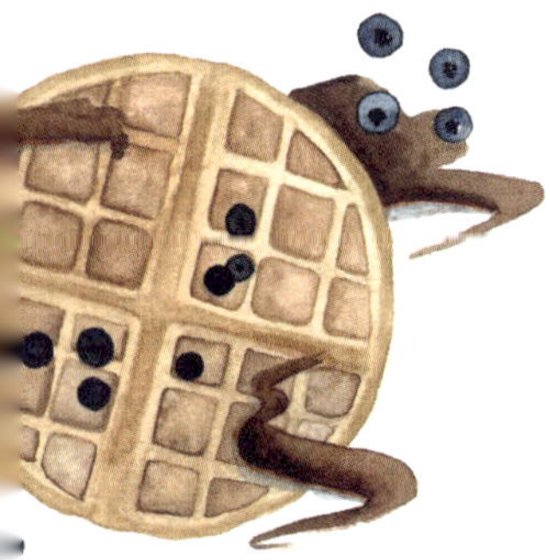

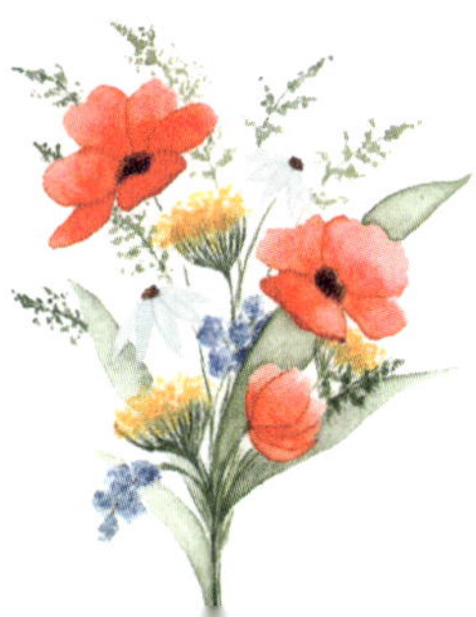

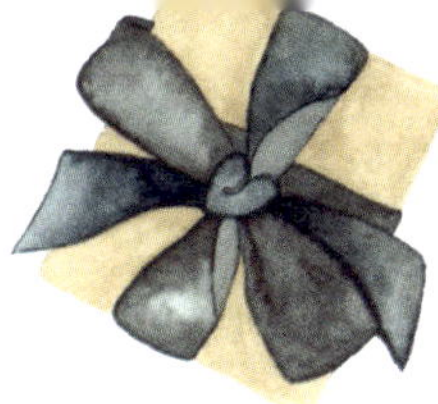

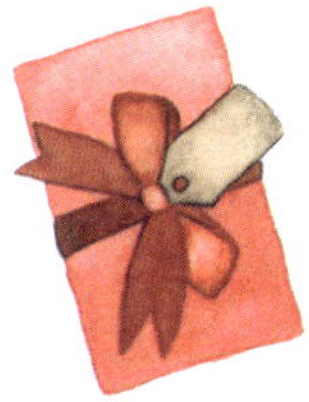

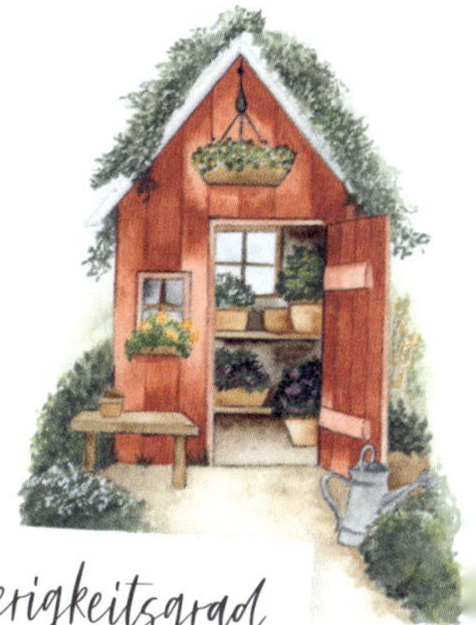

Schwierigkeitsgrad

sehr einfach

einfach

etwas schwieriger

herausfordernd

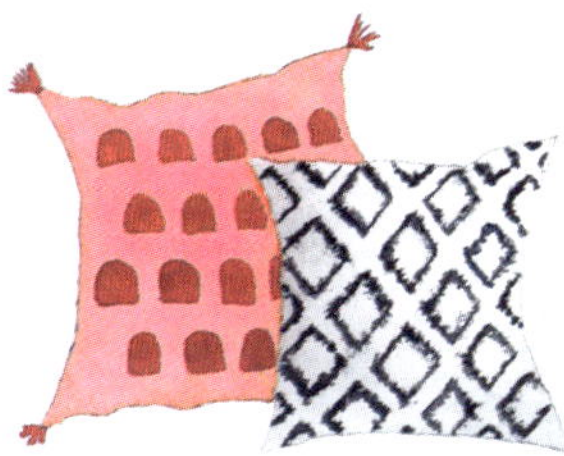

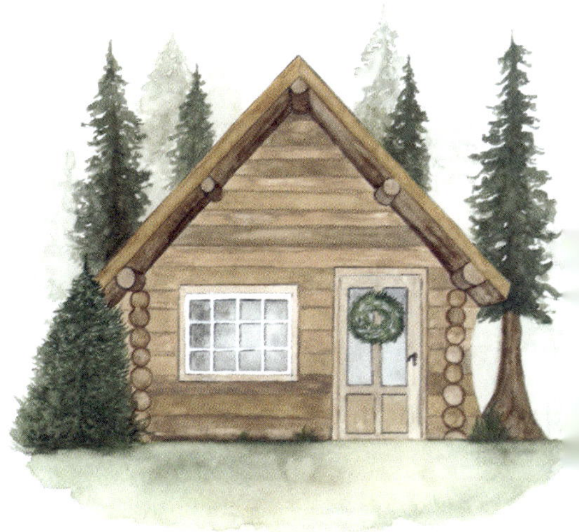

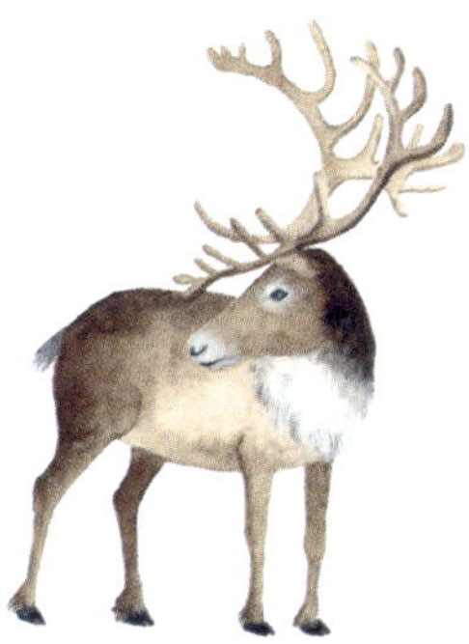

Hej.

Ich bin Victoria und meine Leidenschaft ist das Malen. An meinen Kreativtagen in der Woche gestalte ich natürliche und gemütliche Watercolor-Bilder oder gebe meine Erfahrungen in Mal-Workshops weiter. Immer mit dabei: die Freude am Malen und Ausprobieren, eine natürliche Farbpalette und der Blick für Inspiration aus der Natur und kleinen Alltagsmomenten.

Während diese Zeilen ihren Weg in meinen Laptop finden, erlebe ich gerade den „Ich sitze im Café und schreibe ein Buch"-Moment. Wie verrückt! Hätte mir das jemand vor ein paar Jahren gesagt, hätte ich es nur schwer geglaubt. Daher macht es mich umso glücklicher, dass du gerade mein Buch in den Händen hältst und Lust hast, in die kreative Watercolor-Welt einzutauchen.

Kreativität ist dabei so unterschiedlich wie der persönliche Charakter. Ich bin der Überzeugung, dass in jedem von uns ein kreatives Potenzial schlummert, das nur darauf wartet, ausgelebt zu werden, z. B. beim Malen. Die eigene Kreativität darf dabei auch immer wieder neu entdeckt werden.

Meine Kreativität lebte ich von klein auf im Malen und Zeichnen aus und lernte dann im Studium, mein Auge im visuellen Gestalten zu schulen. Über den Lauf der Jahre sammelte ich Erfahrungen mit verschiedenen Materialien wie Öl oder Bleistift und fand dann meine Leidenschaft für Aquarellfarben. Das Mischen von Farben und Entstehenlassen von Watercolor-Motivwelten lässt mich in meine eigene Kreativwelt eintauchen und den Alltag pausieren.

In meinem Buch „Hej. Skandi Watercolor" möchte ich dich mitnehmen in die Welt von Zimtschnecken, Rentieren und Schwedenhäusern. Die skandinavischen Länder bieten eine ganz wunderbare Inspiration für natürliche Motive und geben diesem Buch einen roten Faden.

Im theoretischen Teil findest du neben einigen Materialempfehlungen die Watercolor-Basics einfach erklärt sowie Pinselübungen zum Warmwerden. Im praktischen Teil warten 20 Watercolor-Projekte aus der Skandi-Welt auf dich. Für alle, die noch tiefer eintauchen wollen, gibt es zudem vier Fokusthemen jeweils am Anfang jedes Kapitels, um Detailthemen zu vertiefen.

Damit von Watercolor-Beginner*in bis Pinselexpert*in jede*r das passende Projekt findet, lässt sich der Schwierigkeitsgrad jedes Motivs an der Anzahl der Pinsel-Icons ablesen.

Und bevor es jetzt losgeht, habe ich noch einen kleinen Wunsch für dich: Genieße deine kreative Pause im Alltag, habe Spaß beim Ausprobieren und sei nicht so hart mit dir, wenn ein Motiv mal nicht so gelingt wie geplant, sondern sei dankbar für die Zeit, die du dir und deiner Kreativität widmest. Und zu guter Letzt: Lächeln nicht vergessen, wenn du dein eigenes Skandi-Watercolor-Bild in den Händen hältst.

Viel Spaß beim Kreativsein!

Deine

Victoria

Ich bin super gespannt auf deine Skandi-Watercolor-Projekte! Teile sie gern unter dem Hashtag
#hejskandiwatercolor
auf Instagram.

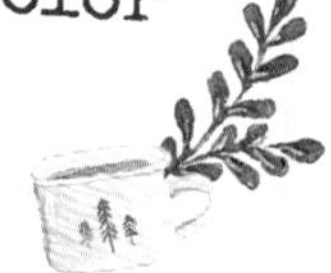

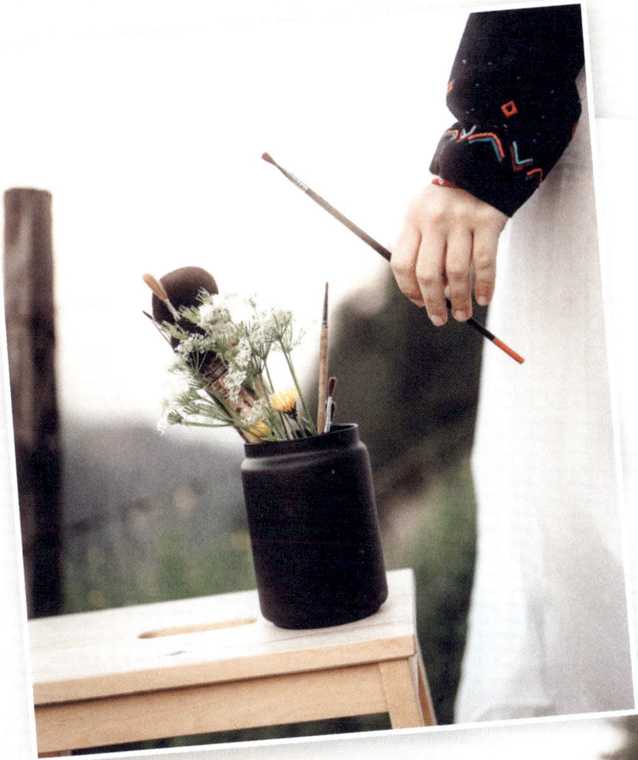

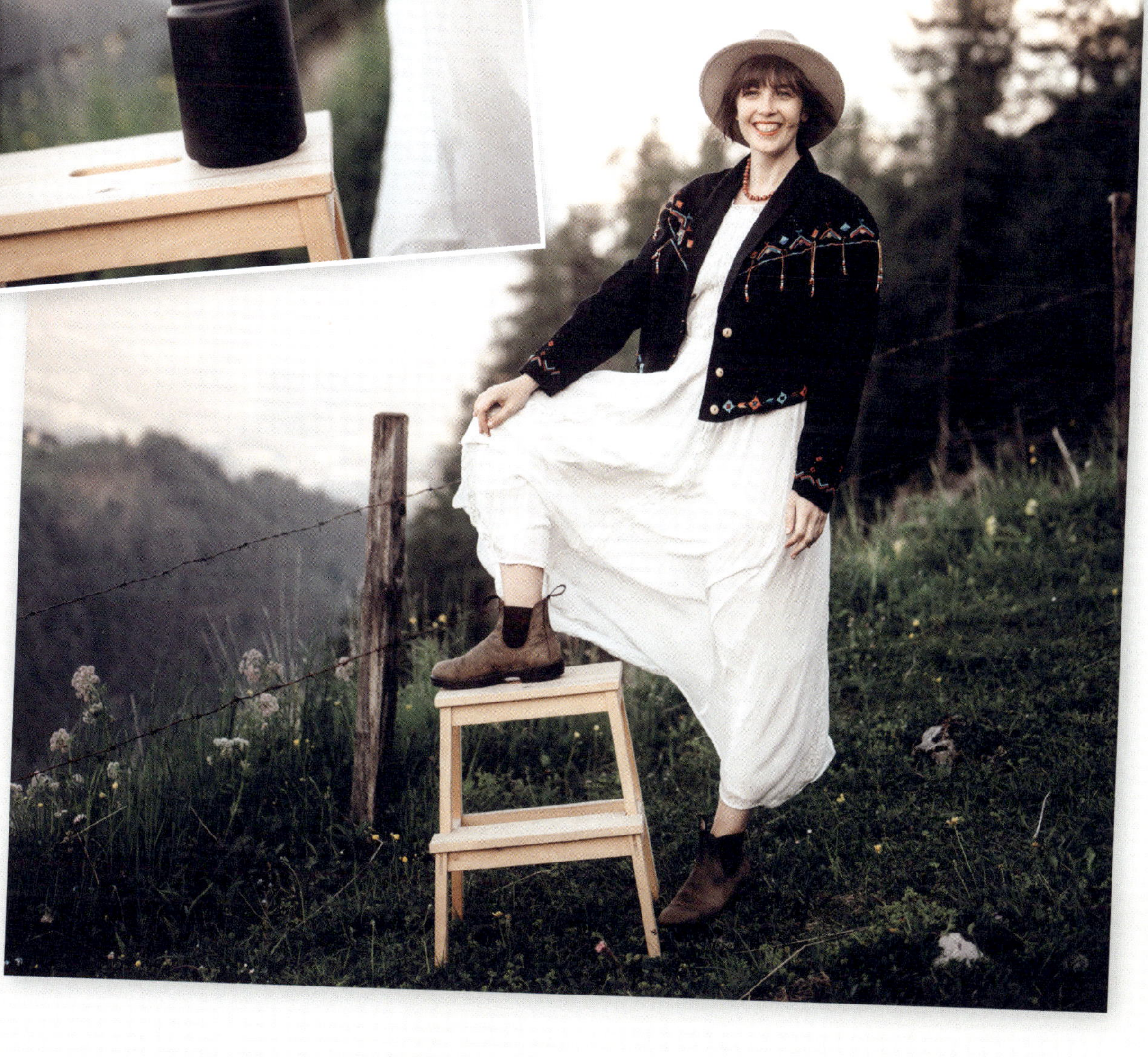

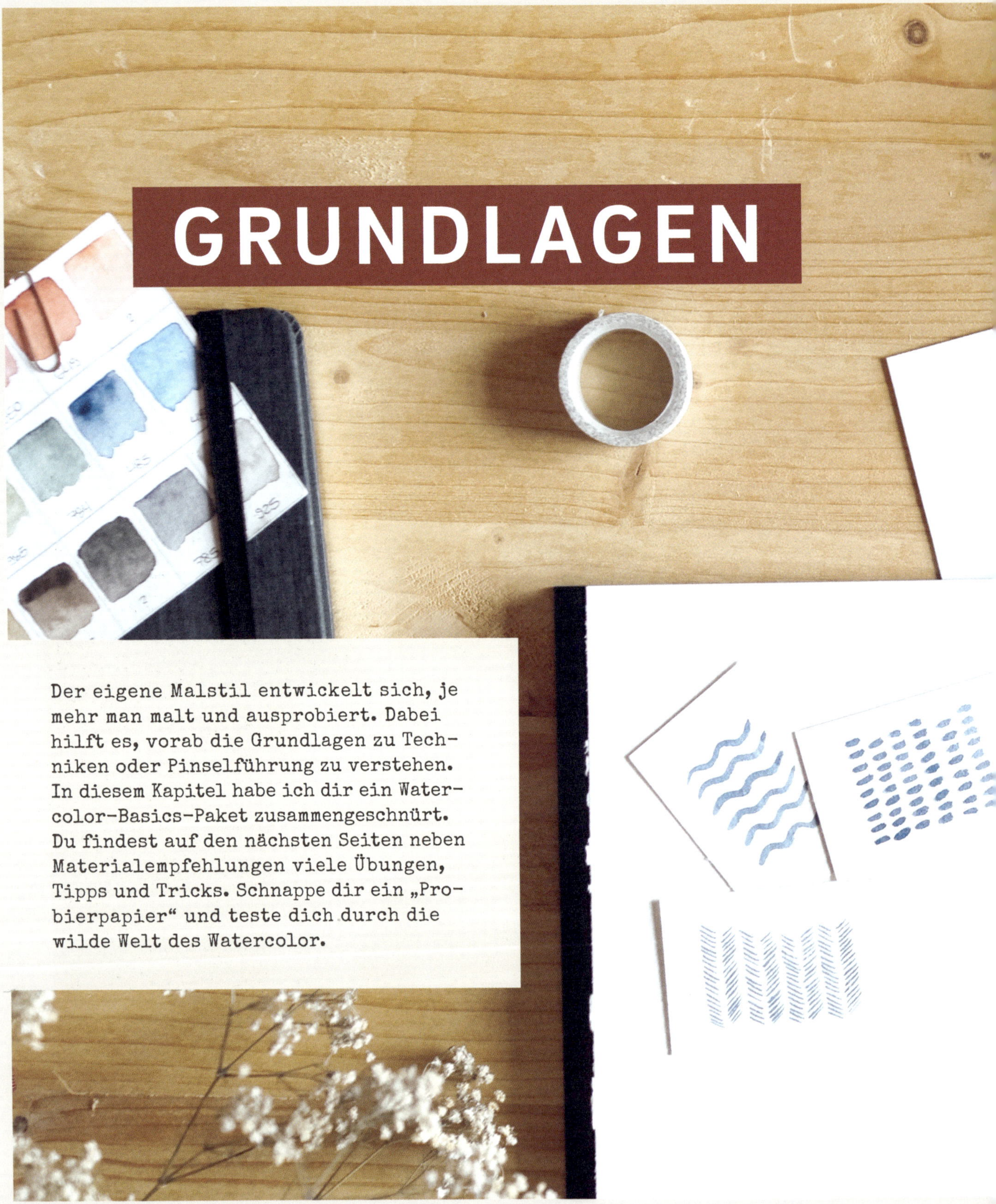

GRUNDLAGEN

Der eigene Malstil entwickelt sich, je mehr man malt und ausprobiert. Dabei hilft es, vorab die Grundlagen zu Techniken oder Pinselführung zu verstehen. In diesem Kapitel habe ich dir ein Watercolor-Basics-Paket zusammengeschnürt. Du findest auf den nächsten Seiten neben Materialempfehlungen viele Übungen, Tipps und Tricks. Schnappe dir ein „Probierpapier“ und teste dich durch die wilde Welt des Watercolor.

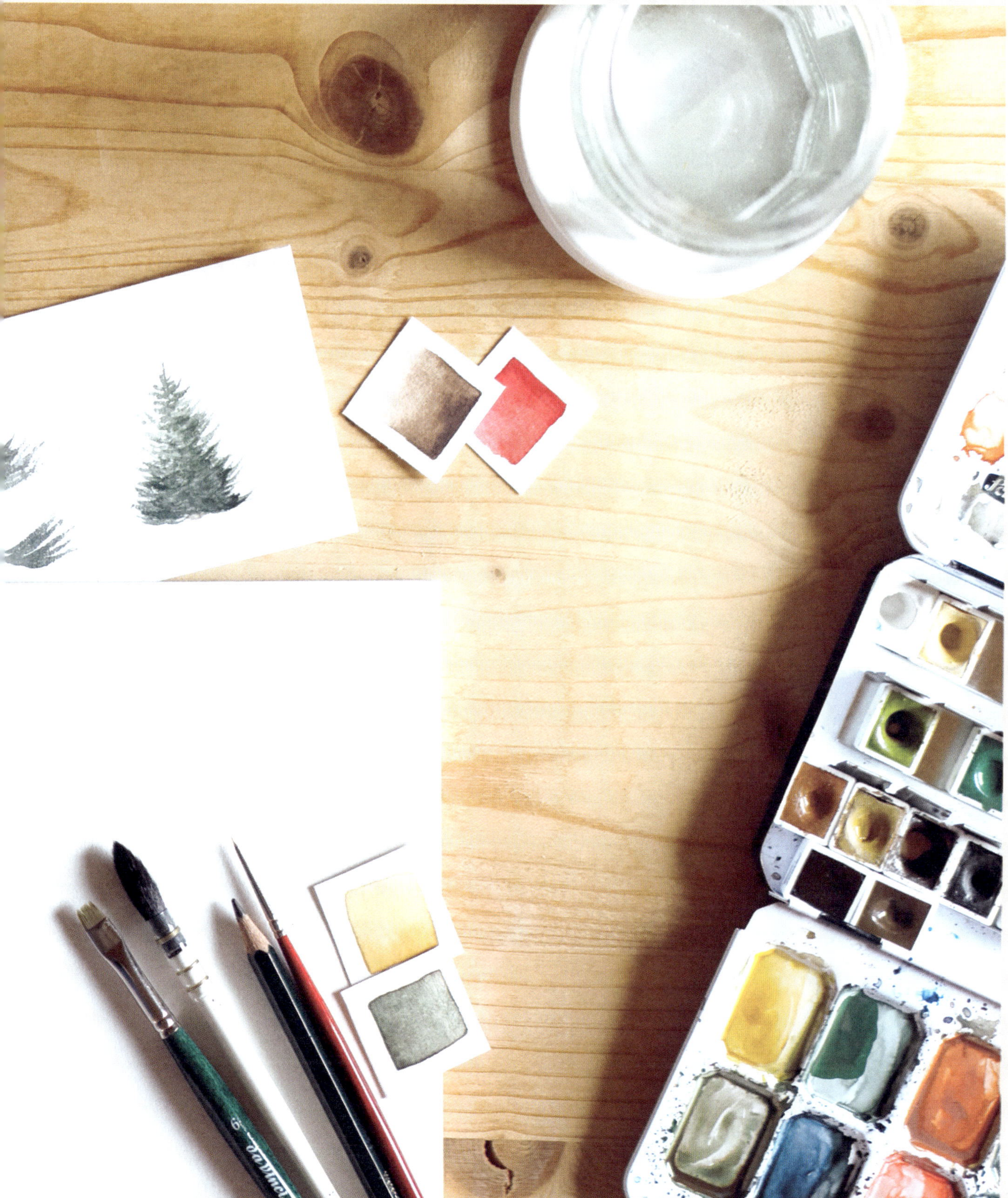

Hygge meets Watercolor

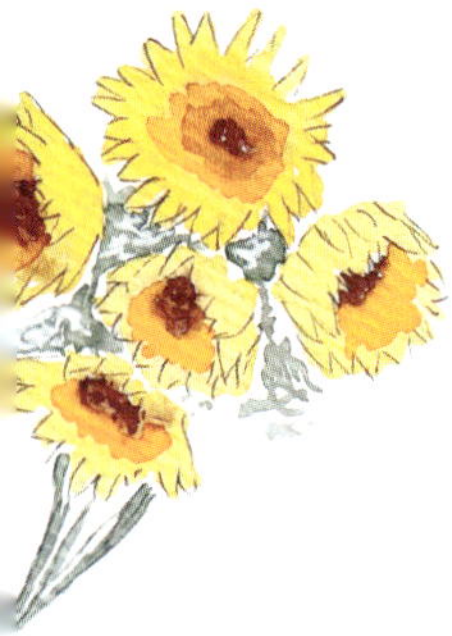

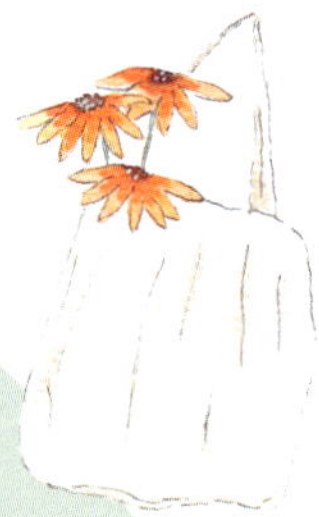

Was beschreibt eigentlich „Skandi"? Skandinavisches Design, Lampenklassiker, warme Zimtschnecke, Wälder, Seen, rote Häuschen und Hygge? Die Welt rund um den „Skandi-Lifestyle" umfasst noch so viel mehr, aber gerade „Hygge" möchte ich zu Beginn einmal näher betrachten, weil sich hier einige Parallelen zum Malen verstecken.

Hygge hat seine ursprüngliche Bedeutung aus dem Norwegischen und bedeutet „Wohlbefinden". Heute ist Hygge fester Bestandteil der skandinavischen Mentalität und Lebensweise und beschreibt eine gemütliche Atmosphäre, in der man Zeit zusammen mit lieben Menschen genießt oder für sich selbst ist und etwas Schönes macht. Eingekuschelt in eine Decke, warmes Kerzenlicht und eine Zeitschrift lesen bei einem Stück Kuchen – das ist ein Lieblings-Hygge-Moment von mir.

Bei Hygge geht es demnach weniger um Dinge, sondern mehr um das Gefühl, wenn man sich bewusst Zeit für die kleinen Alltagsfreuden nimmt. Sei es das Schokocroissant als Frühstücks-Highlight am Wochenende oder der neu bepflanzte Balkon. Der Blick für das kleine Alltagsglück findet immer wieder Platz in meiner Motivwelt und soll zu einem gemütlichen und fröhlichen Leben inspirieren.

Das Konzept Hygge lässt sich auch gut als Wegweiser für ein entspanntes Mindset beim Malen heranziehen. Ich habe das sogenannte **Hygge-Manifest** (in Anlehnung an Meik Wiking) dazu etwas abgewandelt:

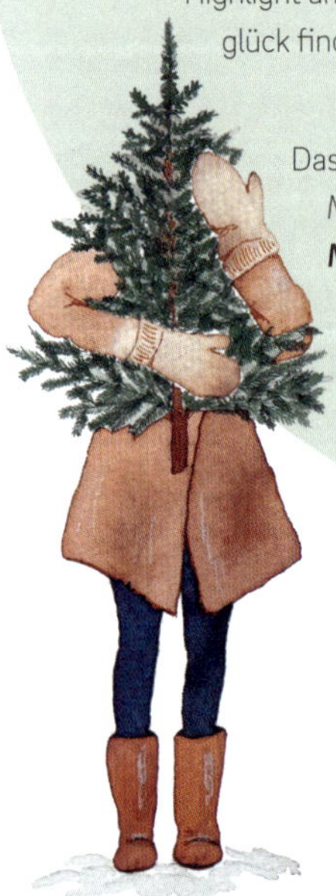

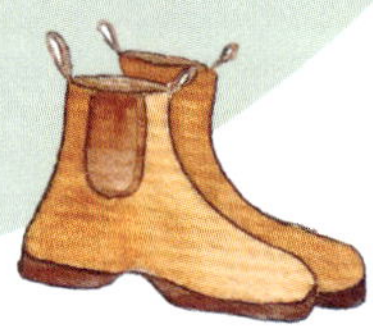

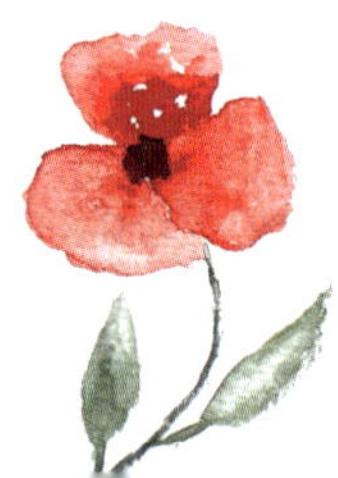

HYGGE-MANIFEST IN DER WATERCOLOR-EDITION

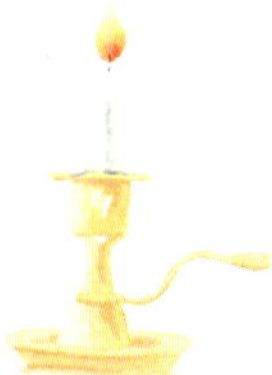

Atmosphäre

Schaffe dir eine angenehme Arbeitsatmosphäre, in der du gern kreativ bist. Ich z. B. liebe ein gutes Hörbuch oder einen Podcast zum Malen. Ideen rund um den kreativen Arbeitsplatz findest du auf Seite 17.

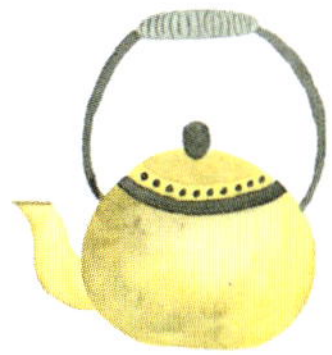

Harmonie

Der Wasserbecher kippt um, die Perspektive im Bild ist nicht so geworden wie geplant oder das Papier löst sich auf, weil man im fünften Anlauf versucht, etwas zu korrigieren. Bei jedem passiert mal ein kleiner Farbunfall. Sei also nicht so hart mit dir, atme einmal tief durch und starte dann in Ruhe einen neuen Versuch.

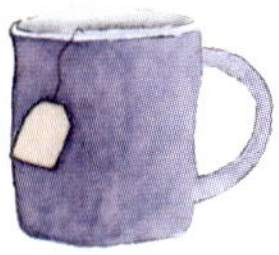

Gegenwart

Schenke dir eine kreative Pause im Alltag. Versuche doch mal, das Handy beiseitezulegen und die Zeit nur mit Pinsel, Papier, Farben und dir selbst zu gestalten.

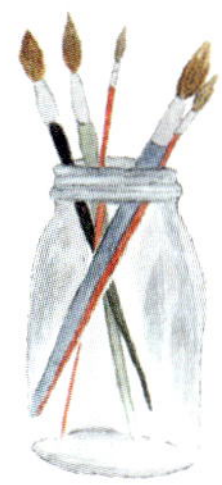

Bequemlichkeit

Mache es dir so einfach wie möglich! Wenn du weißt, was dich von deiner Kreativzeit abhält, versuche es zu ändern. Statt die Malsachen immer erst aus dem Keller zu holen, kannst du sie z. B. in eine schöne Kiste packen und in Schreibtischnähe platzieren.

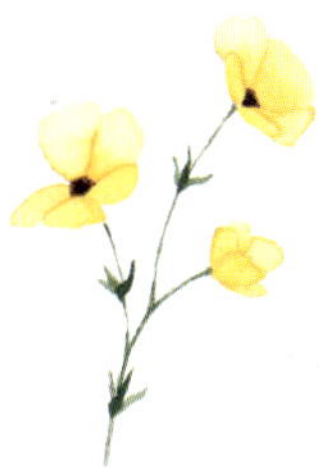

Vergnügen

Malen darf leicht sein und Spaß machen und genau das möchte ich dir vermitteln.

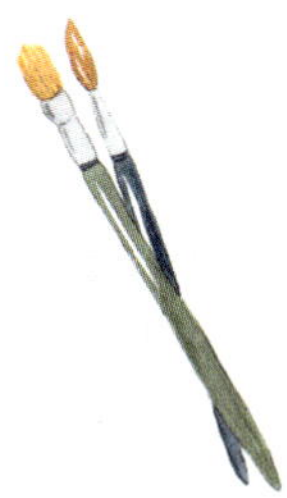

Zusammensein

Wie wäre es zur Abwechslung mit einer gemeinsamen Kreativzeit mit den Liebsten? So schafft man nicht nur neue Erinnerungen, sondern kann bestimmt auch einen neuen Tipp im anderen abstauben. Ein gemeinsamer Mal-Workshop ist auch eine tolle Geschenkidee.

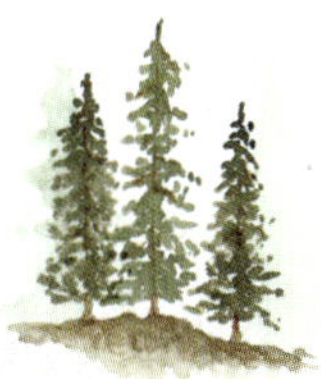

Dankbarkeit

Die Natur ist eine großartige Inspirationsquelle, wofür wir nicht zu oft dankbar sein können. Wald, Wiesen und Tiere, gemalt mit erdigen Farbpaletten, sind daher bei mir keine Seltenheit in der Motivwelt.

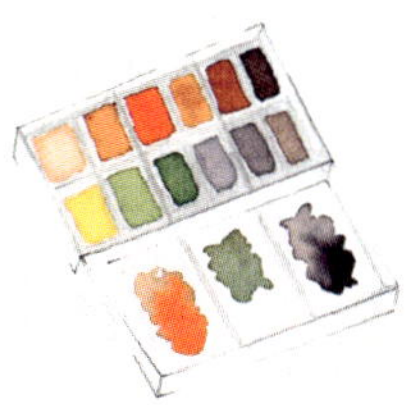

Schutz

Finde dein Lieblingsmaterial-Set-Up, bei dem du dich sicher fühlst. Auf dieser Basis kannst du dann immer mal wieder etwas Neues ausprobieren. So fühlt man sich nicht direkt überfordert.

Farben

Meinen ersten Aquarellkasten habe ich von meinem Opa geerbt und einige seiner Farben habe ich auch für die Motive in diesem Buch verwendet. Diese müssten jetzt mindestens 35 Jahre alt sein. Da Aquarellfarben einen offensichtlich sehr lang begleiten können, ist es empfehlenswert, sich vor dem Kauf näher mit ihren Eigenschaften zu beschäftigen.

PIGMENTE UND IHRE EIGENSCHAFTEN

Aquarellfarben werden aus Pigmentpuder und Bindemittel hergestellt. Dafür wird meist Gummi arabicum, afrikanisches Akazienharz, verwendet, welches dazu führt, dass die Farben in Kontakt mit Wasser gleichmäßig fließen. Der Preis von Aquarellfarben ist abhängig davon, wie fein das Pigmentpuder gemahlen ist, und vom Verhältnis zum jeweiligen Binder. Je höher der Bindemittelanteil, desto günstiger können die Farben angeboten werden. Dabei unterscheidet man die Farben in Studien- und Künstlerqualitäten.

Jedes Pigment hat einen eigenen Charakter, was sein Verhalten mit Wasser auf Papier angeht. Die Eigenschaften einer Farbe werden von den Herstellern in verschiedenen Symbolen auf der Verpackung angegeben.

Die **Deckkraft** gibt an, ob eine Farbe eher lasierend (durchscheinend) oder deckend ist.

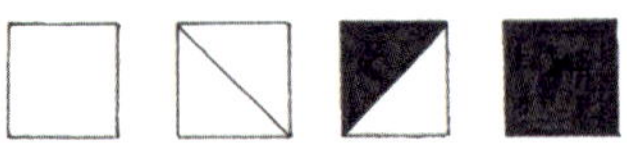

transparent | halbtransparent | halblasierend | deckend

Das **Staining** beschreibt, wie leicht sich eine Farbe auf dem Papier wieder anlösen lässt.

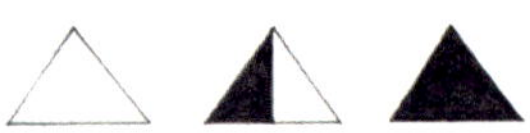

leicht abwaschbar | halb abwaschbar | schwer abwaschbar

Die **Lichtechtheit** gibt an, wie schnell eine Farbe bei Tageslicht auf dem Papier verblasst.

★ ★ ★ ★ ★	höchste Lichtechtheit
★ ★ ★ ★	sehr gute Lichtechtheit
★ ★ ★	gute Lichtechtheit
★ ★	befriedigende Lichtechtheit
★	ausreichende Lichtechtheit

Ein „G" gibt die **Granulation** einer Farbe an, also gibt Auskunft darüber, ob sich die Pigmente auf dem Papier neu zusammenschließen.

G 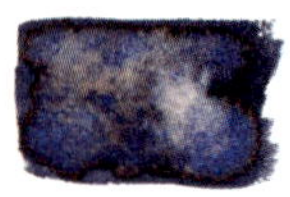

VERSCHIEDENE PRODUKTFORMEN

Aquarellfarben lassen sich in halben und ganzen Näpfchen oder Tuben kaufen. Der größte Unterschied besteht darin, dass die Näpfchenfarbe erst noch mit Wasser aktiviert werden muss. Mich stört das nicht und ich komme selbst als „Vielmalerin" mit Farben in Näpfchen super zurecht.

Alternativ gibt es flüssige Aquarellfarbe in Gläschen sowie Aquarellstifte und wasserbasierte Marker. Mehr dazu findest du auf den Seiten 26 und 27.

MEINE EMPFEHLUNG FÜR DICH

Ich empfehle dir mit einem Blanco-Aquarellkasten zu starten und ihn nach Belieben mit Farbnäpfchen zu bestücken. Vielleicht inspiriert dich ja meine Farbpalette auf Seite 21. Natürlich eignet sich zum Einstieg auch ein bereits bestückter Aquarellkasten. Meine Favoriten sind die Horadam-Farben von Schmincke.

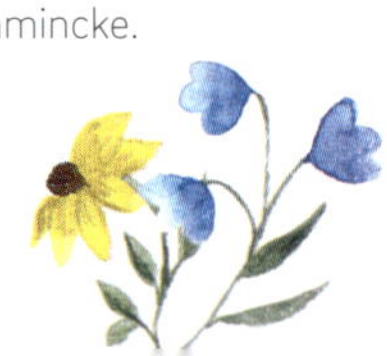

Papier

Das Papier ist die Basis für Pigment und Wasser und der Untergrund für deine Illustrationen. Auf der Suche nach dem geeigneten Aquarellpapier trifft man viele unbekannte Begriffe an. Es ist an der Zeit, etwas Licht in den Papierdschungel zu bringen.

WELCHE STRUKTUREN GIBT ES?

Die zwei am weitesten verbreiteten Herstellungsformen für Aquarellpapiere lauten hot pressed (heiß gepresst) und cold pressed (kalt gepresst). Heiß gepresste Papiere zeichnen sich durch eine sehr glatte, satinierte Oberfläche aus. Durch diese strukturlose Oberfläche sind die Papiere nicht so saugfähig und für keine wasserreichen Aquarelltechniken geeignet. Vorteil hingegen ist, dass sich kleinere und detailreichere Motive leichter malen lassen. Bei kalt gepressten Papieren behalten die Fasern ihre poröse Struktur und können mehr Farbe aufnehmen. Hier unterscheidet man matte Oberflächen mit einer feineren Körnung und raue Oberflächen, die deutlich stärker texturiert sind.

WELCHES GEWICHT EIGNET SICH?

Die Grammatur (g/m^2) gibt an, wie aufnahmefähig ein Papier ist. Je höher die Grammstärke, desto dicker ist ein Aquarellpapier und desto mehr Wasser kann es aufnehmen. Als Richtwert zum Malen mit Watercolor gelten 300 g/m^2 – damit bist du auf jeden Fall auf der sicheren Seite.

WELCHES MATERIAL IST EMPFEHLENSWERT?

Aquarellpapiere werden aus unterschiedlichen Fasern angeboten. Die häufigsten sind Baumwoll- oder Zellulose-Zusammensetzungen. Je höher der Baumwollanteil in einem Papier ist, desto hochwertiger ist es. Ich empfehle dir, für Übungen zu günstigeren Zellulosepapieren zu greifen, damit du keine Angst haben musst, Papiere zu verschwenden. Wenn du dich sicher fühlst, kannst du deine Illustration auf einem tollen Baumwollpapier anfertigen.

TIPP

Sammle Papierreste von z. B. zugeschnittenen Bildern und bewahre sie dir für Farbtests und Übungen auf.

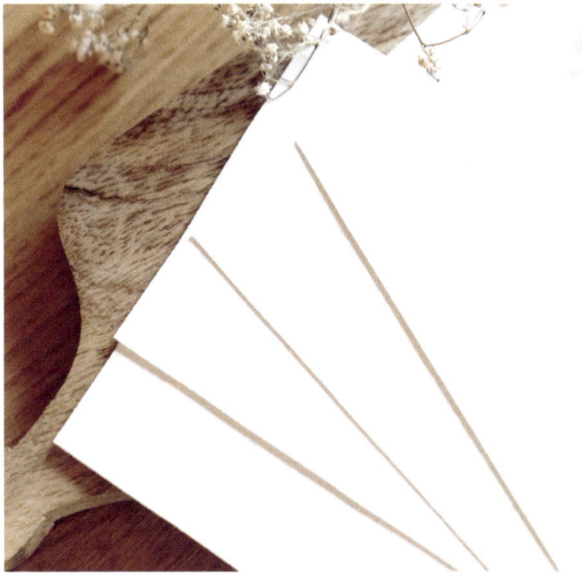

MEINE EMPFEHLUNGEN FÜR DICH

Der Allrounder:
Hahnemühle Britannia 300 g/m^2, cold pressed, matt

Für Übungen:
Goldline Aquapad 300 g/m^2, cold pressed, feinkörnig

Für schöne Illustrationen:
Hahnemühle Expression 300 g/m^2, cold pressed, matt, 100 % Cotton

Für kreative Grüße:
Hahnemühle Postkarten 230 g/m^2, cold pressed, matt

Pinsel

Der Zauberstab des Watercoloring! Beim Malen wirst du recht schnell herausfinden, mit welchen Pinseln du gern arbeitest. Da die Vielfalt an Formen, Marken, Größen und auch Preisen mittlerweile sehr groß ist, schadet es nicht, über die wichtigsten Qualitätsmerkmale von Pinseln Bescheid zu wissen.

QUALITÄTSANSPRUCH

Einen guten Pinsel erkennt man in der Regel daran, dass er Farbe und Wasser gut halten, aber auch wieder gleichmäßig abgeben kann. Außerdem sollte er die Fähigkeit besitzen, elastisch und flexibel zu sein, um von selbst seine ursprüngliche Form wieder annehmen zu können.

TIPP

Damit du Freude beim Malen hast, wähle deine Pinsel nach dem Prinzip „Qualität statt Quantität“ aus. Meine Lieblinge, mit denen über 90 % meiner Illustrationen entstehen, siehst du auf der rechten Seite.

PINSELFORM UND -AUFBAU

Ein Pinsel besteht aus einem Haarkörper, der Zwinge als Verbindungsstück und seinem Stiel. Um welche Pinselart es sich handelt, bestimmt die Form der Zwinge. Ist diese flach, sprechen wir von einem Flachpinsel, ist sie rund, handelt es sich um einen Rundpinsel. Es gibt eine Vielzahl an Pinselarten, vom Fächer- bis zum Katzenzungenpinsel. Details zu den Pinselarten und meine empfohlenen Pinsel findest du auf der nächsten Seite.

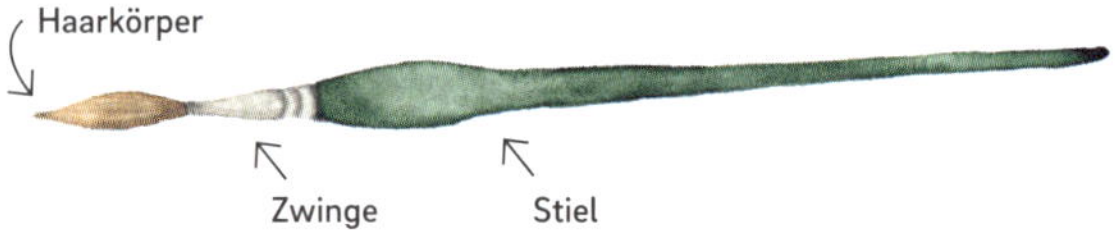

WELCHE GRÖSSEN GIBT ES?

Neben der Form eines Pinsels ist auch seine Größe entscheidend. So gibt es z. B. Rundpinsel in Größen von 10/0 bis 10/2 (klein), 4 bis 8 (mittel) und ab 10 (groß). Die Größe eines Pinsels findest du als Nummer auf seinem Stiel. Diese können allerdings je nach Marke auch unterschiedlich ausfallen.

WELCHE HAARQUALITÄT EIGNET SICH?

Der Haarkörper eines Pinsels kann aus drei verschiedenen Haarsorten bestehen: Echthaar, Synthetik oder Halbsynthetik.

Die qualitativ hochwertigsten, aber auch teuersten und pflegeintensivsten Pinsel sind die aus Echthaar, welche oft aus Marder-, Feh- oder Rindshaar gefertigt werden. Dank der Entwicklung der Kunsthaarpinsel in den letzten Jahren kommen diese in Elastizität und Oberflächenstruktur den Echthaarpinseln sehr nah. Mit Blick auf das Preis-Leistungs-Verhältnis sowie den Tierschutz bist du mit hochwertigen Synthetikpinseln sehr gut aufgestellt.

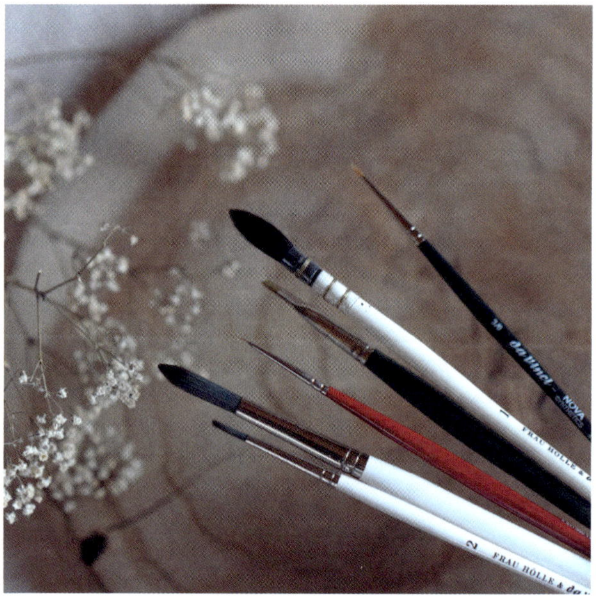

MEIN PINSEL-SET-UP

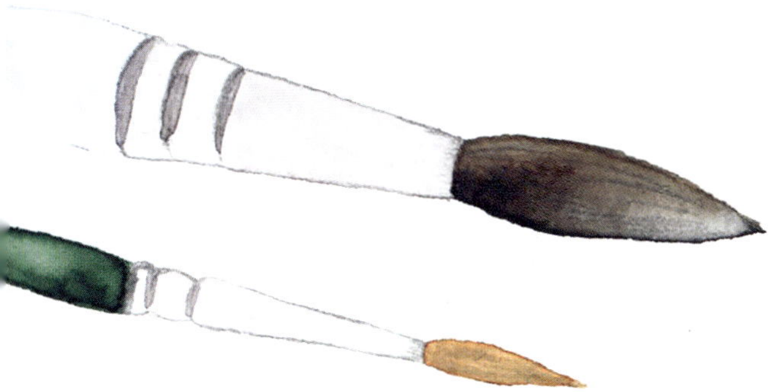

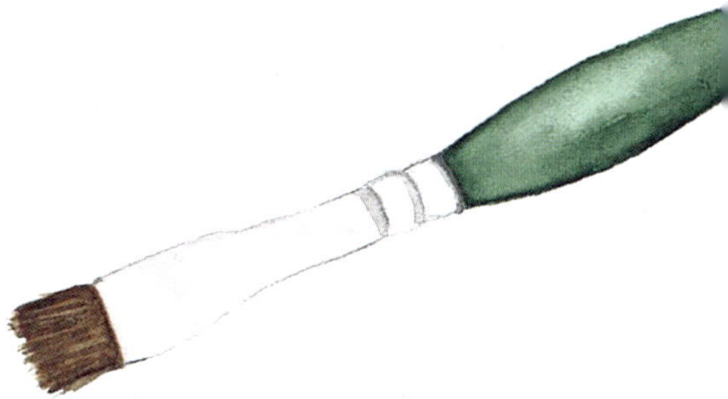

Der **Rundpinsel** sollte in keinem Pinselmäppchen fehlen. Je nach Größe kann er sehr vielseitig eingesetzt werden, wie z. B. für größere Flächen, aber auch für kleinere Details wie Blüten oder Blätter.

Meine Empfehlung:
KUM Memory Point, Gr. 2, 6 und 8

Je nach Haltung hast du mit dem **Flachpinsel** zwei Möglichkeiten: Mit der Pinselkante lassen sich schmale Linien ziehen und mit der breiten Spitze entstehen Balken.

Meine Empfehlung:
da Vinci NOVA Synthetics 122, Gr. 2

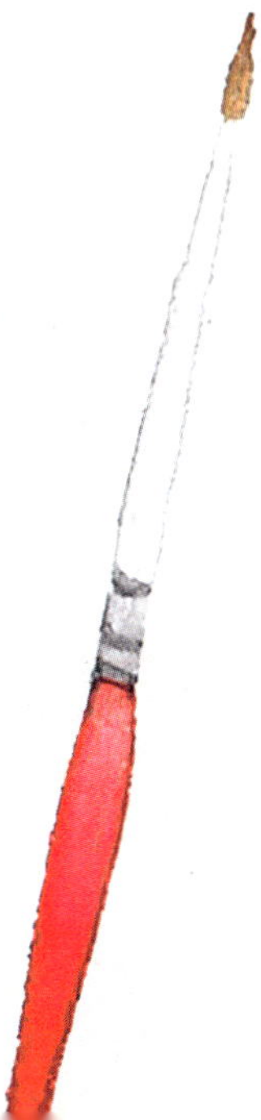

Der **Minipinsel** gehört zu den Rundpinseln und zeichnet sich durch eine sehr kleine Pinselspitze aus. Dadurch ist er perfekt für feine Details. Als mein absoluter Favorit darf er in fast jeder Illustration zum Einsatz kommen.

Meine Empfehlung:
da Vinci COSMOTOP SPIN 5580,
Gr. 10/0

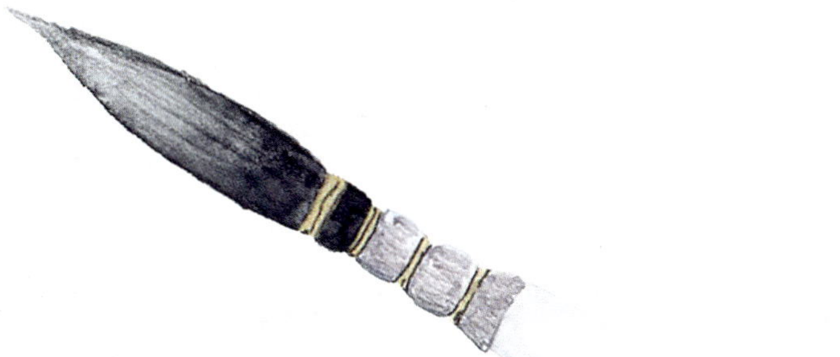

Der **Verwaschpinsel** ist bei mir eine tolle Ergänzung für großflächige Hintergründe, da er sehr viel Flüssigkeit, aber auch Farbe aufnehmen kann.

Meine Empfehlung:
da Vinci CASANEO 498, Gr. 2

Weitere Hilfsmittel

Die Basis für unsere anstehenden Watercolor-Projekte bilden ganz klar Papier, Pinsel, Farbe und Wasser. Allerdings kann ich empfehlen, auf dem Schreibtisch noch ein paar andere nützliche Tools zu platzieren.

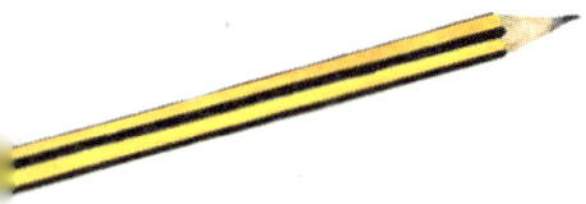

☐ BLEISTIFT

Für die Vorzeichnungen eignet sich ein harter (H) oder mittelharter (HB) Bleistift. Damit sich die Skizze auch wieder gut wegradieren lässt, solltest du mit so wenig Druck wie möglich arbeiten.

☐ RADIERGUMMI

Um die Oberflächenstruktur des Aquarellpapieres nicht zu beschädigen, greife auf jeden Fall zu einem weichen Radiergummi. Mein Liebling ist der *MONO dust catch* von Tombow. Was ich auch nicht mehr missen möchte: einen Radiergummi in Stiftform, mit dem sich kleine Stellen ausradieren lassen, z. B. von Tombow *MONO zero* mit Wechselminen.

☐ LINEAL

Für gerade Linien und Abmessungen, z. B. beim Vorzeichnen des Schwedenhauses (Seite 82), empfiehlt es sich, ein Lineal zur Hand zu nehmen. Das kann man auch nutzen, um Papiere aus rundum verleimten Aquarellblöcken herauszutrennen.

☐ WASSERGLÄSER

Du benötigst immer zwei Wassergläser: eines für das schmutzige Farbwasser und eines mit sauberem Wasser, in dem du den Pinsel ausspülst, bevor er in ein neues Farbnäpfchen eintauchen darf.

☐ KÜCHENPAPIER UND WATTESTÄBCHEN

Wenn mal zu viel Wasser auf deinem Bild landet, kannst du es ganz einfach mit einem Wattestäbchen aufsaugen. Bei größeren Unglücken hilft ein Küchenpapier. Das liegt bei mir auch immer neben dem Wasserglas, um meinen Pinsel daran abzutupfen.

☐ PALETTEN

Sollte mal kein Platz mehr im Deckel des Aquarellkastens sein, kannst du auf eine separate Mischpalette ausweichen. Ich nutze eine aus Metall, aber träume von einer schönen aus Keramik.

☐ KREPPBAND

Damit dein Papier nicht verrutscht, kannst du es mit Kreppband am Tisch festkleben. Da es sich einfach wieder ablösen lässt, kannst du es auch zum Abkleben harter Kanten verwenden. Das Kreppband von Hahnemühle kann ich sehr empfehlen.

☐ WEISSER GELSTIFT

In der ursprünglichen Aquarellmalerei entsteht Weiß ausschließlich über das Freilassen der Stelle von Farbe. Nach dem Motto „Ich mach mir die Welt, wie sie mir gefällt" verwende ich sehr gern weiße Farbe für Highlights. Mit einem Gelstift, z. B. dem *DECOGEL Milky Way White* von karin, klappt das super leicht. Eine gute Alternativ sind die *Gelly Rolls* von Sakura.

☐ FINELINER

Für Konturen und kleine Details liegt bei mir auch immer ein schwarzer Fineliner parat, z. B. der *STAEDTLER pigment liner* in den Strichstärken 0,05 und 0,3.

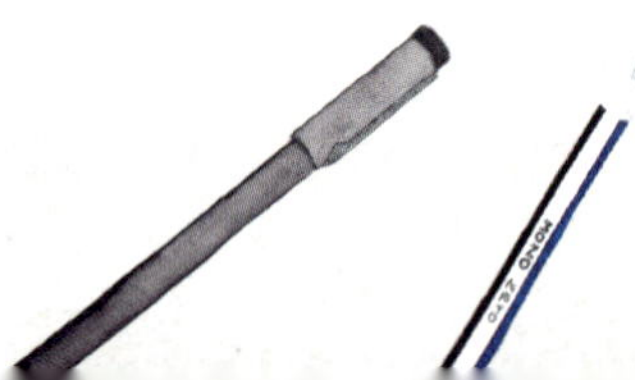

Der Arbeitsplatz

Neben den Materialien hat auch dein Arbeitsplatz Einfluss auf deine Kreativzeit. Denn das Umfeld beeinflusst die eigene Entspannung mehr, als man manchmal denkt.

- Bevor ich in meine Kreativsession starte, räume ich erst mal meine Arbeitssachen außer Sichtweite und schaffe Platz für meine Materialien.

TIPP

Stelle dein Trinkglas immer auf die andere Seite als deine Mal-Wassergläser. Pinselwasser schmeckt dann doch nicht so gut. ;)

- Wähle, wenn du kannst, einen Platz mit genügend Tageslicht oder organisiere dir eine gute Beleuchtung. Für ein bisschen Hygge-Gefühl am Schreibtisch zünde ich mir oft auch eine Kerze an. Mit gemütlicher Kleidung, einem spannenden Podcast oder Musik im Ohr steht der kreativen Me-Time dann nichts mehr im Weg.
- Noch ein Tipp: Denke regelmäßig daran, deine Handgelenke und deinen Nacken zu lockern. Wenn du doch mal einige Stunden über deinem Papier vertieft bist, kann ich eine kurze Session Nacken-Yoga im Anschluss empfehlen.

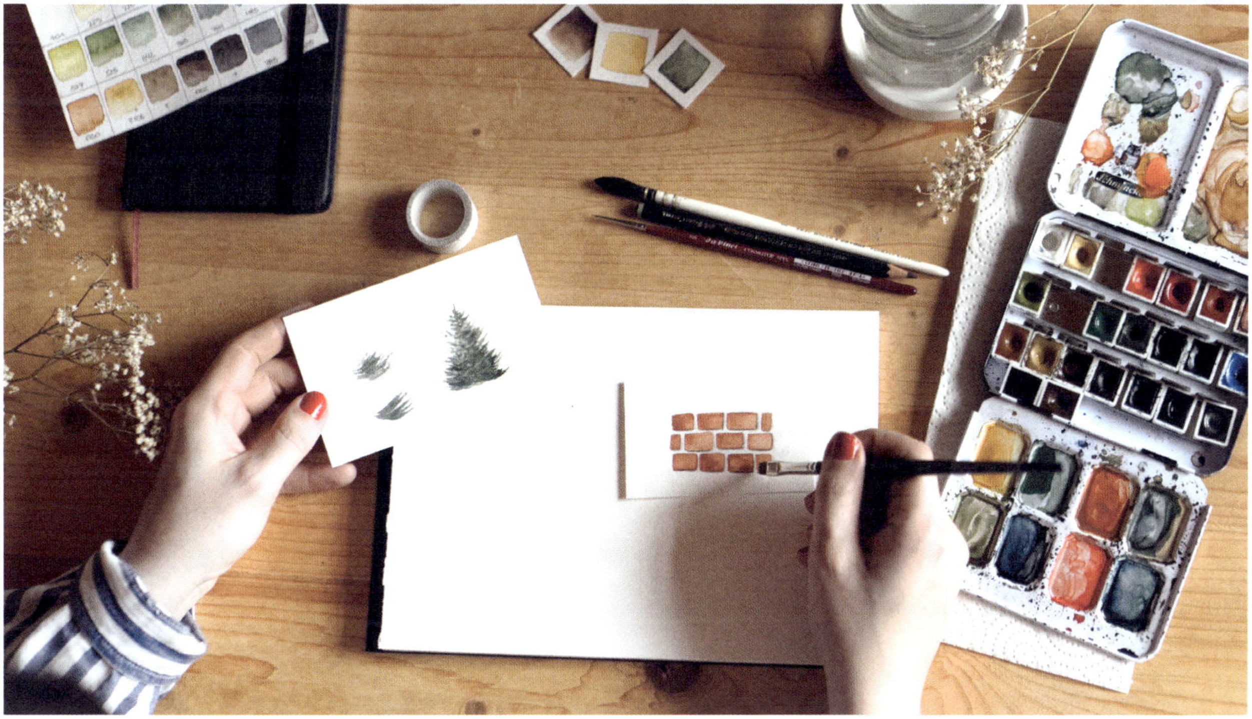

Grundtechniken des Watercolor

Bevor wir mit den Projekten starten, empfehle ich, die wichtigsten Grundtechniken mit verschiedenen Übungen zu verinnerlichen. Wenn du bereits erste Watercolor-Erfahrungen gesammelt hast, kannst du auch direkt auf Seite 18 zum Kapitel „Das richtige Verhältnis von Wasser und Farbe“ springen. Das Mischverhältnis von Farbe und Wasser ist oftmals die größte Herausforderung beim Malen mit Watercolor.

LAVIEREN

Beim Lavieren haben die Pigmente die größte Freiheit. Auf eine nasse Oberfläche wird nasse Farbe aufgetragen, wodurch sich die Pigmente ausbreiten können, wie sie lustig sind. Durch die **Nass-in-Nass-Technik** haben wir die Möglichkeit, weiche Kanten und diffuse Übergänge in Bildern zu schaffen. Das eignet sich besonders gut für große Flächen, wie z. B. zum Illustrieren eines Himmels oder Bodens. Diese Grundtechnik verwende ich meistens zu Beginn eines neuen Bildes, um erst mal eine Grundierung zu schaffen.

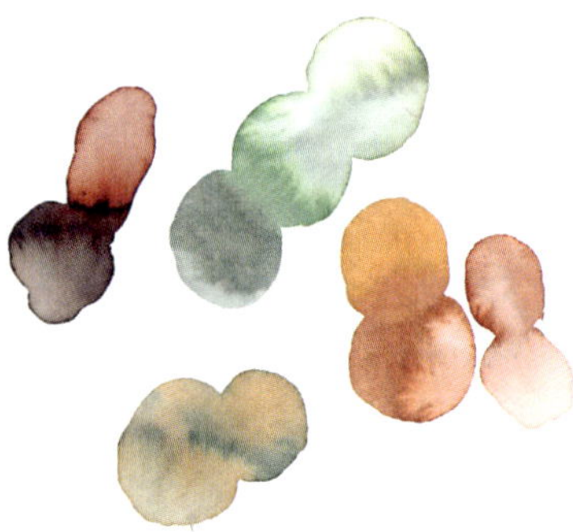

Übung

Schnappe dir einen Rundpinsel, nimm mit ihm etwas Wasser auf und male auf deinem Aquarellpapier eine Form mit Wasser aus. Nimm dann mit dem Pinsel etwas Farbe auf und tupfe diese in die Wasserform. Beobachte, wie sich das Pigment bei Kontakt mit Wasser verhält. Nun kannst du auch ausprobieren, mehrere Farben ineinanderlaufen zu lassen.

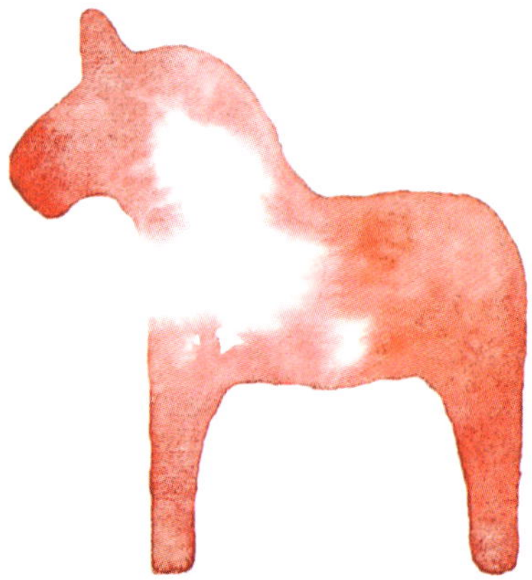

LASIEREN

Beim Lasieren können wir die Pigmente besser kontrollieren, müssen aber auch mehr Zeit mitbringen. Auf ein trockenes Papier oder einen bereits bemalten Untergrund wird eine neue Farbschicht nasse Farbe aufgetragen. Wie eine zweite Lasur. Die **Nass-auf-Trocken-Technik** nutze ich sehr oft in meinen Bildern, um klare Kanten und Räumlichkeit zu erzeugen. Wichtig ist, sich von Hell nach Dunkel vorzuarbeiten und genügend Geduld für weitere Schichten mitzubringen. Das ist meist auch das Geheimnis für eine Illustration mit Tiefenwirkung.

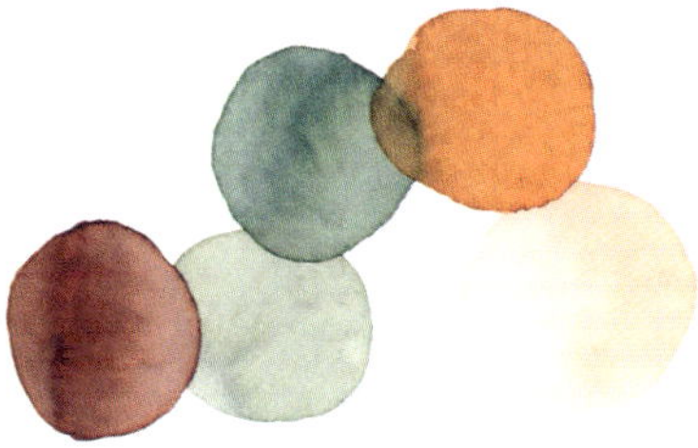

Hier kann man sich auch die Transparenz von Aquarellfarben zunutze machen. Um beispielsweise den Schatten unter dem Dachgiebel eines roten Schwedenhauses zu malen, gebe ich nach einer ersten Malschicht der Holzlatten eine weitere (nicht so deckende) Schicht unterhalb des Daches darüber. Die Holzlatten scheinen noch weiterhin durch und behalten ihre Struktur. Dieser Effekt schafft Tiefe.

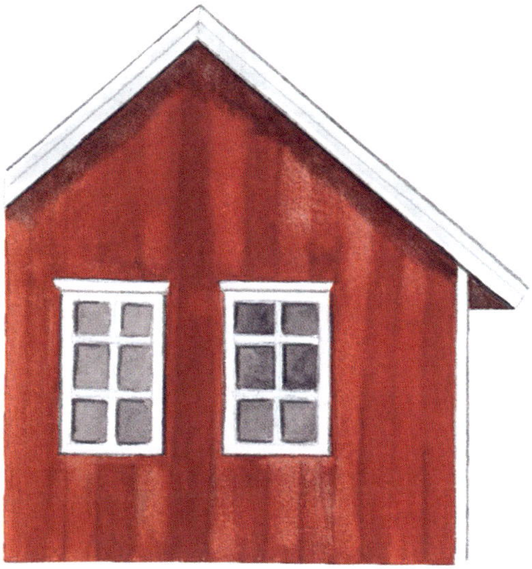

Die **Trocken-auf-Trocken-Technik** eignet sich perfekt für texturreiche Details auf Bildern. Mit trockenem Pinsel und Pigment lassen sich Strukturen wie Grashalme oder kleine Äste aufzeichnen.

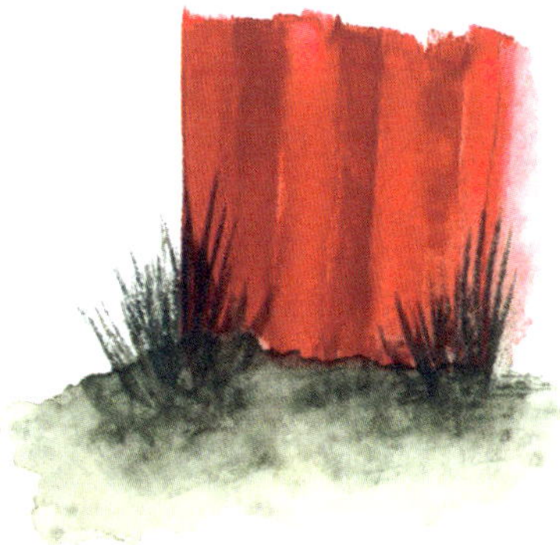

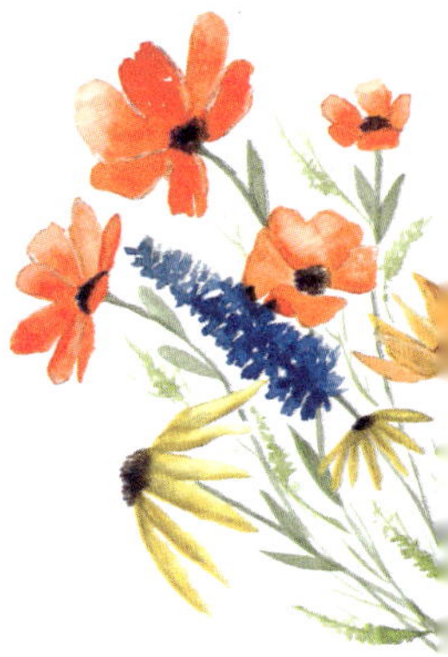

DAS RICHTIGE VERHÄLTNIS VON WASSER UND FARBE

Das ist immer wieder eine Herausforderung! Grundsätzlich gilt: Je heller und transparenter du einen Farbton haben möchtest, desto mehr Wasser musst du deinem Farb-Wasser-Gemisch hinzugeben. Umgekehrt bedeutet das auch, dass für einen dunkleren Farbton weniger Wasser und mehr Pigment benötigt wird. Ich empfehle daher, die Farbe nicht im Näpfchen mit Wasser zu mischen, sondern immer in einer Palette. Dort hast du einen besseren Überblick über den Wasseranteil. Wenn du zufrieden bist, darf die Farbe aufs Papier.

Wenn zu viel Wasser auf eine Farbfläche kommt, muss das Pigment weichen und trocknet meist am Rand. Ich beabsichtige diese Farbränder meist bewusst, um klare Konturen zu schaffen, wie im Beispiel, um die Holzlatten voneinander abzutrennen. Wenn Wasser und Farbe allerdings unterschiedlich schnell trocknen, entstehen die typischen Farbflecken. Du kannst die Farbe dann mit einem leicht feuchten Pinsel wieder aktivieren und gleichmäßig auf der Fläche verteilen. Wenn mal zu viel Wasser auf deinem Bild ist, sauge es mit einem Wattestäbchen oder Küchenpapier auf.

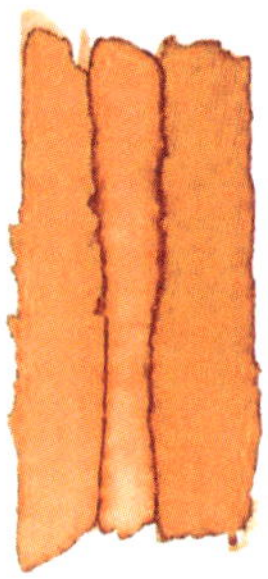

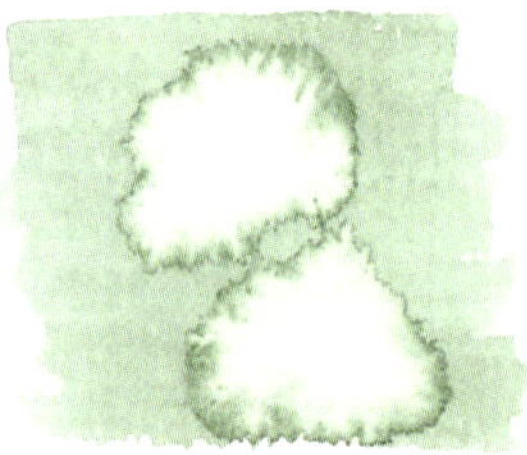

TIPP

Teste das Fassungsvermögen deines Pinsels, indem du Wasser mit dem ganzen Bauch aufnimmst oder nur mit der Spitze.

Übung Transparenz

Um ein Gefühl für die verschiedenen Mischverhältnisse zu bekommen, starte mit einem Kreis, der mit viel Pigment und wenig Wasser gemalt ist. Versuche, in den nächsten Kreisen den Farbton immer heller werden zu lassen. Gib dafür deinem Farb-Wasser-Gemisch auf deiner Palette immer mehr Wasseranteil hinzu. Im letzten Kreis sollte das Papier schon etwas durchscheinen.

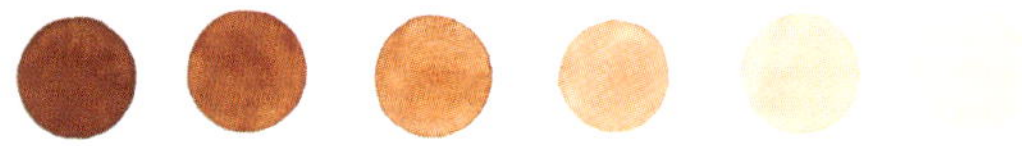

Übung Verläufe

Auf Farbverläufe wirst du beim Malen mit Watercolor immer wieder stoßen und sie machen auch einfach richtig viel Spaß! Male dir für diese Übung ein Rechteck mit Bleistift vor. Beginne von oben mit Farbe (ohne Wasser) das Rechteck auszufüllen. Gib dann ab der Hälfte mehr Wasser dazu und löse die Pigmente oben an und ziehe sie immer weiter nach unten. Et voilà, dein erster Farbverlauf mit Hell-Dunkel-Kontrast. Auf diese Weise lässt sich ein Himmel für einen Hintergrund malen.

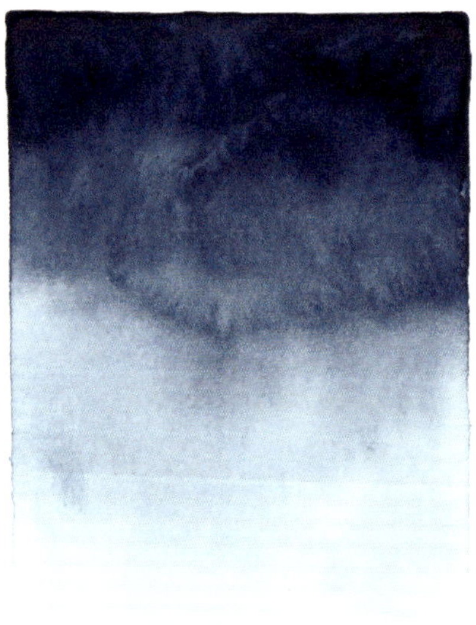

FARBEN MISCHEN

Wenn ich ehrlich bin, gehe ich beim Mischen hauptsächlich intuitiv vor. Da meine Farbpalette oftmals sehr erdig ist, fokussieren wir uns auf das Mischen von natürlichen Farben.

Natürliche Farben mischen

Ausgehend von einem reinen Farbton aus dem Farbkreis gibt es die Möglichkeit, diesen zu **entsättigen,** also seine Farbintensität zu reduzieren. Insbesondere für natürliche Illustrationen möchte ich die Leuchtkraft der Aquarellfarben oft etwas reduzieren. Indem man Neutraltinte, einen Grauton oder auch Sepiabraun dem Farbton zumischt, entsteht eine abgetönte, gedecktere Farbnuance.

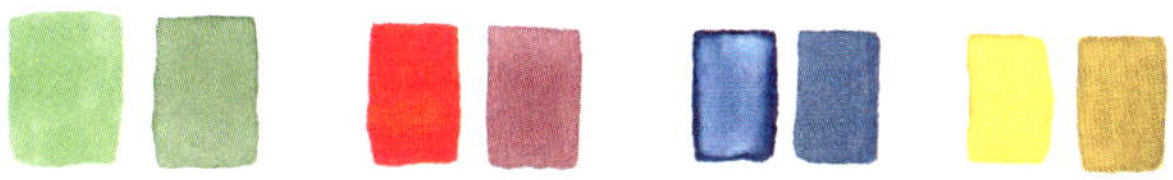

Entsättigung durch die Hinzugabe von Neutraltinte

Eine andere Möglichkeit ist das Spiel mit dem **Tonwert.** Dieser beschreibt den Helligkeitswert einer Farbe. Wieder ausgehend von einem reinen Farbton kann durch die Zugabe von Schwarz oder Wasser die Farbe dunkler oder transparenter gemischt werden. Auf Weiß verzichte ich zum Mischen, da sonst Pastellfarben entstehen, die mir persönlich weniger gefallen.

Für die dritte Variante werfen wir einen kurzen Blick in den Farbkreis. Farben, die sich gegenüberliegen, werden **Komplementärfarben** genannt. Das sind z. B. Rot und Grün oder Blau und Orange. Wenn ich jetzt einen leuchtenden Grünton aus dem Aquarellkasten abtönen möchte, kann ich seine Komplementärfarbe, also in dem Fall Rot, dazumischen und erhalte einen gedeckteren Ton.

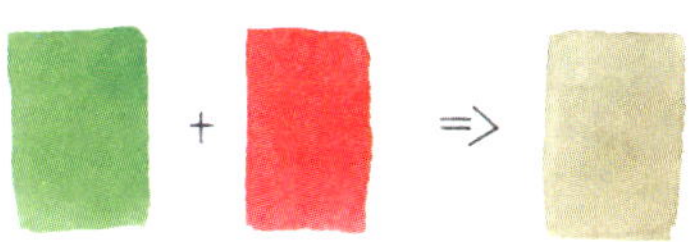

Für eine natürliche Farbpalette lass dich am besten von der Natur selbst inspirieren. Halte auf einem Waldspaziergang Ausschau nach bunten Blättern, Kastanien oder einem Büschel Moos und versuche, die Farbtöne nachzumischen. Experimentiere und habe Freude daran, neue Kompositionen und Kontraste zu bilden.

Drei Tipps für den Umgang mit Farben

- Das Ziel für natürliche Illustrationen sollte eine harmonische Farbkomposition sein. Reduziere deine Farbpalette daher auf wenige Farbtöne.
- Versuche, deine Farbtöne im Bild zu wiederholen. Damit meine ich, einen Rotton nicht nur im Fell eines Tieres, sondern auch in Blättern oder einen Busch mit einzumischen. Das bringt eine gewisse Ruhe in deine Bilder.
- Lege dir Farbkarten für deine Näpfchen an, so wie sie im Aquarellkasten angeordnet sind. Sind die Näpfchen mal ausgepackt, lassen sich die Farben nur noch schwer voneinander unterscheiden. So findet der Pinsel auch immer den Weg ins richtige Farbtöpfchen.

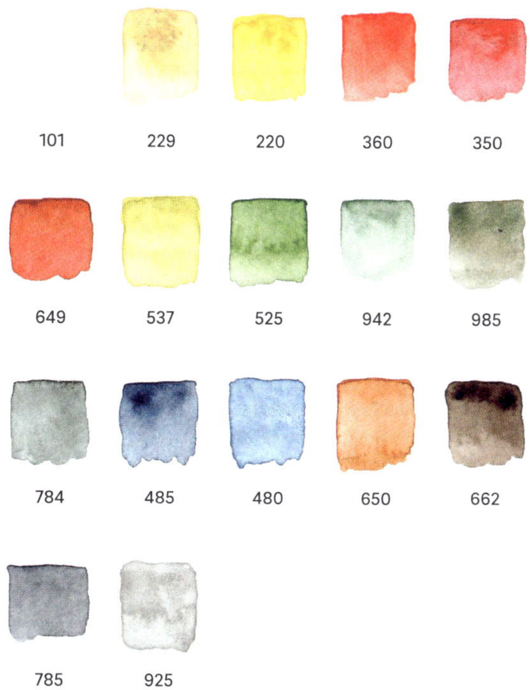

Meine Farbpalette

Hier findest du einen Auszug meiner Lieblingsfarben, die auch bei den Projekten zum Einsatz kommen. Die Farbnummern beziehen sich auf die Farben von Schmincke Horadam, die ich sehr empfehlen kann.

GELB- UND ROTTÖNE

Neapelgelb (229):
Stark deckend; verwende ich gern zum Mischen von hellen, deckenden Tönen.

Indischgelb (220):
Stark lasierend; warmer Gelbton; eignet sich hervorragend zum Mischen und für gelbe Akzente in Motiven.

Permanentrot Orange (360):
Halbdeckend; mein Lieblingston für kräftige Blütenblätter.

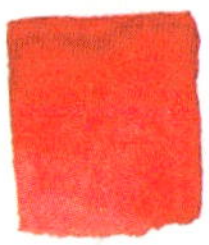

Kadmiumrot dunkel (350):
Stark deckend mit einem leicht bräunlichen Ton; mein Favorit unter den Rottönen.

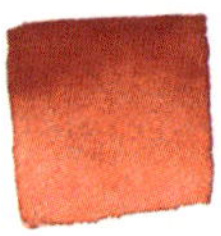

Englisch-Venezianisch Rot (649):
Stark deckend; Braunrot, das perfekte Schwedenhaus-Rot.

BRAUNTÖNE

Lichter Ocker natur (656):
Halblasierend; vielseitiger Naturton; mein Favorit zum Malen von Zimtschnecken.

Umbra natur (667):
Lasierend; Basisfarbe für natürliche Motive; nutze ich so gut wie immer.

Umbra gebrannt (668):
Halbdeckend; warmer Braunton; vielseitig einsetzbar.

Sepiabraun rötlich (662):
Leicht rotstichig; halbdeckend; super zum Abtönen; verwende ich in fast jedem Motiv.

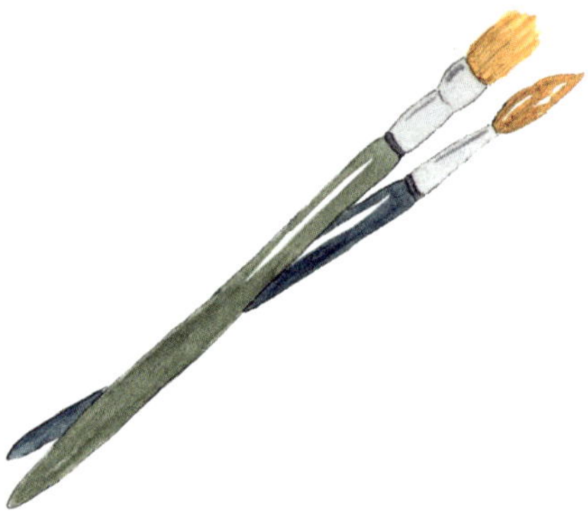

GRÜNTÖNE

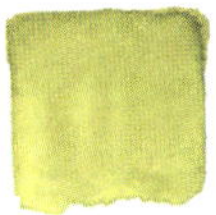

Lasurgoldgrün (537):
Lasierend; dieses Hellgrün mit Gelbstich verwende ich gern zum Mischen mit anderen Grüntönen oder als leichte Hintergrundfärbung.

Olivgrün gelblich (525):
Halblasierend; mein Lieblingston für Blattgrün.

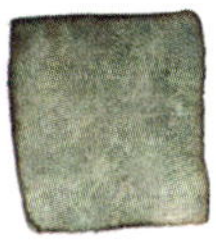

Tundragrün (985):
Super granulierend und deckend; für Bäume im Hintergrund.

Perylengrün (784):
Deckendes Schwarzgrün; perfekt für Nadelbäume und Schatten.

BLAUTÖNE

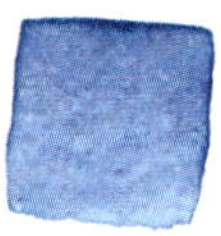

Bergblau (480):
Halblasierend; perfekt für leichte Blautönungen, z. B. für Himmel.

Indigo (485):
Deckend; guter Farbton zum Abtönen von bunteren Farben und mein Lieblingston für Nachthimmel.

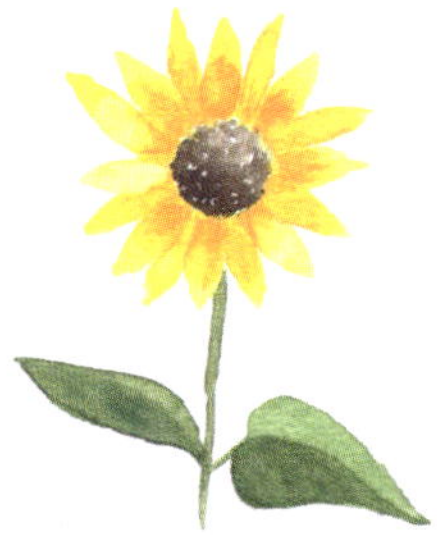

WEITERE FARBTÖNE

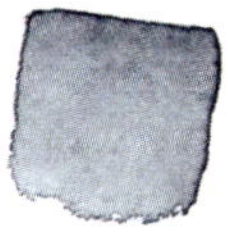

Neutralgrau (785):
Halbdeckend; verwende ich für Schattierungen oder auch gern bei Fenstern.

Neutraltinte (782):
Halbdeckend; eignet sich gut zum Abtönen von Farben.

Lampenschwarz (781):
Deckender Schwarzton; eignet sich für Schattenflächen.

Gold (893):
Halbdeckend mit Schimmereffekt; verwende ich gern als Highlight bei weihnachtlichen Motiven.

Titan-Deckweiß (101):
Stark deckend; verwende ich zum Mischen von helleren und deckenden Tönen.

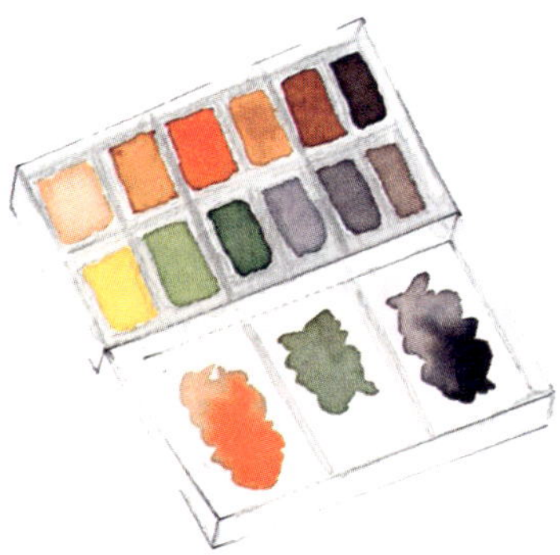

Pinselübungen

Nachdem du dich mit den wichtigsten Watercolor-Techniken vertraut gemacht hast, widmen wir uns in diesem Kapitel der Pinselhaltung. Die Intensität des Drucks und der Winkel des Pinsels auf dem Papier beeinflussen die Art von Pinselstrichen und damit auch das Ergebnis deiner Illustration.

TIPP

Um dein Arbeitsmaterial besser kennenzulernen, empfehle ich dir, die Übungen mit verschiedenen Pinseln und auch auf unterschiedlichen Papieren auszuprobieren. So kannst du direkt herausfinden, mit welchen Tools du dich wohlfühlst und welche Ergebnisse damit erzielt werden.

ÜBUNG 1: VIEL DRUCK

Nimm mit dem ganzen Haarkörper Wasser und Farbe auf deinem Pinsel auf. Führe dann den Pinsel in einem flachen Winkel auf das Papier, sodass der Pinsel von der Spitze bis zum Bauchende aufliegt. Ziehe in dieser Position einen breiten Strich mit viel Druck über das Papier. Übe den Pinselauftrag vertikal und horizontal.

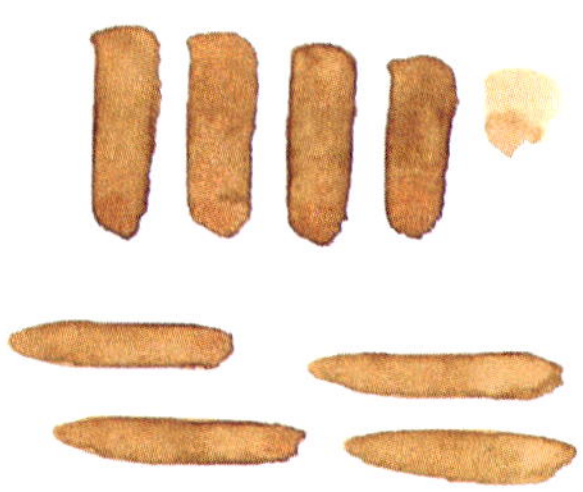

Wenn du die Übung ein paarmal wiederholt hast, versuche, mit zügigen Pinselschwüngen einen kleinen Kreis zu malen und diesen gleichmäßig mit Farbe auszufüllen. Diese Pinselübung hilft dir für das Kolorieren von größeren Flächen.

ÜBUNG 2: WENIG DRUCK

Jetzt wird nur mit der Pinselspitze Farbe aufgenommen. Halte dann den Pinsel in einer senkrechten Position, sodass nur die Pinselspitze das Papier berührt, und ziehe mit wenig Druck eine dünne Linie.

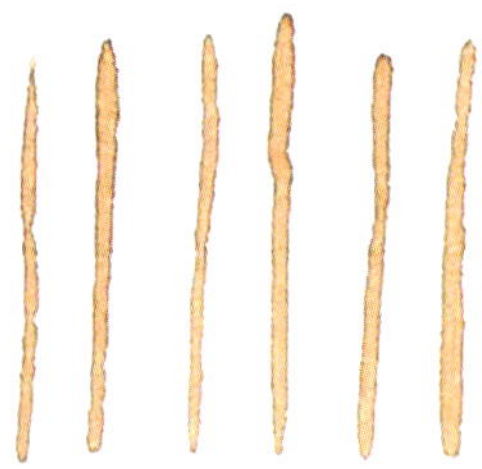

Versuche nun die feinen Linien in Bögen auf das Papier zu malen. Wenn du nun weitere „Mini-Bögen" auf unterschiedlichen Höhen ergänzt, hast du deinen ersten Zweig gemalt.

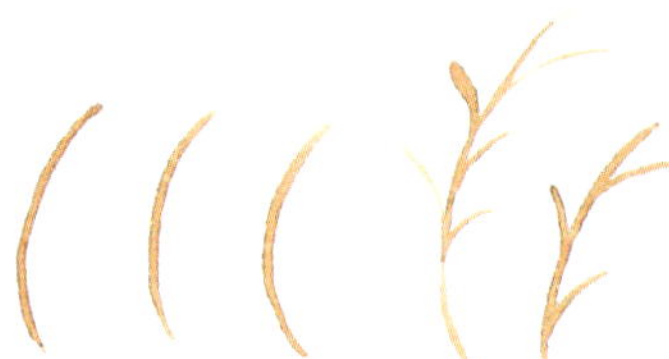

ÜBUNG 3: DRUCKWECHSEL

Im nächsten Schritt kombinieren wir Übung 1 und 2 und trainieren den Wechsel von viel Druck zu wenig Druck. Diese Technik findet im Malen mit Watercolor sehr häufig Anwendung und muss am Anfang ein bisschen geübt werden, bevor man sich mit der Bewegung sicher fühlt.

Beginne mit einer flachen Pinselhaltung und viel Druck. Im weiteren Verlauf hältst du den Pinsel steiler und gibst weniger Druck auf die Pinselspitze. Somit beendest du die Linie mit einem feinen Ende.

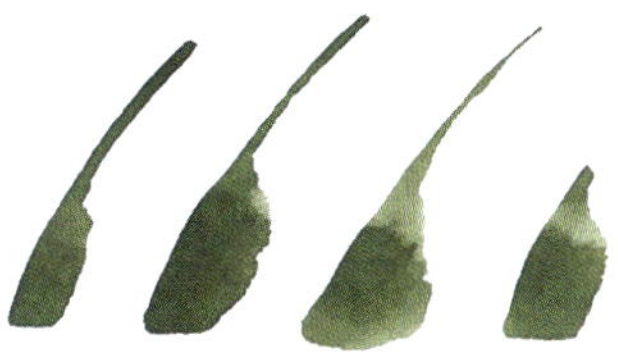

Die Übung funktioniert natürlich auch umgekehrt. Starte mit der Pinselspitze und male eine feine Linie. Gib dann mehr Druck auf den Pinsel und halte ihn flacher. Wenn du dich sicher fühlst, kannst du wieder in die senkrechte Pinselhaltung wechseln. Damit hast du bereits die erste Hälfte eines Blattes gemalt. Um es zu vervollständigen, setze den Pinsel wieder an den Anfangspunkt und ziehe ihn mit der gleichen Druckverteilung in die Blattspitze.

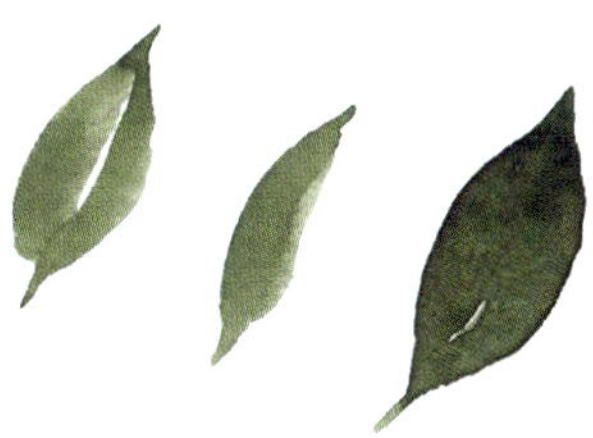

ÜBUNG 4: TUPFTECHNIK

Das ist meine Lieblingstechnik für kleine Bäume und Büsche. Tupfe dafür mit der Pinselspitze über das Papier und lass hier und da auch einige Tupfen überlappen. Wenn du mit dem Verhältnis von Pigment und Wasser spielst, schaffst du Farbunterschiede in deinem ersten Tupfenwald.

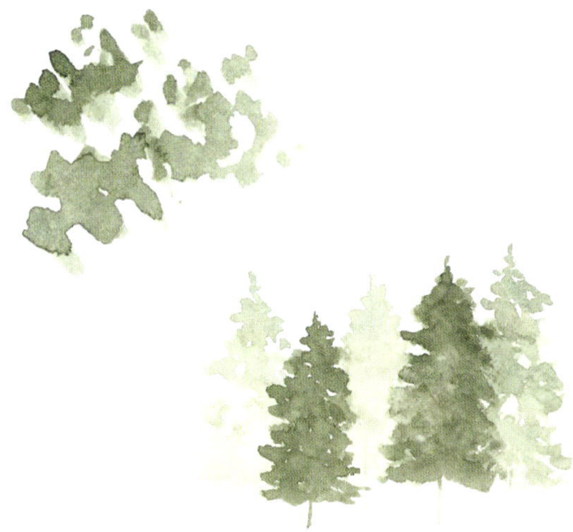

Phasen der Motiverstellung

Bevor wir uns nun an die ersten Projekte wagen, ist es mir wichtig, den Prozess von der Motivauswahl bis zur fertigen Zeichnung einmal kompakt darzustellen. Dabei geht es mir nicht nur darum, einen Ablauf als Orientierung zu bieten, sondern auch das Mindset beim Malen miteinzubeziehen. Schließlich wollen wir doch alle eine gute Zeit bei unserer kreativen Alltagspause haben.

TIPP

Suche auf Social Media nach Hashtags zu bestimmten Themenbereichen, wie z. B. #watercolorflowers, #watercolorchristmas oder #forestwatercolor.

1. Vorbereitung

Im ersten Step geht es erst mal darum, sich und den Arbeitsplatz in die richtige Malatmosphäre zu bringen. Richte alle deine Materialien her, sorge für eine gute Beleuchtung und mache es dir gemütlich. Mit einer Kerze, einem Tee und schöner Musik im Hintergrund lässt sich die Kreativzeit gleich noch besser genießen.

2. Motivauswahl

Jetzt steht natürlich die Frage im Raum, welches Motiv auf das Papier darf. Inspiration dafür findest du in Watercolor-Büchern, auf Pinterest und Instagram oder auch in der Natur selbst. Bringe dir doch z. B. mal ein Blatt von einem Waldspaziergang mit nach Hause und versuche, es nachzumalen.

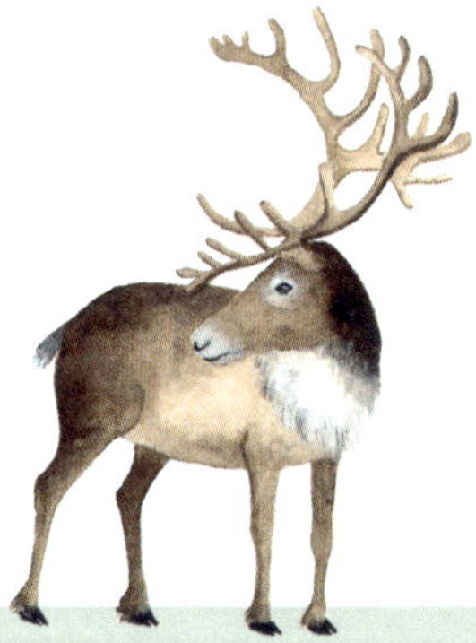

3. Farbpalette

Wenn du deine Motivauswahl getroffen hast, geht es an die passende Farbpalette. Achte darauf, nicht zu viele Farbtöne auszuwählen, sondern mehr mit unterschiedlichen Tonwerten zu spielen. Du kannst die Farbkombinationen vorab auch auf einem Papierrest ausprobieren, bevor du später beim finalen Motiv nicht glücklich bist.

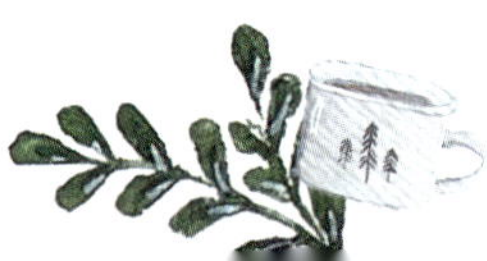

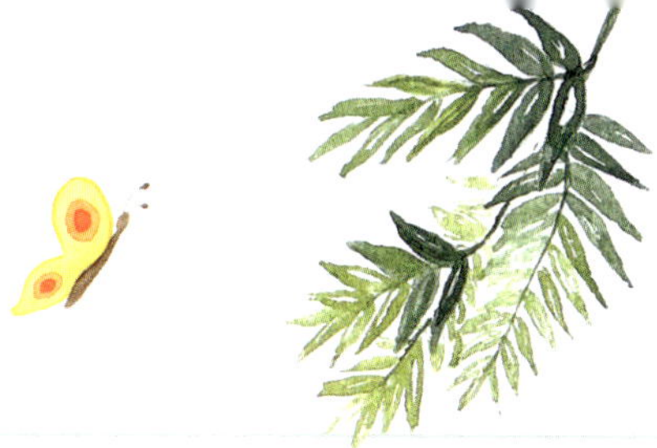

4. Vorzeichnung

Mit Bleistift und Radiergummi ausgestattet geht es an die Skizze deines Motivs. Ich verzichte nur ungern darauf, da eine Vorzeichnung Orientierung für alle nachfolgenden Schritte bietet und dabei hilft, das Gefühl für Proportionen zu verbessern. Fokussiere dich dabei aber nur auf die wichtigsten Elemente und vernachlässige Details. Es geht nur darum, eine erste Bildeinteilung vorzunehmen.

Bei komplexeren Motiven oder Tierillustrationen kann ich die **Rastertechnik** empfehlen. Diese hilft dir, ein Motiv zu vereinfachen und in seine Grundformen zu zerlegen.

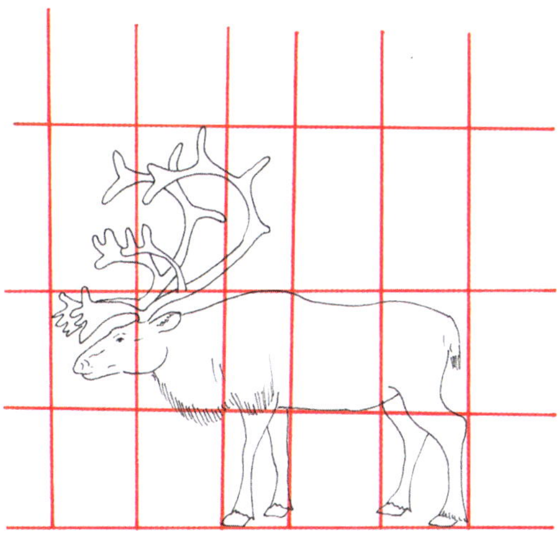

Wenn unsere Skizze fertig ist, radieren wir sie auch schon wieder weg. Warum das? Wenn erst mal Farbschichten aufgetragen werden, lassen sich Bleistiftstriche nur noch schwer wegradieren und können durch die Lasuren durchscheinen. Daher wird die Vorzeichnung so weit wegradiert, dass die wichtigsten Linien nur noch leicht durchscheinen. Achte deshalb auch darauf, mit so wenig Druck wie möglich zu zeichnen.

5. Grundierung

Bei diesem Schritt geht es darum, eine Basis für deine Illustration zu schaffen und bestimmte Bereiche schon mal farblich voneinander abzutrennen. Dies könnte z. B. der Himmel von einer Wiese sein. Bei der groben Kolorierung greife ich meistens zu einem breiteren Pinsel und wende die Nass-in-Nass-Technik an.

6. Schichtarbeit

Jetzt geht es eigentlich erst richtig los. In verschiedenen Schichten wird das Motiv langsam aufgebaut. In diesem Schritt entstehen auch Licht-und-Schatten-Elemente, die Perspektive erzeugen. Für diesen Schritt greife ich auf die Nass-auf-Trocken-Technik zurück. Die Anzahl an Schichten ist natürlich abhängig vom Motiv. Allerdings solltest du dich an dem Grundsatz „von Hell nach Dunkel" orientieren.

7. Details

Mein Lieblingsschritt! Zur Detailarbeit gehört das nachträgliche Setzen von Lichtpunkten, das Verstärken von Konturen oder das Malen von Mustern. Damit kommt die Lebendigkeit in dein Motiv.

8. Glücklich sein!

Dein Motiv ist fertig und du kannst stolz darauf sein! Auch wenn es mal nicht so geklappt hat wie erwartet, kannst du happy sein mit dir, weil du dir für dich Zeit genommen hast, um etwas Neues zu lernen. Schließlich geht es nicht darum, perfekte Motive zu malen, sondern Freude am kreativen Arbeiten zu haben.

Exkurs: Watercoloring mit Brush Pens

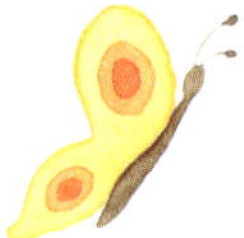

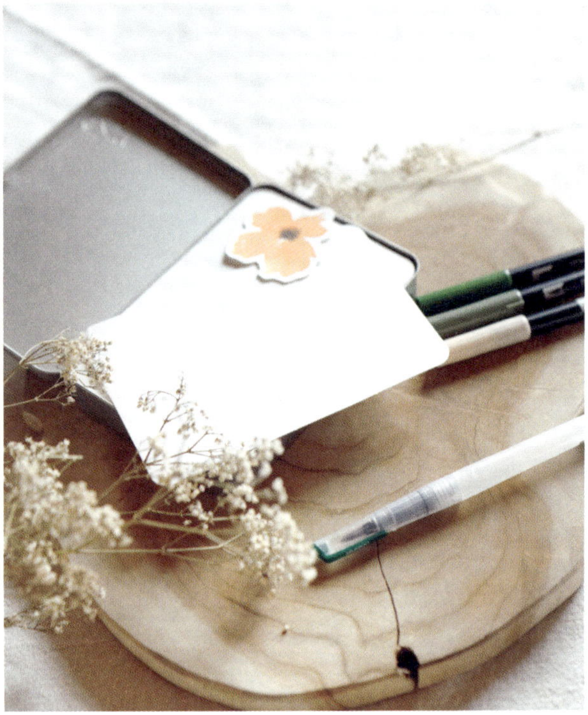

Die Brush Pens sind auf Wasserbasis hergestellt und damit aquarellierbar. Sie lösen sich genauso wie Aquarellfarben in Kontakt mit Wasser auf und bilden neue Verbindungen. Meine liebsten Brush Pens zum Watercoloring sind die ABT Dual Brush Pens von **Tombow.** Aber natürlich gibt es auch von vielen anderen Herstellern Brush Pens, die sich für diese Technik eignen.

Jetzt stellt sich natürlich die Frage, warum man Marker zum Aquarellieren verwenden sollte, wenn es doch auch Aquarellfarben gibt. Gerade Einsteiger*innen empfehle ich oftmals erst die Brush Pens, um das Watercoloring für sich auszuprobieren. Findet man keine Freude daran, kann man die Stifte super weiterverwenden, z. B. für Grußkarten. Ein anderer Grund ergibt sich beim Packen für den Urlaub.

Viele Kreativbegeisterte werden sicherlich schon mal von dem Begriff „Lettering" gehört oder es selbst ausprobiert haben. Bei der Kunst, Buchstaben zu malen, gibt es auch die Variante des Brush Letterings. Dabei werden die Buchstaben mit einem speziellen Pinselstift gemalt, mit dem unterschiedlicher Druck für die Auf- und Abschwünge erzielt werden kann. Diese Pinselstifte eignen sich aber nicht nur zum Brush Lettering, sondern sind auch perfekt für das Watercoloring.

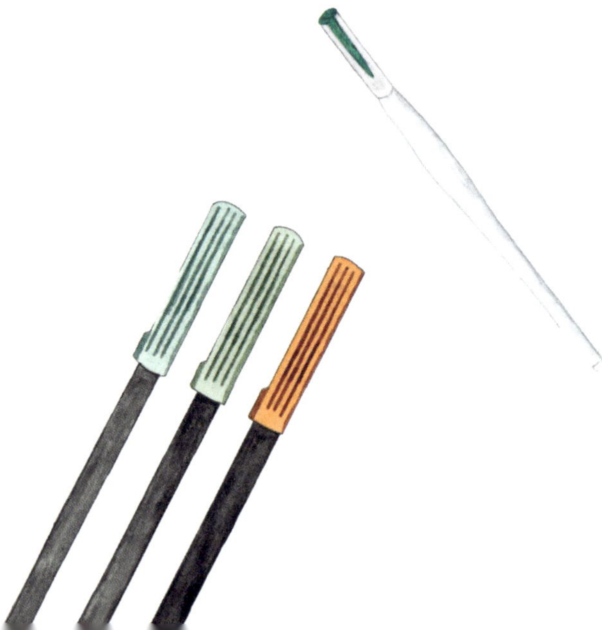

KREATIVES REISEGEPÄCK

Für Kurzurlaube mit kleinem Gepäck lasse ich gern meine Aquarellkästen zu Hause und packe lieber ein paar leichtere Brush Pens ein. Aufgrund der riesigen Auswahl an Farben lässt sich ganz leicht eine kleine Urlaubspalette zusammenstellen.

Das Besondere an den Brush Pens von Tombow ist, dass sie mit zwei Spitzen ausgestattet sind. Die Pinselspitze (bis 3,3 mm) ist breit und flexibel wie ein normaler Rundpinsel. Die Feinspitze (0,8 mm) dagegen ist fest und für feinere Linien und Details geeignet. Somit kann ich auch weitere Materialien wie Fineliner zu Hause lassen.

Für das Malen auf Reisen oder in der Natur kann ich dir **Wassertankpinsel** empfehlen. Bei diesen ist der Pinselstiel mit einem Tank ausgestattet, in dem Wasser gespeichert wird. Mit Druck auf den Stiel füllt sich die Wasserspitze mit Wasser und kann dieses abgeben. Kappe drauf und alles ist wieder wasserfest verschlossen. Perfekt für unterwegs!

Da Pinselspitzen sehr empfindlich und oftmals schwierig zu transportieren sind, kann ich auch Reisepinsel empfehlen. Diese lassen sich in der Mitte aufdrehen und die Spitze im Pinselinneren schützen. Mein Favorit ist von da Vinci.

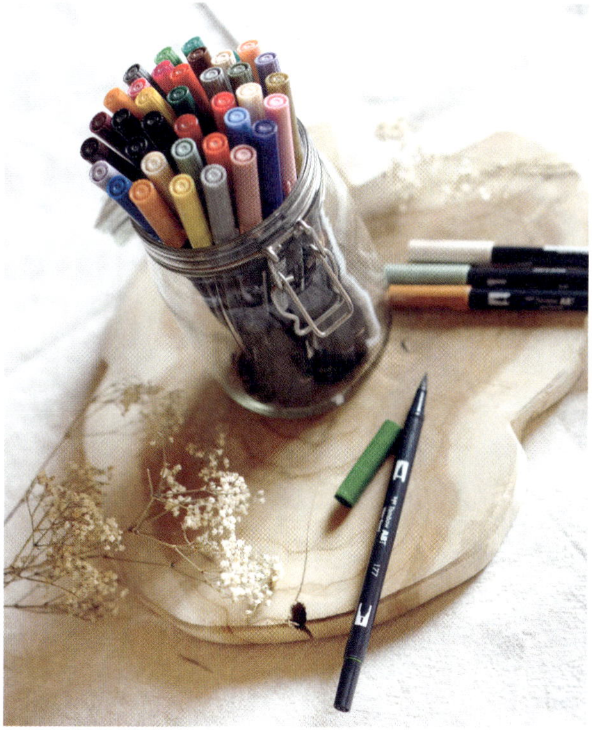

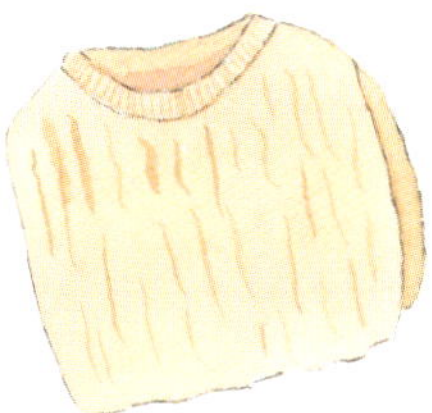

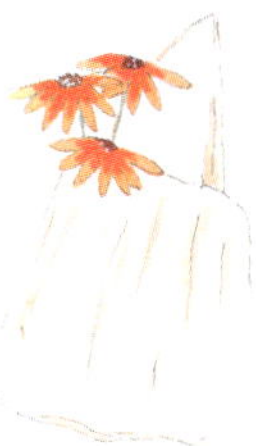

TIPP

Auf den Seite 106 bis 109 findest du das Projekt „Skandi Home“. Dieses ist mit Brush Pens entstanden.

TECHNIKEN

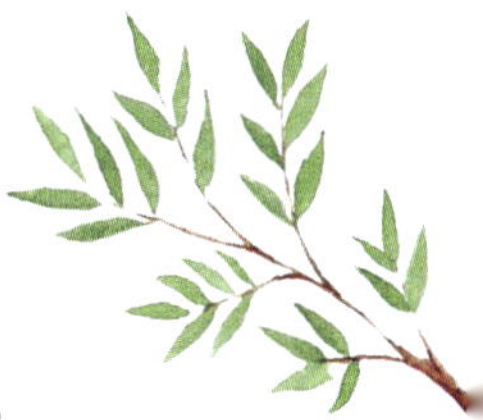

Du kannst mit den Brush Pens prinzipiell direkt auf das Papier malen und mit einem feuchten Pinsel die Farbfläche aktivieren und anlösen, sodass Farbverläufe entstehen. Für kleine Watercolor-Elemente empfehle ich allerdings das Misvchen auf der Palette. Male dafür mit der Pinselspitze auf einer Mischpalette, bis ordentlich Farbe abgegeben wird. Gerade bei neueren Stiften muss man manchmal ordentlich Druck auf die Spitze geben, damit Farbe rauskommt. Wenn es quietscht, ist das ein gutes Zeichen. Anschließend stellst du dein gewünschtes Farb-Wasser-Gemisch her und kannst mit dem Pinsel auf dem Papier loslegen. Ich zeichne mit den Brush Pens immer eher kleinere Motive, da ich die Intensität der Farben bei größeren Flächen nicht mehr als ausreichend empfinde. Mit der Feinspitze können anschließend noch Details ergänzt werden.

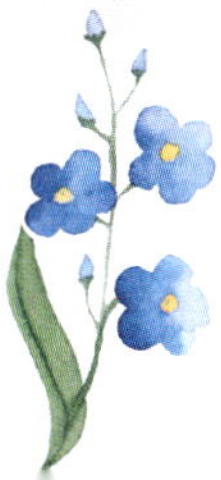

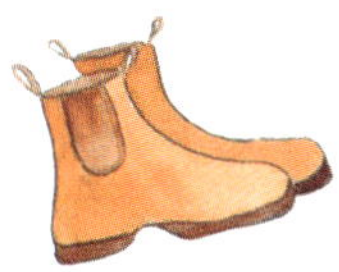

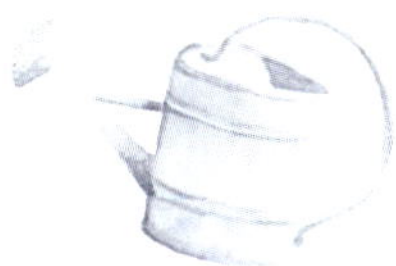

PROJEKTE

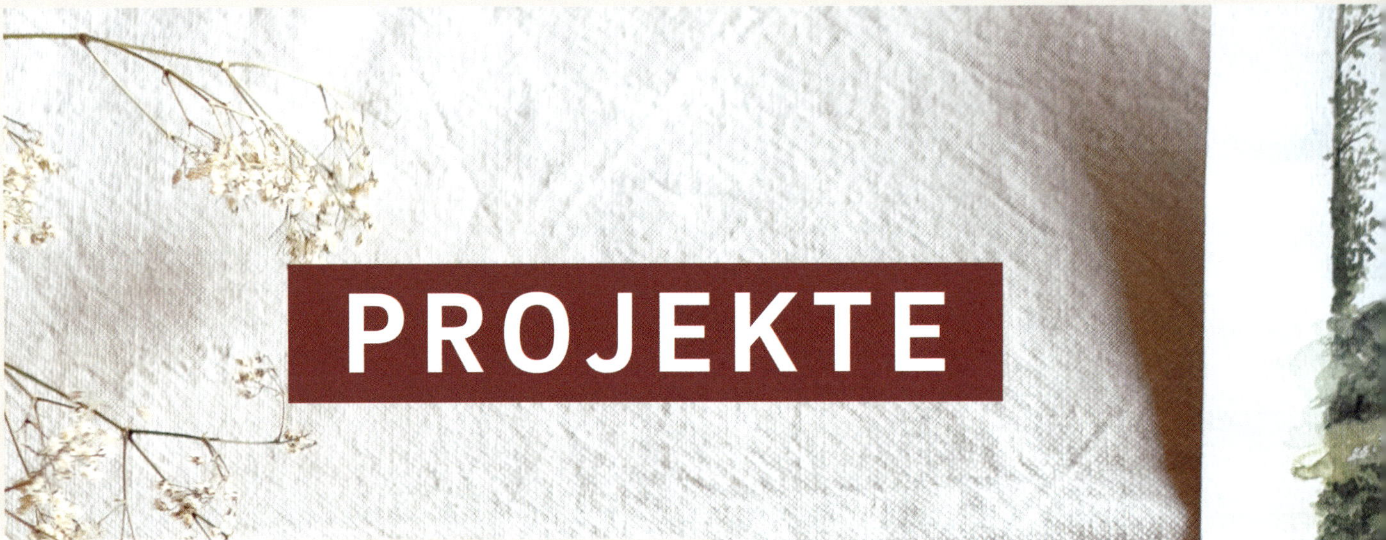

Auf die Pinsel – fertig – los! Wenn du dich mit den Grundtechniken vertraut gemacht hast, deine Materialien bereitstehen und du es dir gemütlich gemacht hast, kann es mit den ersten Watercolor-Motiven losgehen. Inspiriert von der Skandi-Welt findest du die verschiedenen Projekte sortiert in vier Kapitel: Fika, Draußen, Mittsommer und Zuhause. Viel Spaß beim Eintauchen in die Motivwelt und beim Ausprobieren!

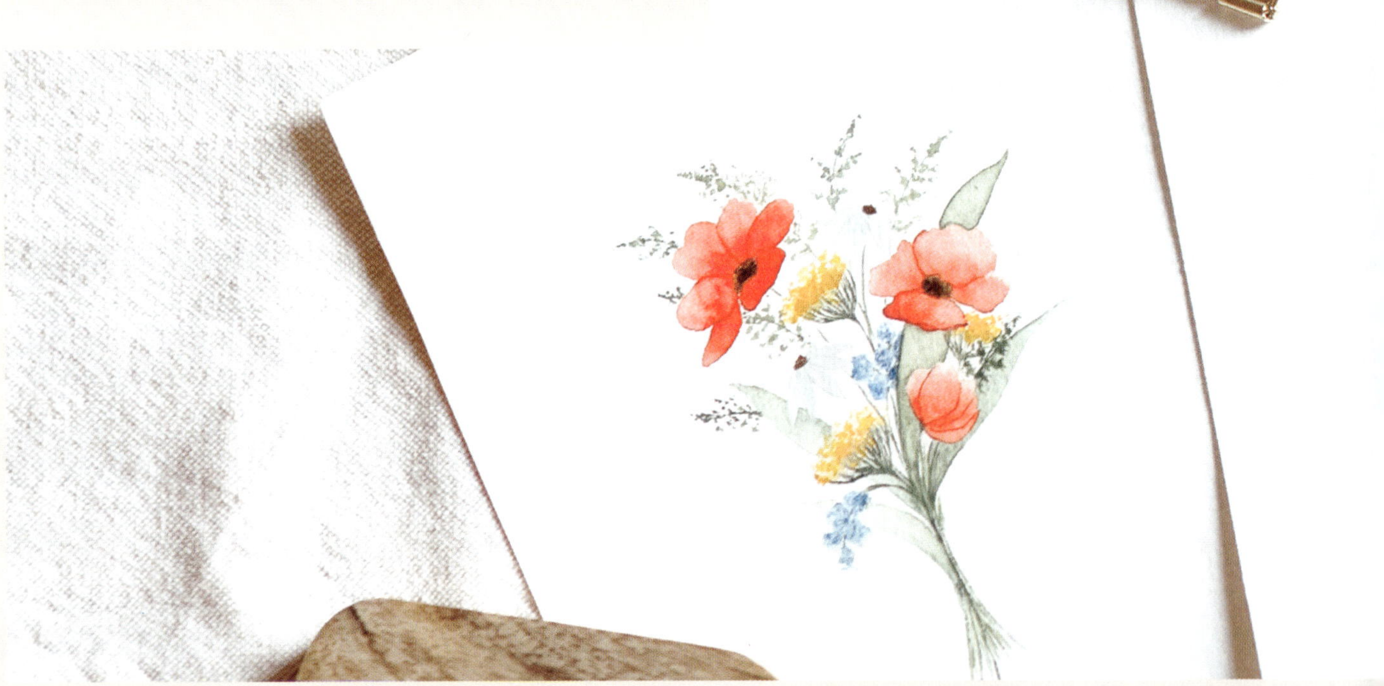

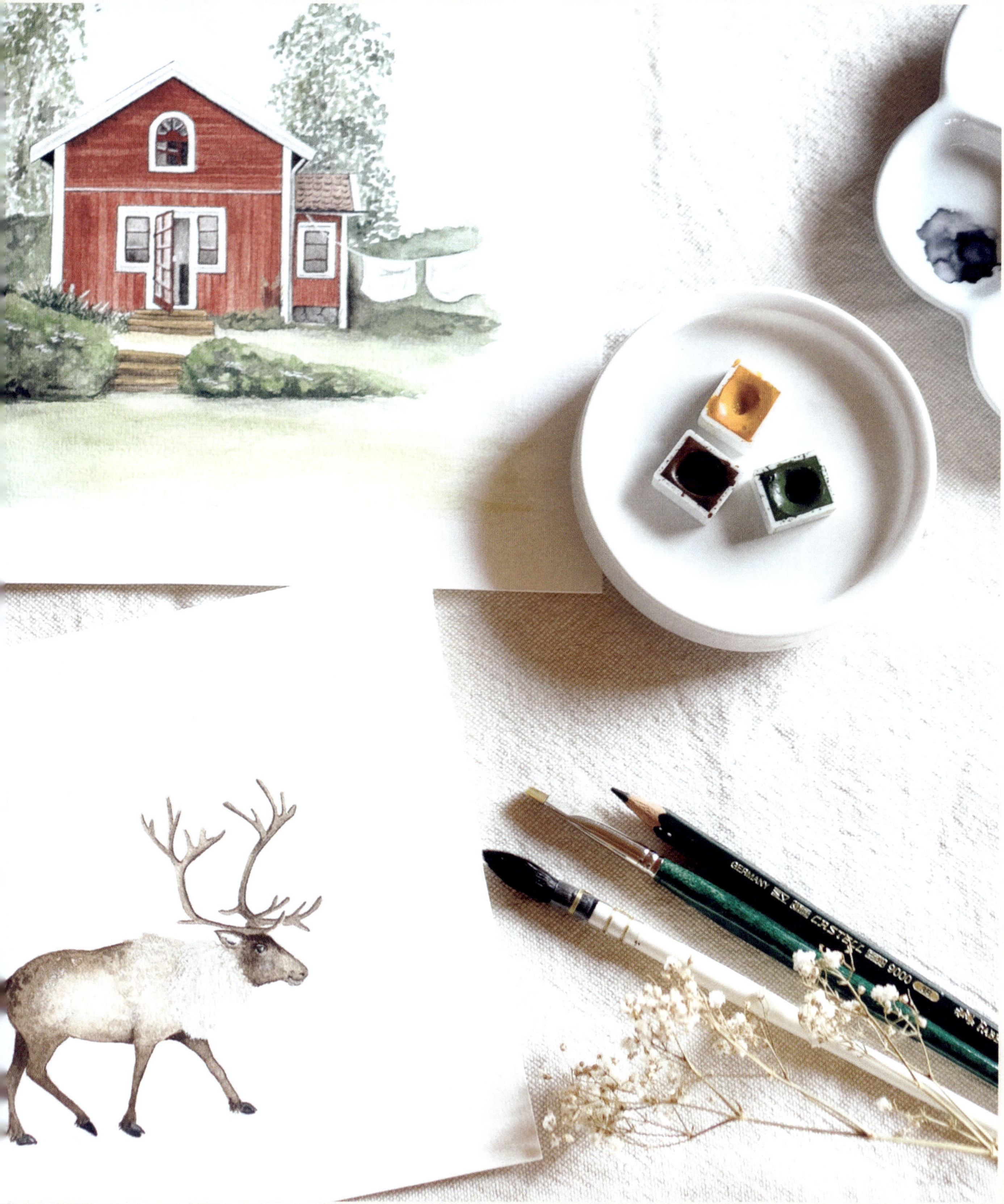
GERMANY
CASTELL
9000

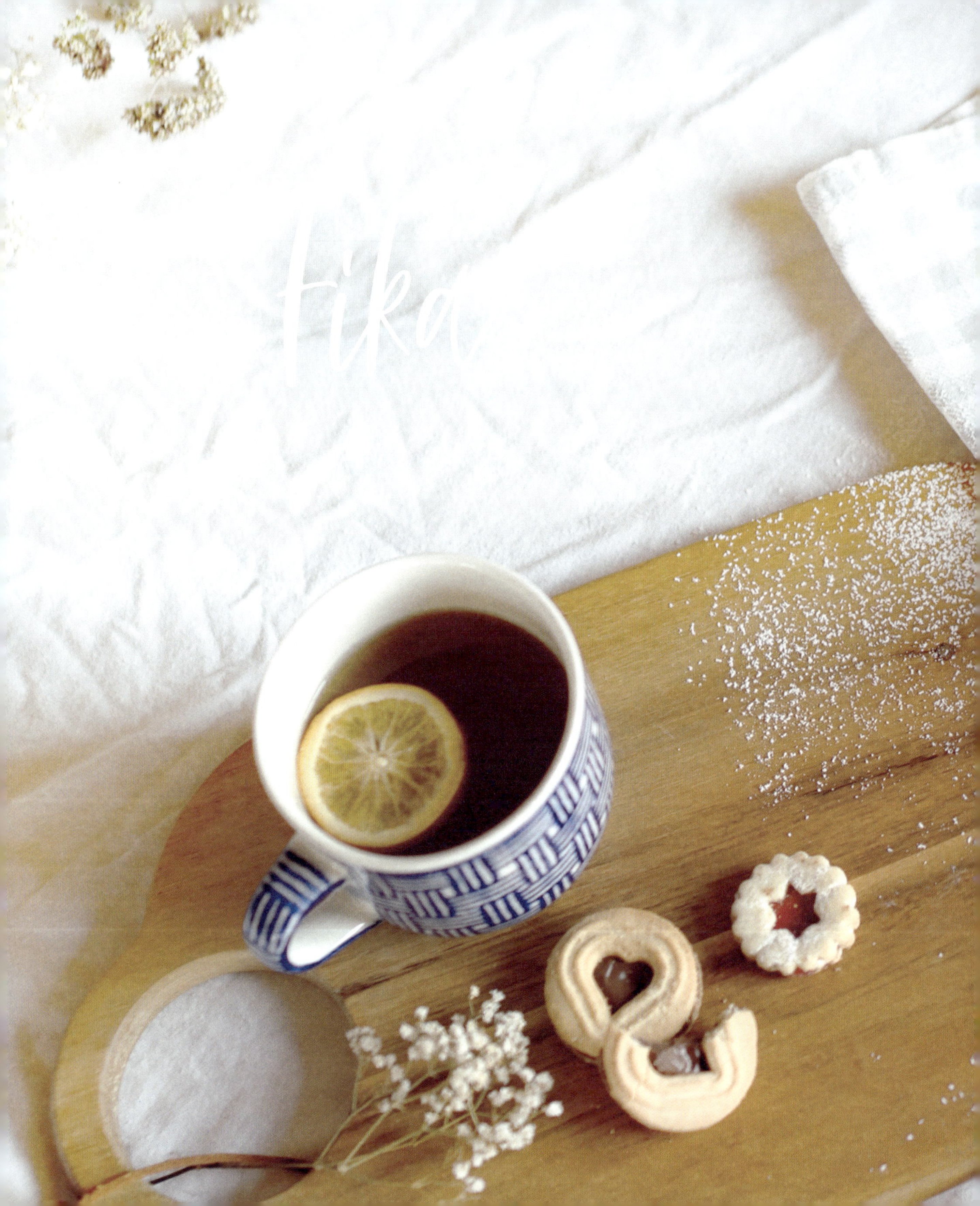
fika

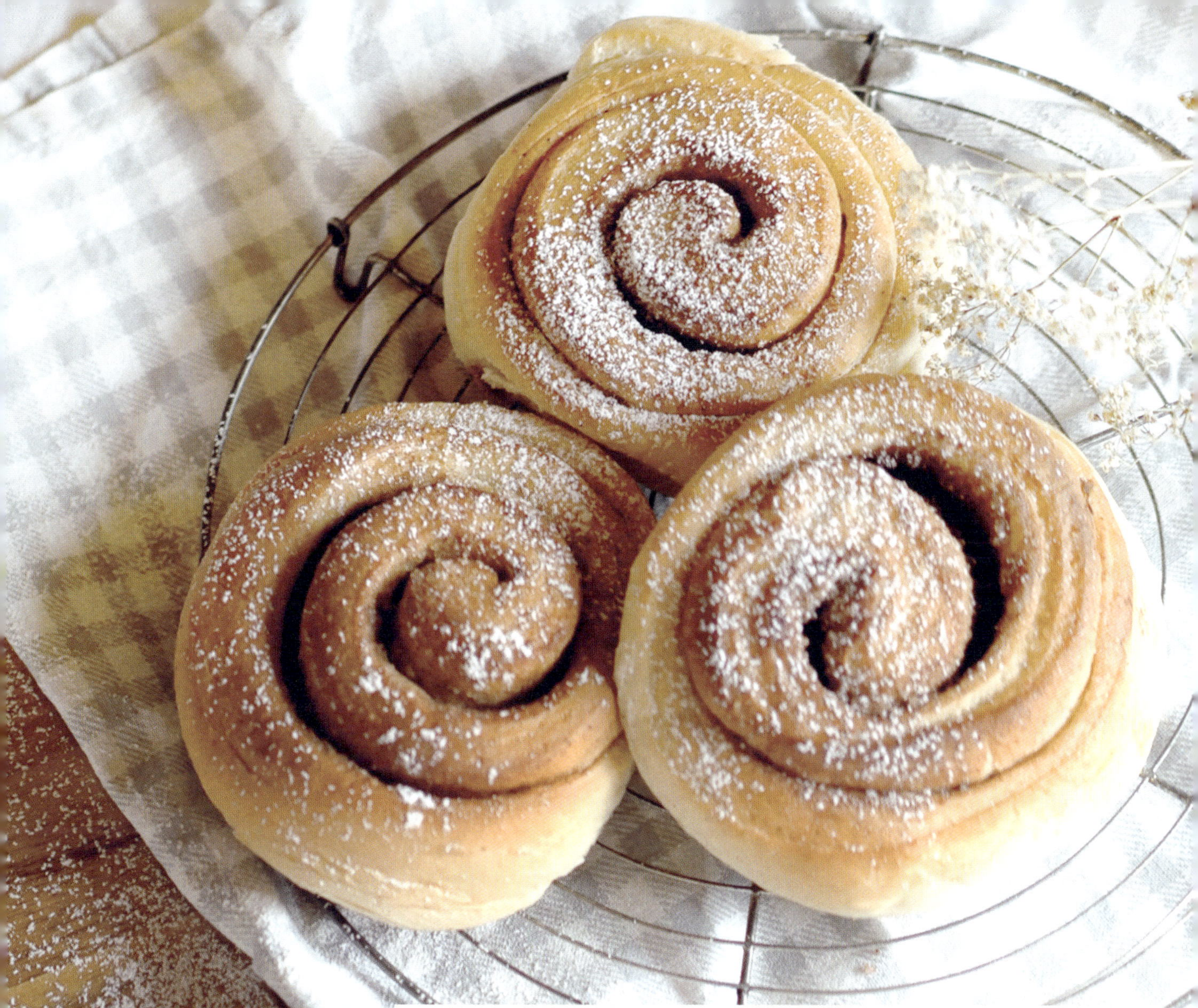

Eine kleine Pause im Alltag. In Schweden bezeichnet man dies als „Fika“. Die traditionelle Kaffeepause wird dabei am liebsten mit einem leckeren Heißgetränk, einer Zimtschnecke und einer Person, die man gern mag, zelebriert. Fika ist eine hervorragende Art, bewusste Auszeitmomente und Zeit mit den Liebsten in den Alltag zu integrieren. In diesem Kapitel zeige ich dir fünf leckere Watercolor-Projekte, mit denen du dir eine kreative Alltagspause gestalten kannst.

FOKUSTHEMA:

Perspektive schaffen

LICHT UND SCHATTEN

Eine Möglichkeit, Räumlichkeit in deinen Watercolor-Projekten zu kreieren, ist das Spiel mit Licht und Schatten. Dafür musst du in deinem Bild festlegen, aus welcher Richtung das Licht kommen soll. Markiere diesen Punkt mit einem kleinen Bleistiftkreuz auf deinem Papier. Kommt das Licht von rechts, müssen die Schatten immer links gemalt werden. Dabei unterscheidet man unterschiedliche Arten von Schatten. Der **Körperschatten** liegt direkt auf dem Objekt selbst. Der **Schlagschatten** hingegen liegt auf dem Untergrund bzw. in der Umgebung. Beide Schattenarten kannst du dir zunutze machen, um in deinem Bild mehr Tiefe und Plastizität zu schaffen.

Meine Lieblings-Schattenfarben:

Neutralgrau (785)	Neutraltinte (782)	Sepiabraun rötlich (662)

Alternativ verwende ich auch gern einen grauen Brush Pen, um fix einen Schatten zu ergänzen. Meine Empfehlung ist der Farbton N95 von Tombow.

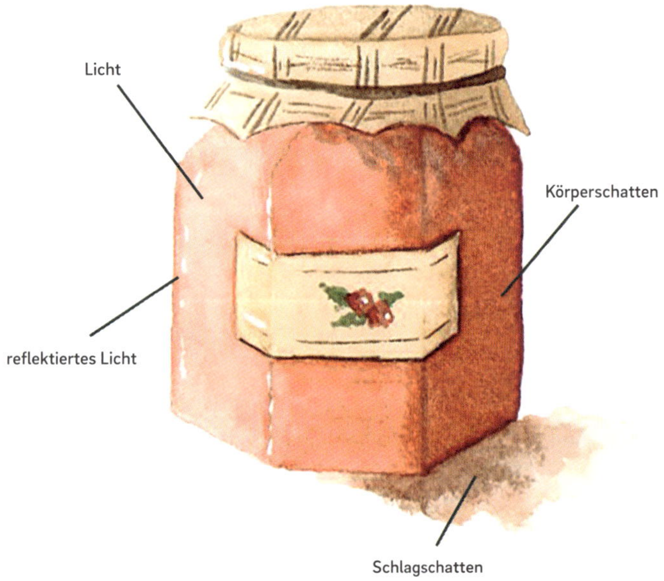

Schattentechniken

Eine Möglichkeit, Schatten zu malen, ist die Lasurtechnik. Hier spielt uns wieder die Transparenz von Aquarellfarben in die Karten, denn die unter dem Schatten liegende Farbe und Struktur sollten noch leicht durchscheinen. Verwende daher nicht zu deckende, schwarze Farben. Eine andere Möglichkeit ist es, mit der Nass-in-Nass-Technik im Bereich der Schattenfläche noch mal mehr Pigment hinzuzugeben. Diese Variante eignet sich besonders für größere Flächen.

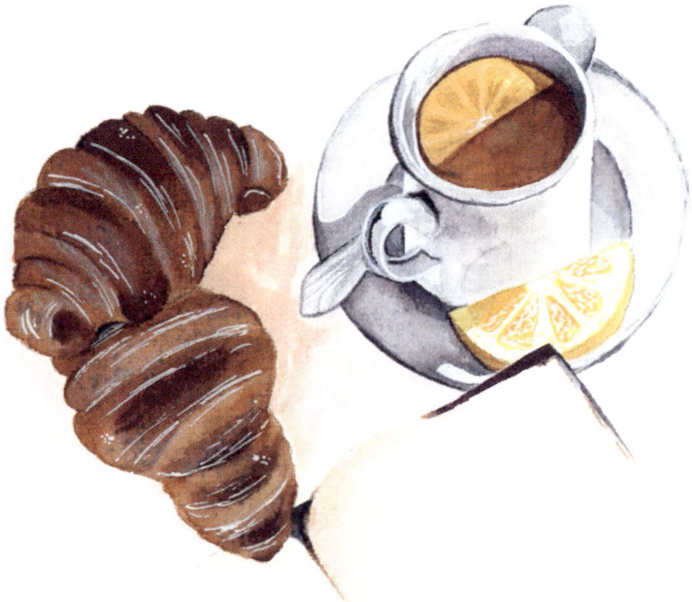

Die Tasse im Bild wirkt durch die Ergänzung von Schattierungen. Dafür habe ich den Tombow Brush Pen in der Farbe N95 verwendet.

Weißräume

Jetzt wissen wir, wie der Schatten ins Bild kommt, aber wie malt man denn Licht? Das Zauberwort an dieser Stelle heißt: Lichtpunkte setzen. Dies sind im klassischen Sinn Stellen im Bild, die nicht koloriert sind. Damit das einwandfrei funktioniert, muss man schon etwas erfahrener sein und sein Motiv sehr gut planen. Es gibt aber auch die Möglichkeit, nachträglich noch Highlights zu ergänzen. Dazu kannst du folgende Materialien nutzen:

- einen weißen Gelstift
- weiße Gouachefarbe (mit einem kleinen Pinsel auftragen)
- einen weißen Acrylstift
- einen weißen Wachsmalstift (toller Effekt bei Flächen, die aussehen sollen wie von Schnee bedeckt)

Ansonsten lässt sich der Kontrast zwischen Hell und Dunkel auch mit unterschiedlichen Tonwerten erzielen. Auch hier gilt wieder das Prinzip: Um eine helle Farbe zu erzielen, verwende weniger Farbe. Siehe dir dafür noch mal das Kapitel zum Tonwert auf Seite 19 an.

Zimtschnecke

Was wäre eine Fika ohne schwedische Zimtschnecken [kanelbullar], die gerade warm und frisch aus dem Ofen kommen? Hier findest du ein kreatives Rezept, wie man das süße Gebäck auf Papier bekommt. An diesem Projekt lernst du, wie sich Farbränder verblenden lassen.

FARBPALETTE

Lichter Ocker natur (656)
als Grundfarbe

Neapelgelb (229)
zum Mischen

Sepiabraun rötlich (662)
für Konturen und zum Mischen

Titan-Deckweiß (101)
für das Topping

MATERIAL

- Aquarellpapier matt
- Rundpinsel Nr. 6 und 2 zum groben Kolorieren
- Minipinsel für Details
- Fineliner für Konturen
- Filzstift oder Brush Pen in Hellgrau für Schatten
- Optional: weißer Wachsmalstift oder Gelstift

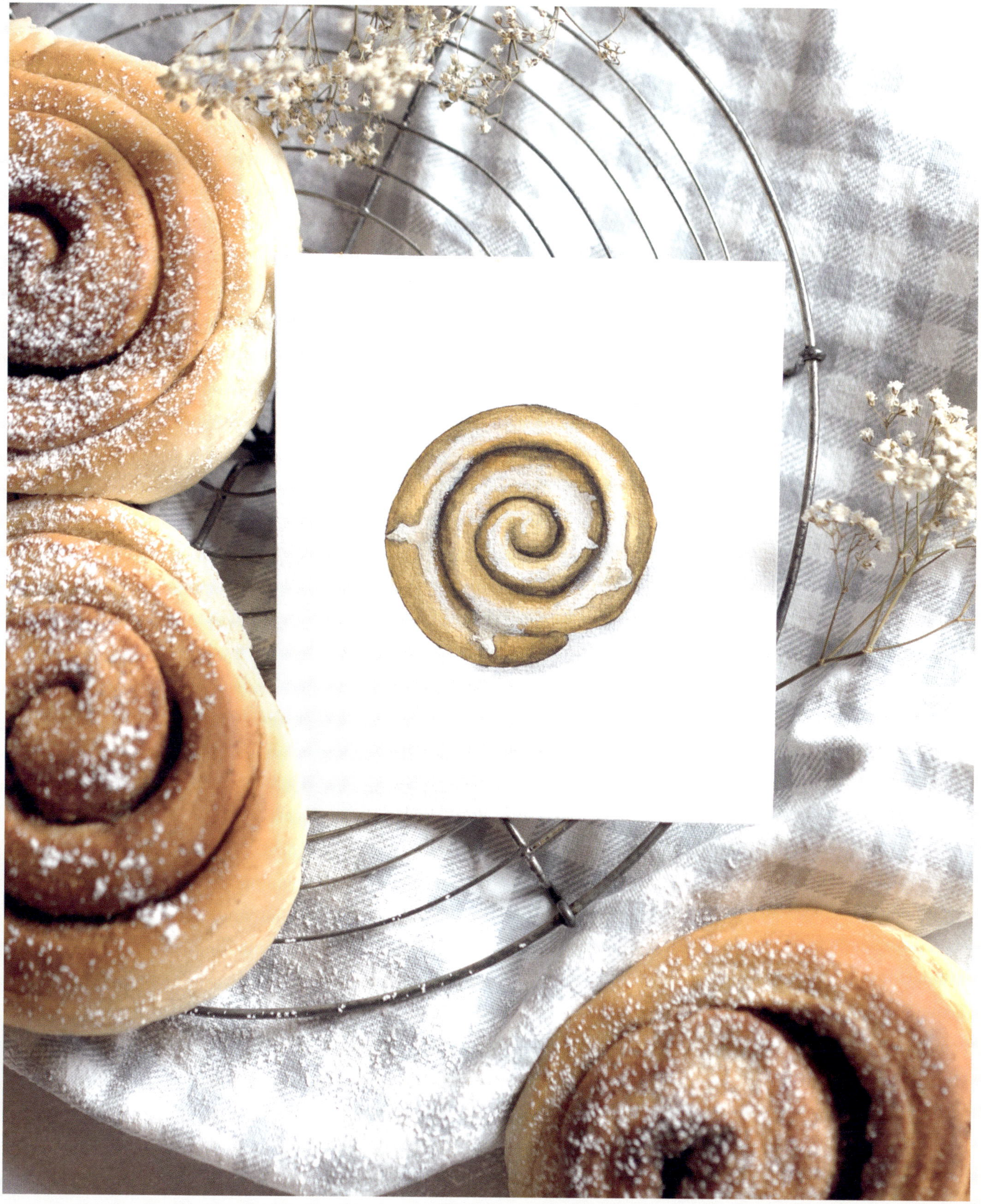

So geht's

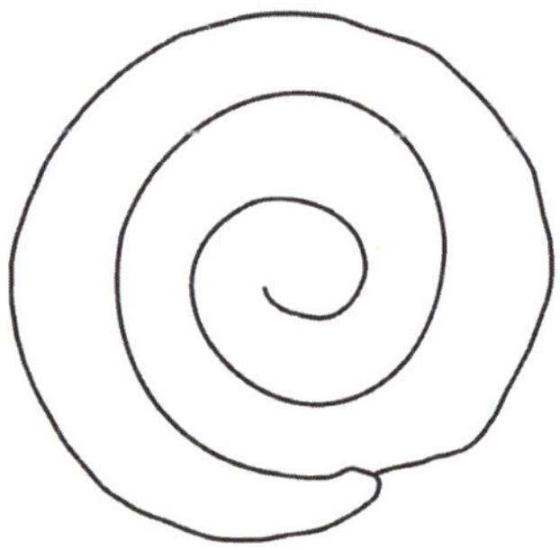

1. Los geht es mit der Skizze. Wenn du dir die Schneckenform aufmalst, orientiere dich an drei Kringeln der Zimtschnecke.

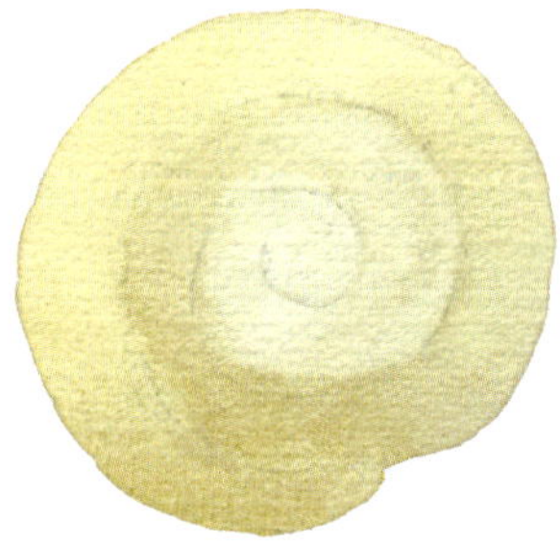

2. Für den ersten Farbauftrag verwende ein mit reichlich Wasser angemischtes Lichter Ocker natur (656) und starte außen mit der Kolorierung. Der innerste Teil der Schnecke sollte dabei am hellsten bleiben, also am wenigstens Farbauftrag erhalten.

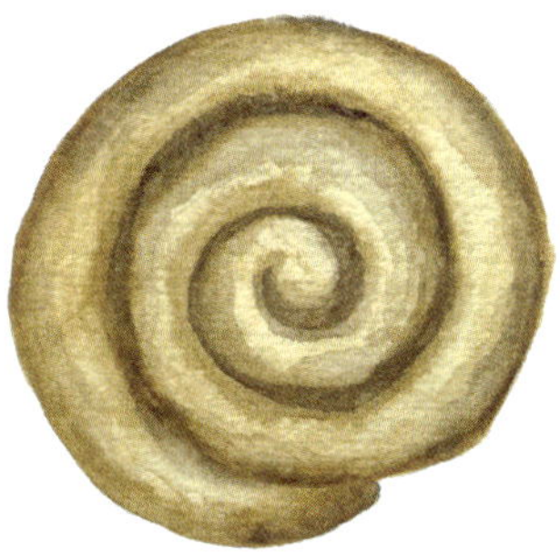

3. Im nächsten Schritt geht es darum, die Ränder, die durch die Rollenform entstehen, zu verstärken und perspektivisch dunkler werden zu lassen. Mische dir dafür einen etwas dunkleren Braunton an und koloriere grob die Schneckenform nach. Wiederhole diesen Schritt mit einem dunkleren Tonwert. Diesen erzielst du, indem du deinem Braunton weniger Wasser zugibst.

TIPP

Damit die Farbschichten nicht einfach nur aufeinanderliegen, ist es wichtig, die Ränder immer etwas nach innen zu verblenden. Dafür braucht es gar nicht viel Wasser auf dem Pinsel. Feuchte deinen Pinsel leicht an und löse die Pigmente in den Rändern und vermale sie.

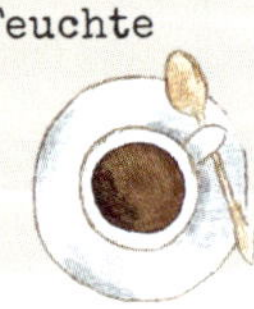

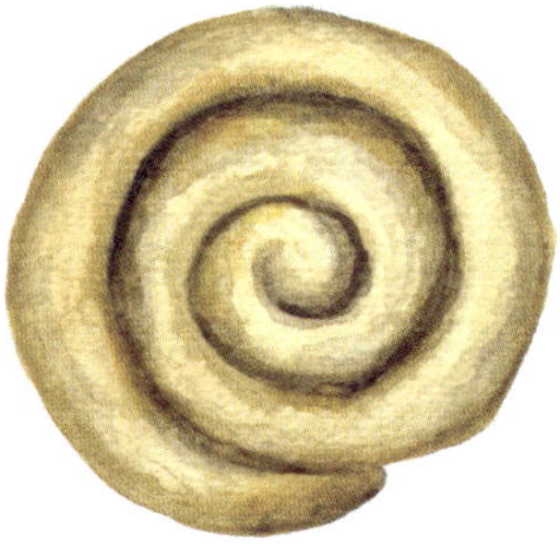

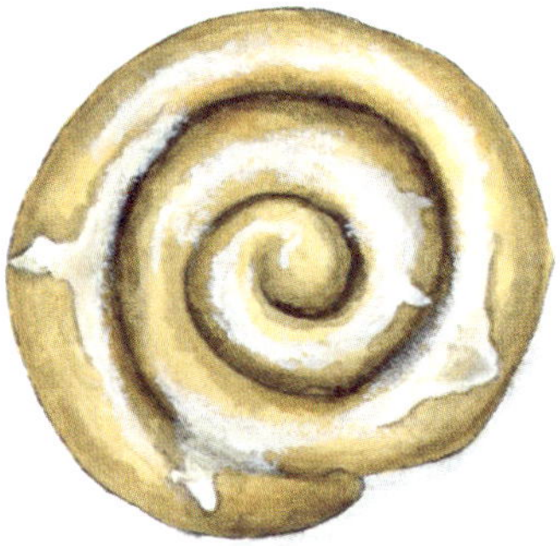

4. Wechsle jetzt zu einem feineren Pinsel und ziehe die Innenränder der Schnecke mit pigmentreichem Sepiabraun rötlich (662) nach. Jetzt hat deine Zimtschecke schon eine tolle Perspektive.

5. Das weiße Topping kannst du mit einem Wachsmalstift, Gelstift oder auch Titan-Deckweiß (101) auftragen. An Stellen, wo das Frosting herunterläuft, male mit einem feinen Pinsel einen dunkleren Kontrastrand. Im letzten Schritt bekommt die Zimtschnecke noch eine Außenkontur mit einem Fineliner und rechts unten einen grauen Schatten angedeutet. Dieser lässt sich ganz einfach mit der breiten Spitze eines grauen Brush Pen aufmalen.

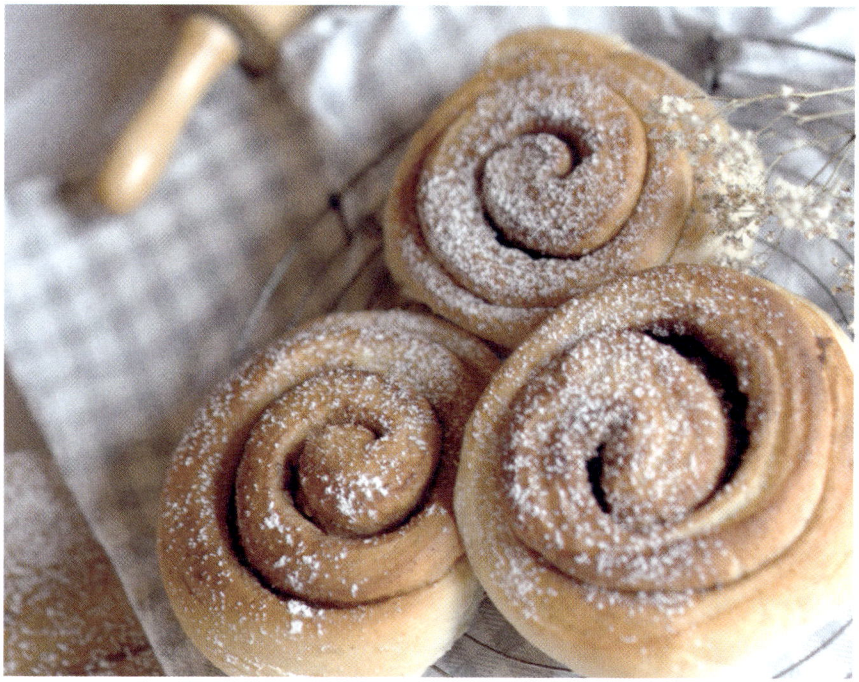

Blaubeere

Von Juli bis September ist in Skandinavien Blaubeerzeit! Das Pflücken der kleinen Wildbeeren gehört während dieser Zeit zur Lieblingsbeschäftigung der Skandinavier. Mit diesem Watercolor-Projekt kannst du üben, Flächen mit unterschiedlicher Farbintensität zu kolorieren.

FARBPALETTE

Indigo (485)
Grundfarbe

Olivgrün gelblich (525)
für die Blätter

Perylengrün (784)
für die Blätter

MATERIAL

- Aquarellpapier matt
- Rundpinsel Nr. 6 oder 2, je nach Größe der Blaubeere
- Minipinsel für Details

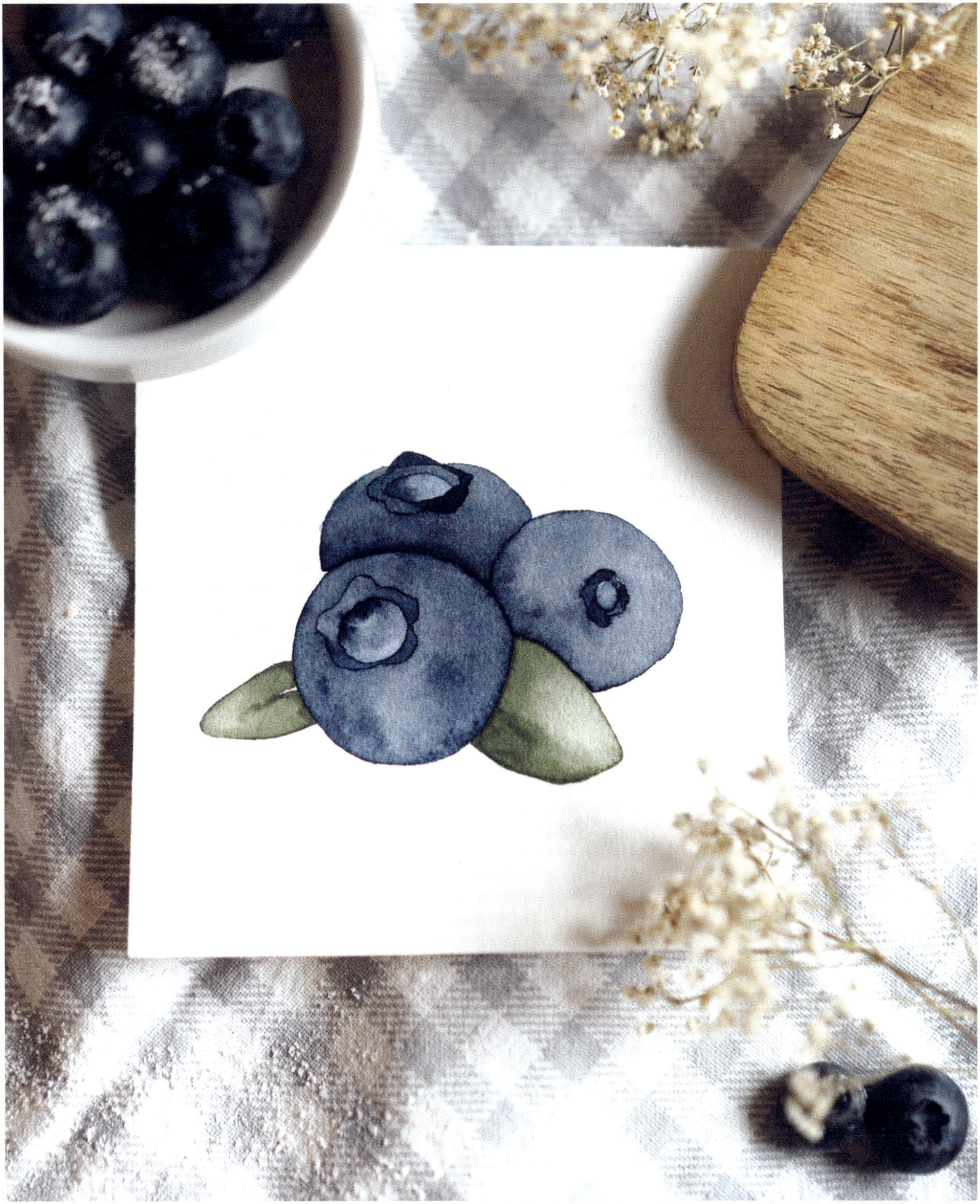

So geht's

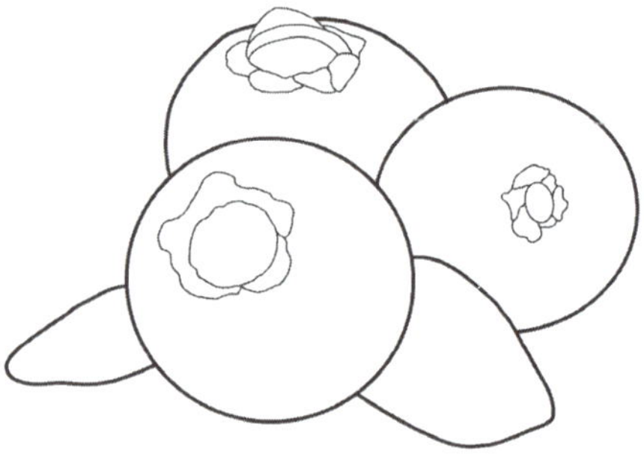

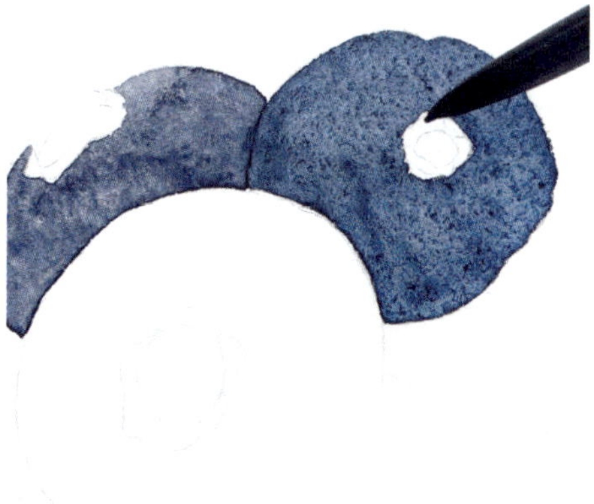

1. Damit zum Schluss ein tolles Blaubeermotiv auf dem Papier entstehen kann, ist es wichtig, direkt bei der Skizze auf die Lage der verschiedenen Beeren zu achten. Eine liegt zur Seite, die nächste zeigt mit der Blüte direkt nach vorn und eine Beere liegt hinter den anderen. Ergänze auch ovale Blätter oder einen kleinen Zweig, an denen die Blaubeeren baumeln.

2. In Step 2 bekommen die Beeren ihre charakteristische blaue Farbe. Dafür überlege dir kurz, wo die Schatten- und Lichtstellen auf deiner Vorzeichnung liegen. Starte mit einem tiefen Indigo an der schattigsten Stelle der Beeren und gib hier zuerst Pigment auf das Papier. Dieses kannst du anschließend mit der Hinzunahme von mehr Wasser in den hellsten Bereich der Beere verblenden.

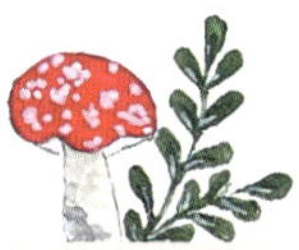

TIPP

Achte darauf, die Beeren nacheinander, mit ausreichend Trocknungszeit, zu kolorieren. So verhinderst du ein Ineinanderlaufen, bei dem die Blaubeere danach nicht mehr als eigenständige Beere erkannt werden kann.

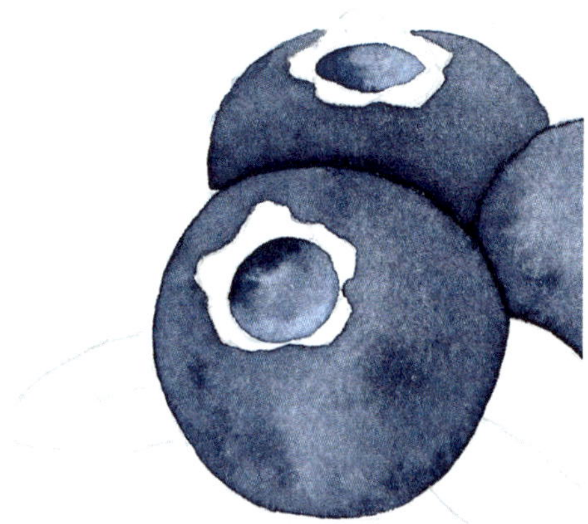

3. Anschließend kümmern wir uns um die Blüte der Frucht. Der innere Bereich sollte dabei wieder mit einem Indigoverlauf koloriert werden. Die Blütenenden werden dann in einem tiefen Indigo einzeln ausgemalt.

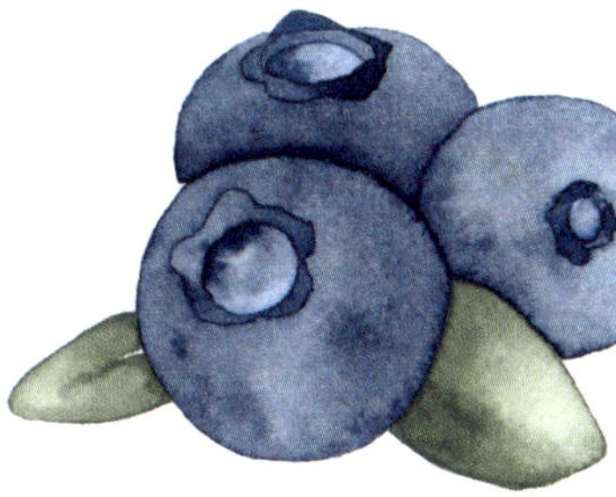

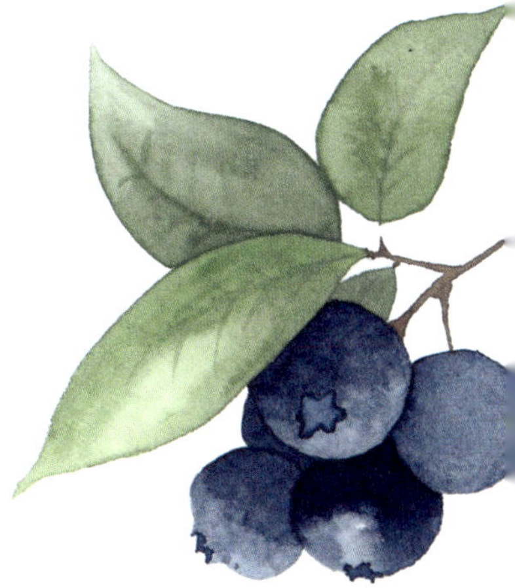

4. Im letzten Schritt wird das Bild noch durch ein Blatt ergänzt. Koloriere auch hier wieder von der schattigsten Stelle zur hellsten Stelle des Blattes. So kreierst du direkt einen realistischen Farbverlauf. Wenn die Blattfarbe schon leicht angetrocknet ist, kannst du mit einem feinen Pinsel noch die Blattadern ergänzen.

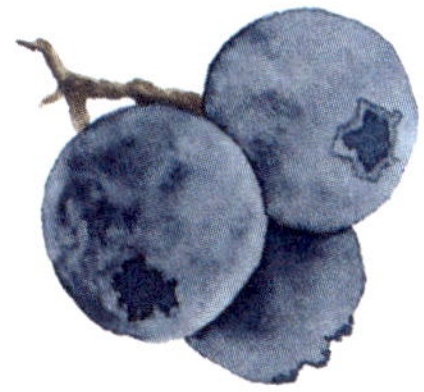

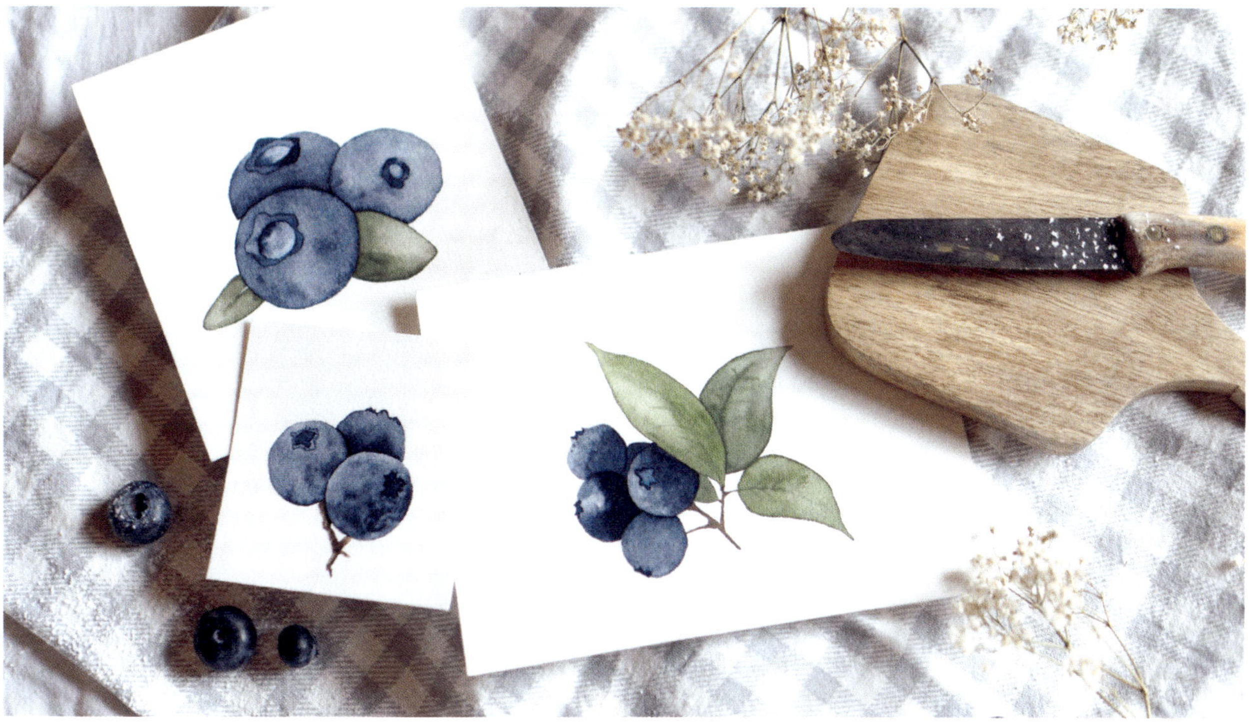

Waffel

Eine duftende, warme Waffel von meinem Opa gehört zu meinen liebsten Kindheitserinnerungen. Sie ist nicht nur perfekt für eine Fika, sondern auch als Watercolor-Projekt. Damit kannst du das Kombinieren der Grundtechniken Lavieren und Lasieren üben.

FARBPALETTE

Umbra natur (667)
für die Waffel

Umbra gebrannt (668)
für die Waffel

Indigo (485)
für die Blaubeeren

Kadmiumrot dunkel (350)
für die Erdbeeren

Olivgrün gelblich (525)
für das Blattgrün

MATERIAL

- Aquarellpapier matt
- Rundpinsel Nr. 6 und 2
- Brush Pen oder Filzstift in Hellgrau für Schatten
- weißer Wachsmalstift für Puderzucker

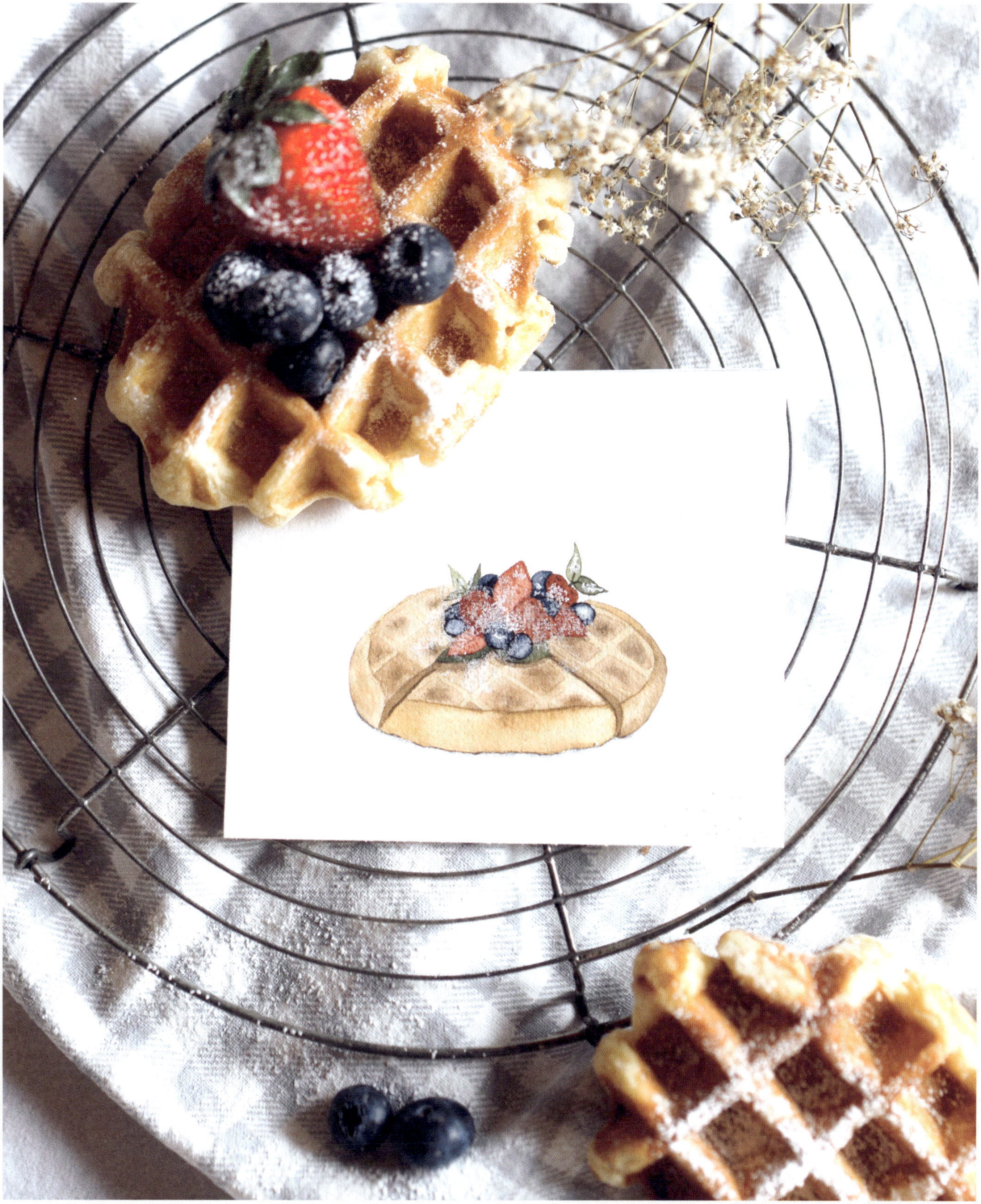

So geht's

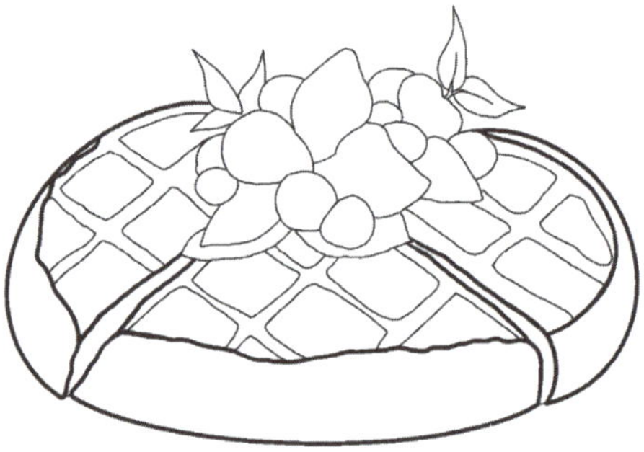

1. Achte beim Waffelmotiv darauf, dass zwischen allen Flächen immer etwas Abstand liegt, wie kleine Bahnen, die die Waffel durchlaufen.

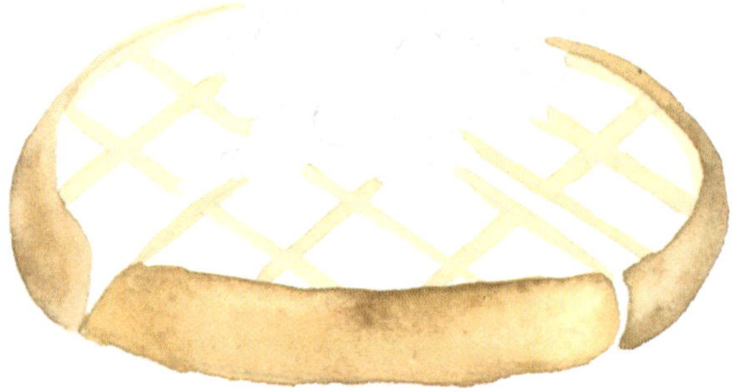

2. Damit es nicht zu sehr eine Geometrieübung wird, kommt jetzt die Farbe auf das Papier. Grundiere mit einem Hellbraun die vorgezeichneten Bahnen und die äußeren Kanten der Waffel. Diese können auch etwas dunkler gemalt werden.

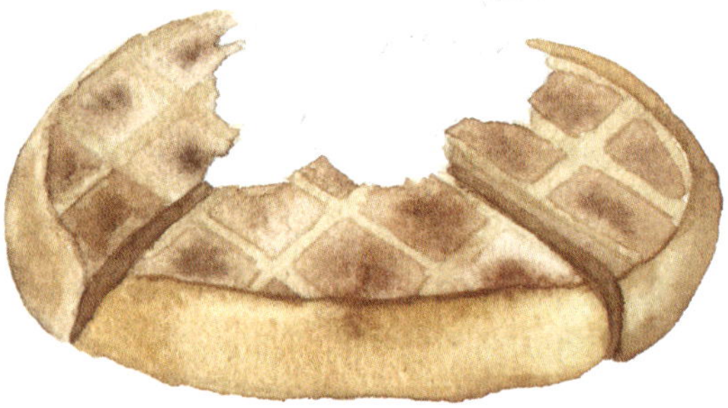

3. Im nächsten Schritt geht es an die Kolorierung der Innenfelder. Färbe dazu jede nun freie Fläche mit einem Mittelbraun. Setze im noch feuchten Zustand mit dunklerem Pigment einen Punkt in die Mitte der Fläche und lass die Farben sich miteinander verbinden. Die innen liegenden Bahnen können mit einem Pinselstrich und dunklem Pigment verstärkt werden.

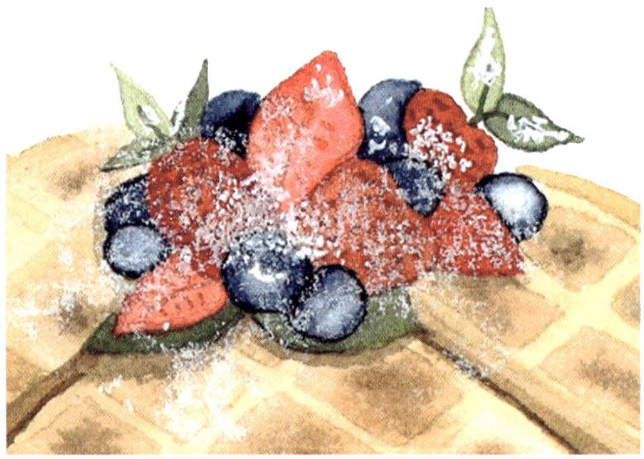

4. Eine Waffel schmeckt natürlich erst mit dem richtigen Topping richtig toll! Hier sind deiner Kreativität keine Grenzen gesetzt: Blaubeeren, Erdbeeren, Puderzucker oder Schokosoße. Sobald deine Waffel gut getrocknet ist, kannst du sie garnieren.

TIPP

Puderzucker bekommt man ganz einfach mit einem weißen Wachsmalstift, z.B. Stabilo Woody 3in1 auf das Papier. Einfach ein paarmal damit leicht über deine Illu fahren und die Waffel ist leicht weiß bestäubt.

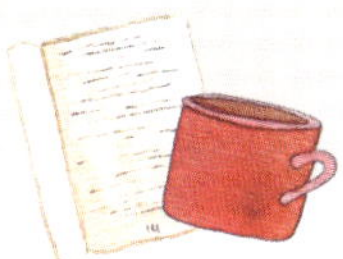

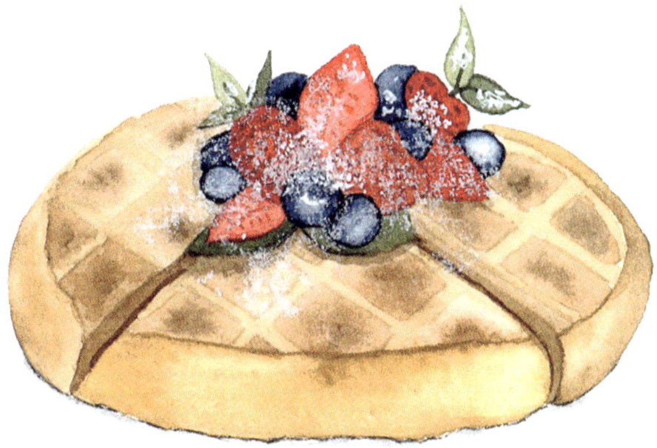

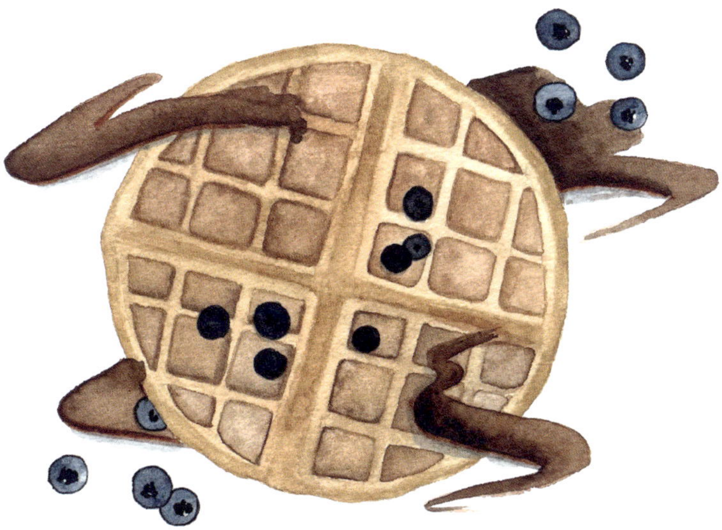

Kaffeetisch

Zu einer Fika gehört natürlich auch das passende Heißgetränk – die Skandinavier lieben Kaffee! Mit diesem Projekt lernst du, wie du mit einem einfachen Watercolor-Trick einen effektvollen Kaffeebecher zauberst, bei dem bestimmt alle von deinen Zeichenskills beeindruckt sind.

FARBPALETTE

Umbra natur (667)
für den Tisch und den Kaffee

Sepiabraun rötlich (662)
für den Kaffee

Indischgelb (220)
für Dekoelemente

Lasurgoldgrün (537)
für Dekoelemente

Bergblau (480)
für Dekoelemente

Lampenschwarz (781)
für Dekoelemente

MATERIAL

- Aquarellpapier matt
- Rundpinsel Nr. 6 und 2 zum groben Kolorieren
- Minipinsel für Details
- Brush Pen oder Filzstift in Hellgrau für Schatten
- weißer Gelstift

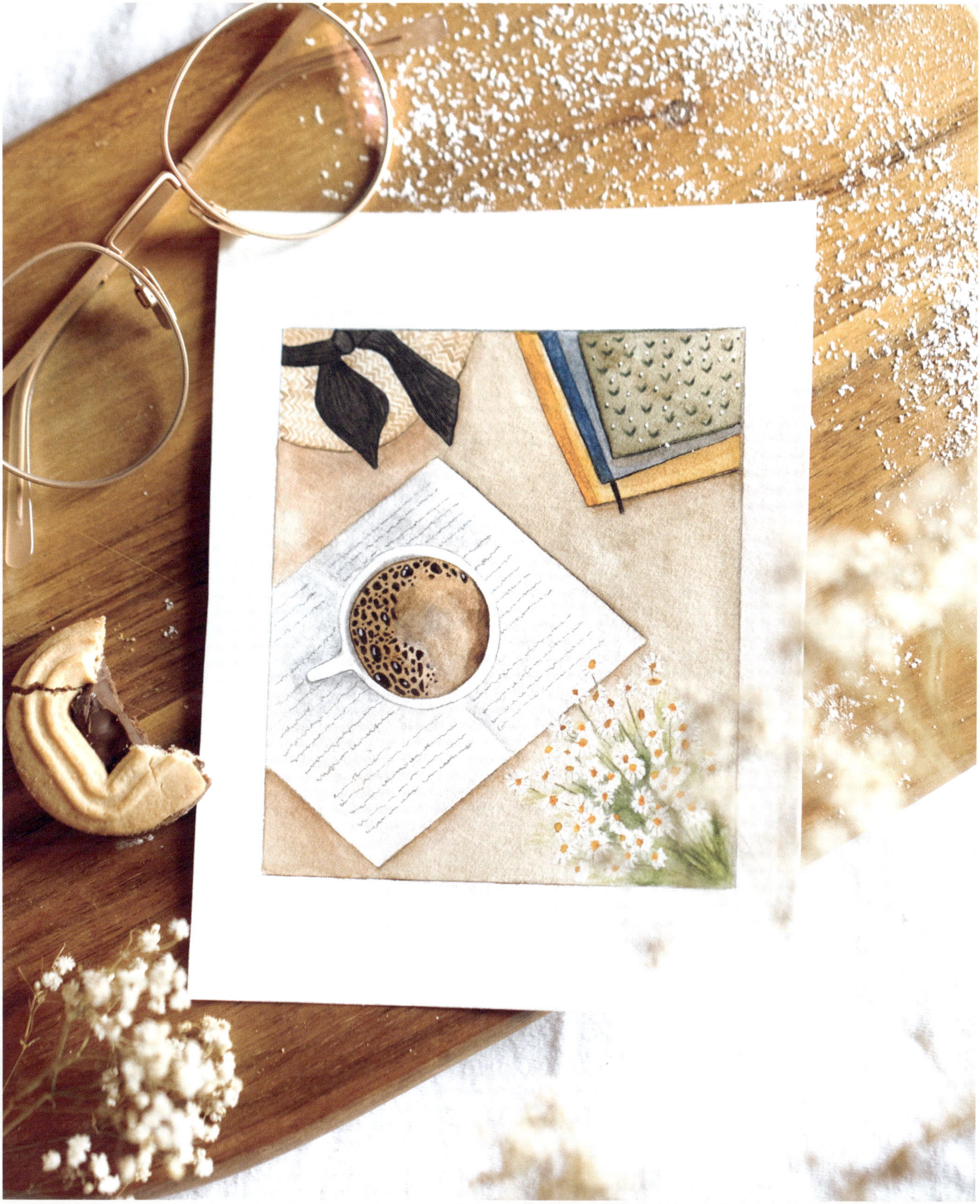

So geht's

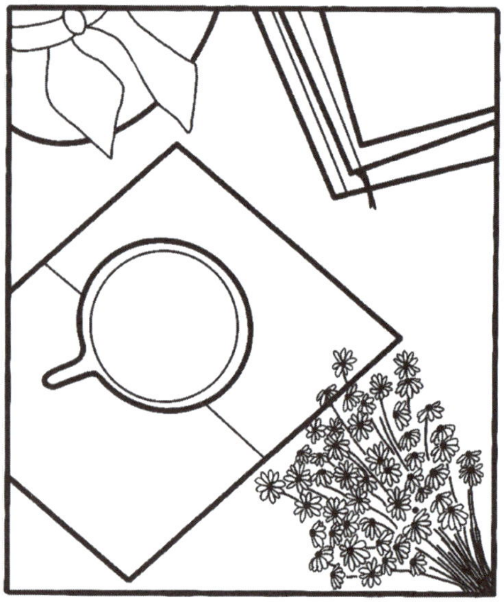

Skizze

1. Wenn du die Vorlage auf dein Papier übertragen hast, kannst du direkt mit der Grundierung des Tisches beginnen. Herausfordernd ist hier, gleichmäßig die Fläche ohne Wasserflecken einzufärben. Damit dir das gelingt, versuche, zügig mit einem größeren Rundpinsel zu arbeiten. Wenn dein Farbauftrag zu trocken wird, ist das nicht so schlimm. Das sieht dann ein bisschen nach der Holzstruktur vom Tisch aus.

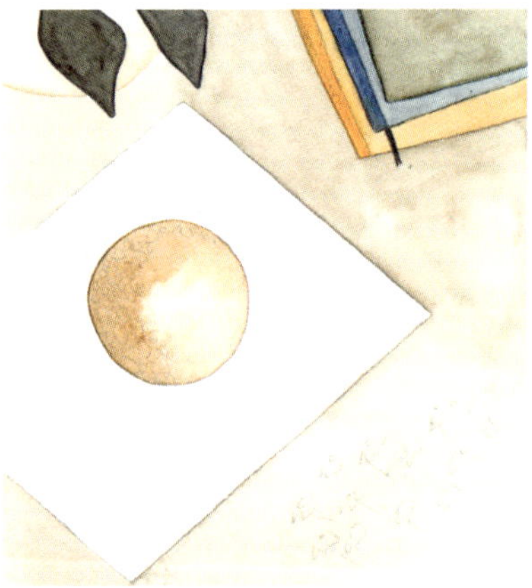

2. Im nächsten Schritt geben wir den Elementen auf dem Tisch ihre Grundfarben. Gib dabei jeder Fläche bewusst ihre Farbe. Damit meine ich, die Buchrücken z. B. farblich etwas dunkler zu gestalten oder die Schleifenelemente am Hut einzeln zu kolorieren, damit sie nicht ineinander verlaufen.

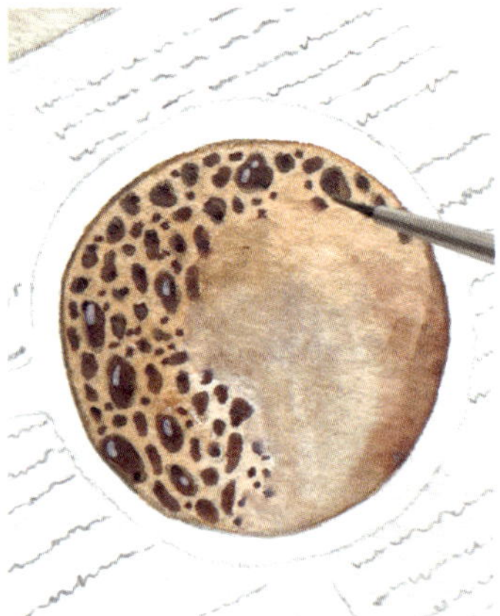

3. Jetzt geht's an den Kaffeetrick! Wenn die Grundierung ordentlich getrocknet ist, ergänzt du in einer Hälfte lauter kleine, unterschiedlich große Ovale. Verwende dafür einen dunklen Braunton, damit der Kontrast deutlich herauskommt. Auf der gegenüberliegenden Seite kannst du dann noch einen braunen Schatten hinzufügen. Ergänze zum Schluss, wenn die Schicht getrocknet ist, in manchen Ovalen noch einen weißen Lichtpunkt mit dem Gelstift.

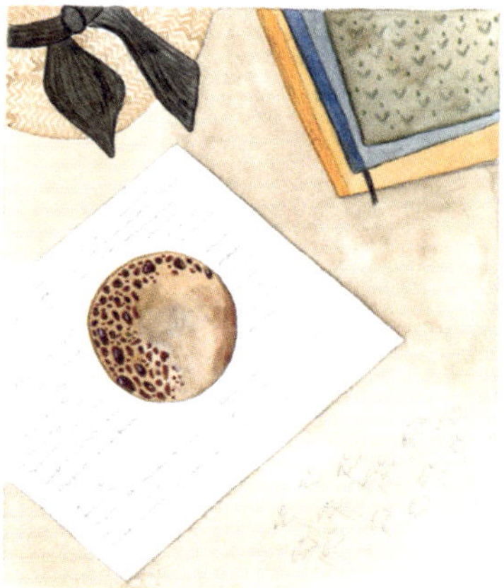

4. Nun widmen wir uns den Details für die Elemente auf dem Tisch. Du kannst z. B. dem Strohhut mit V-Pinselstrichen eine Textur geben. Oder die Bücher mit einem Muster verzieren. Für das aufgeschlagene Buch kannst du einen grauen Brush Pen zur Hand nehmen. Deute mit der kleinen Pinselspitze Text an und mit der breiten Pinselspitze kannst du hinter der Tasse noch einen Schatten ergänzen.

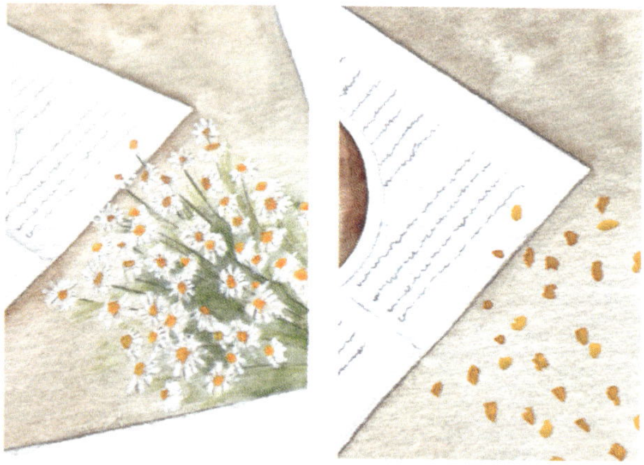

5. Im letzten Schritt malen wir noch die Blumen. Starte mit den Stempeln der Blüten, indem du gelbe Farbtupfer setzt. Diese können auch auf dem Buch liegen. Arbeite dann mit zwei Grüntönen (oder Abstufungen eines Grüntons) und füge die Halme hinzu. Im letzten Step kannst du mit einem Gelstift oder Deckweiß die Blütenblätter ergänzen.

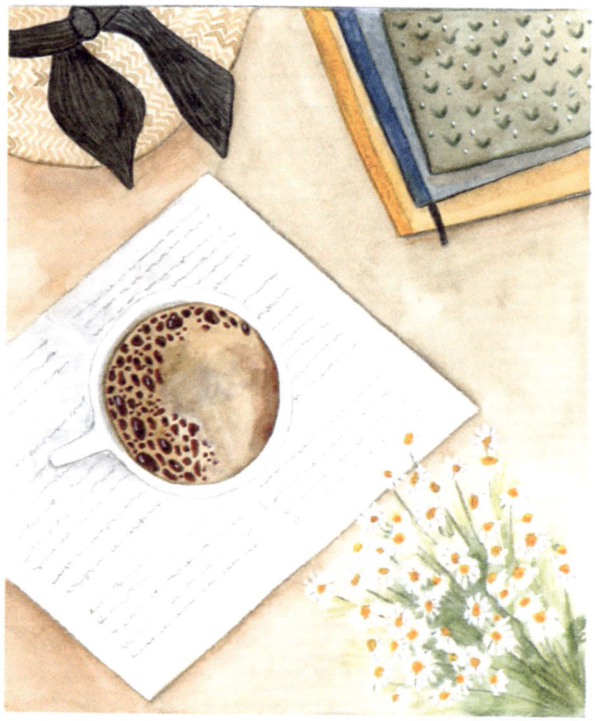

TIPP

Für Abwechslung in deinem Blumenstrauß verändere auch mal die Richtung der Blütenblätter. Manche verteilen sich rund um die Blütenmitte, bei manch anderen zeigen sie auf einer Seite nach unten.

Lebkuchen

Kennst du die Tradition, dass an Heiligabend Lebkuchen am Christbaum hängen? Bei uns in der Familie ist das der besonders leckere Weihnachtsschmuck. Lebkuchen sehen aber auch auf dem Papier gut aus und sind ganz einfach zu malen. Ein perfektes Projekt für den Watercolor-Einstieg.

FARBPALETTE

Umbra natur (667)
für den Teig

Umbra gebrannt (668)
für den Teig

Kadmiumrot dunkel (350)
für die Marmelade

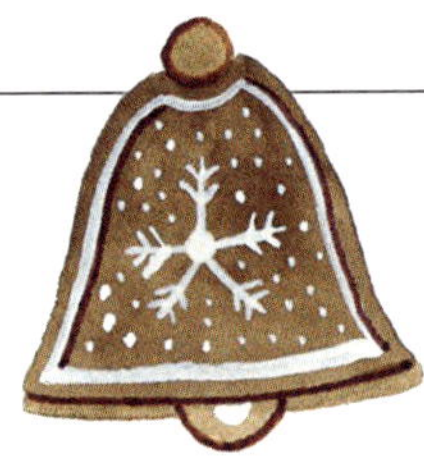

MATERIAL

- Aquarellpapier matt
- Rundpinsel Nr. 6 oder 2 zum Kolorieren
- Fineliner oder dünner Filzstift (braun) für die Umrandung und Schatten
- weißer Gelstift oder weiße deckende Aquarellfarbe für den Zuckerguss

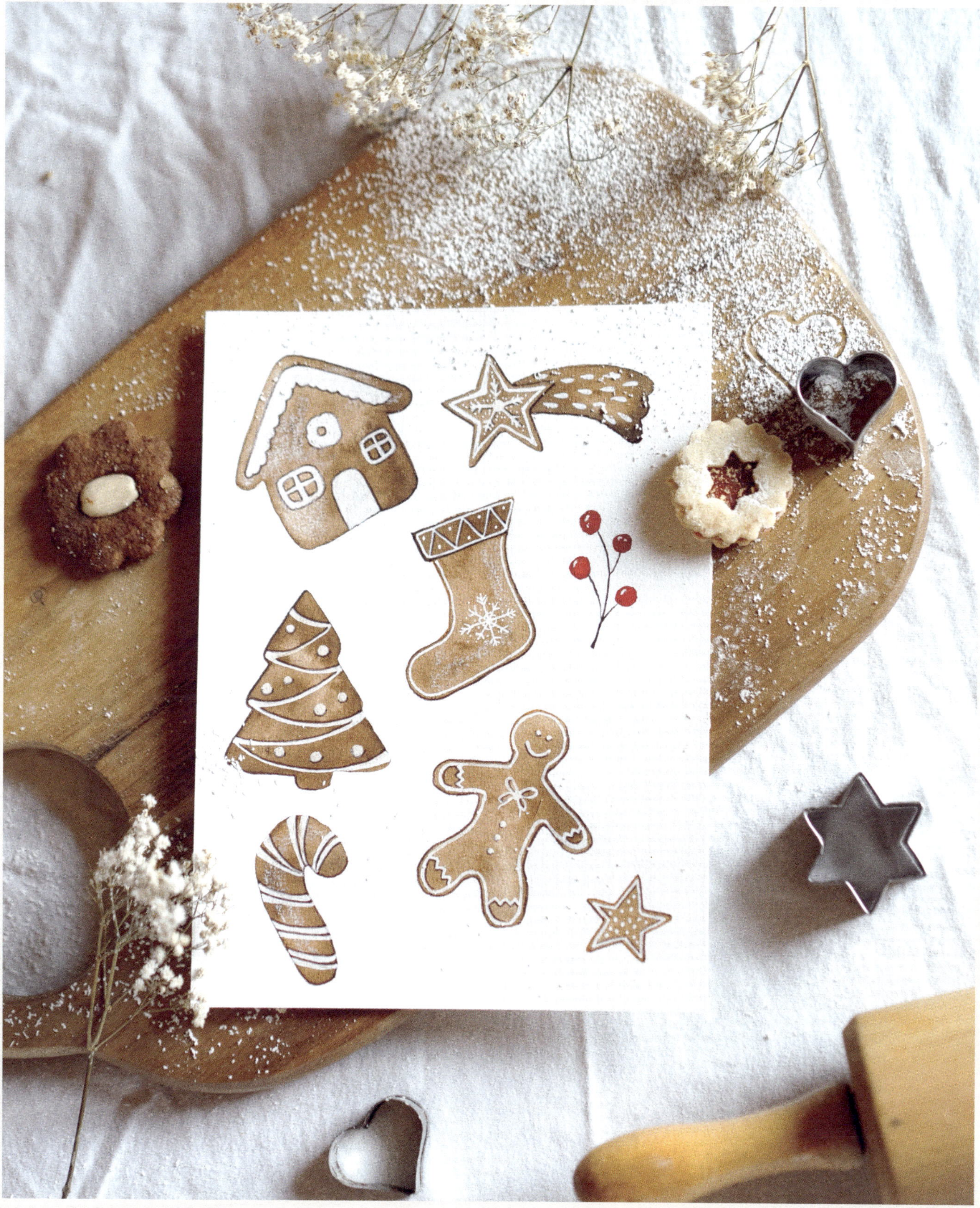

So geht's

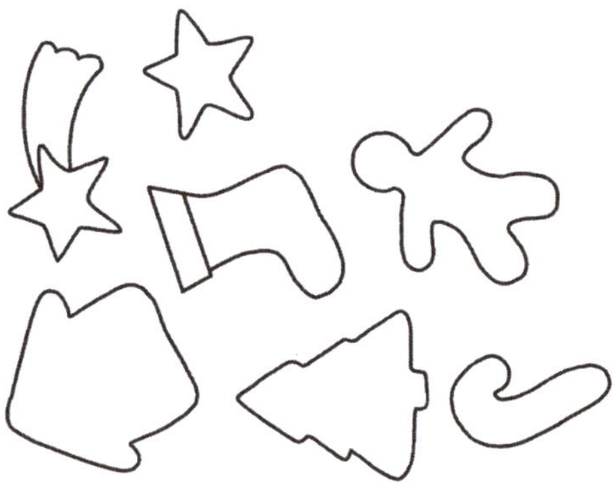

1. Bevor wir mit der kreativen Weihnachtsbäckerei beginnen, geht es an die Auswahl der Ausstechformen. Male dazu die Umrisse verschiedener Plätzchenformen auf das Papier. Dies kann z. B. ein Schaukelpferd, ein Stiefel, Sterne, ein Tannenbaum oder Lebkuchenhäuschen sein.

2. Dann geht es an den Teig! Für die Grundierung der Formen wähle einen hellen bis mittleren Braunton und trage diesen mit einem Rundpinsel auf deine Lebkuchen auf.

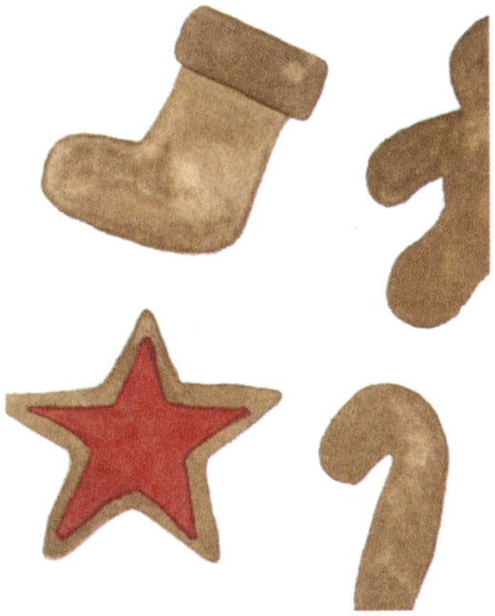

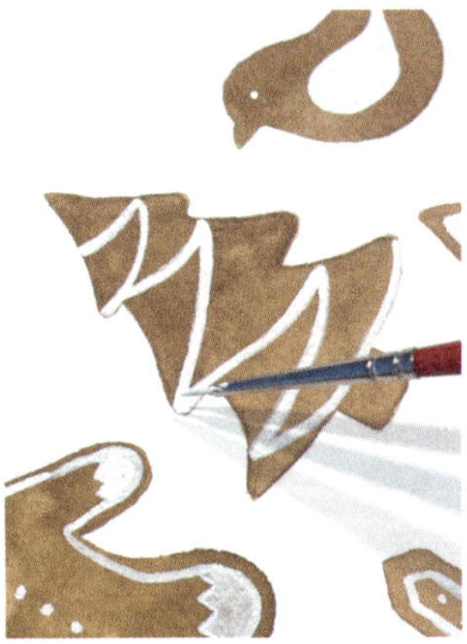

TIPP

Du kannst natürlich auch Plätzchen malen. Wenn diese z. B. eine Marmeladenfüllung haben, kannst du in diesem Schritt mit einem Rotton das Plätzcheninnere ausmalen.

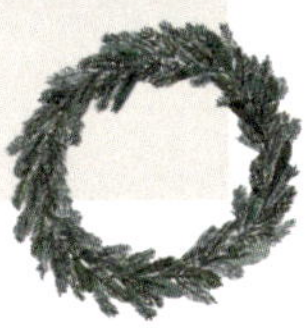

3. Wenn der kreative Teig gut getrocknet ist, geht es an den Zuckerguss. Dieser wird nun auf die braune Grundierung geschichtet. Wähle dazu einen gut deckenden Gelstift oder Aquarellfarbe. Ein Acrylmarker funktioniert auch sehr gut. Beim Zuckerguss kannst du nach Lust und Laune dekorieren. Umrandungen, Schneeflocken, Rauten oder Punkte. Hier kannst du dich richtig austoben.

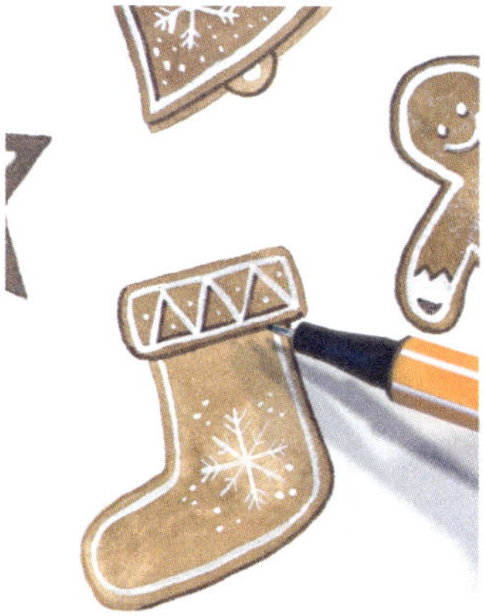

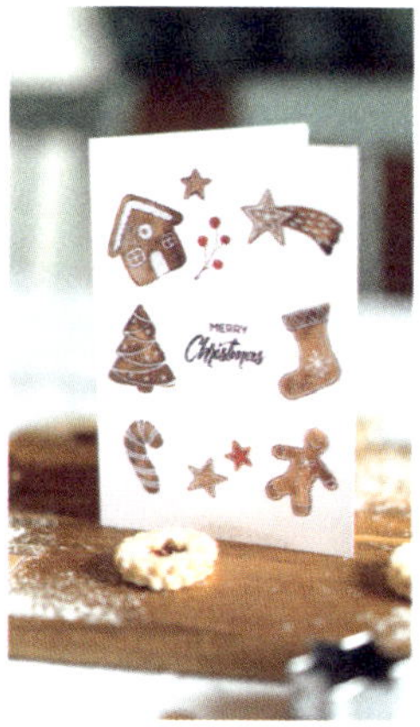

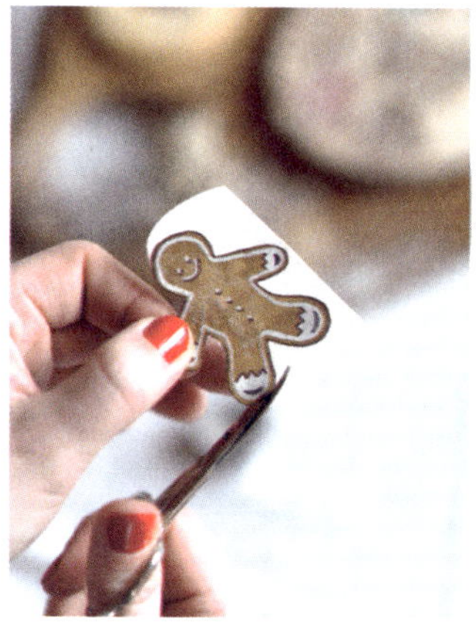

4. Um zum Schluss dem Lebkuchen noch mehr Kontur zu verleihen, ergänze mit einem braunen Filzstift Schatten, indem du die weißen Zuckergusslinien jeweils auf einer Seite nachfährst. Auch die Außenkontur des Lebkuchens kannst du mit dem Fineliner schärfen.

DIY-Tipp Du kannst die Watercolor-Lebkuchen auch als Anhänger für Plätzchentüten nutzen. Male dazu am oberen Ende des Motivs noch einen kleinen Kreis dazu, wodurch später ein Geschenkband passt. Schneide dann das Lebkuchenmotiv aus und nutze es zur Dekoration. Alternativ kannst du mit ihnen auch eine Weihnachtskarte gestalten. Über diesen persönlichen Weihnachtsgruß freuen sich deine Liebsten bestimmt.

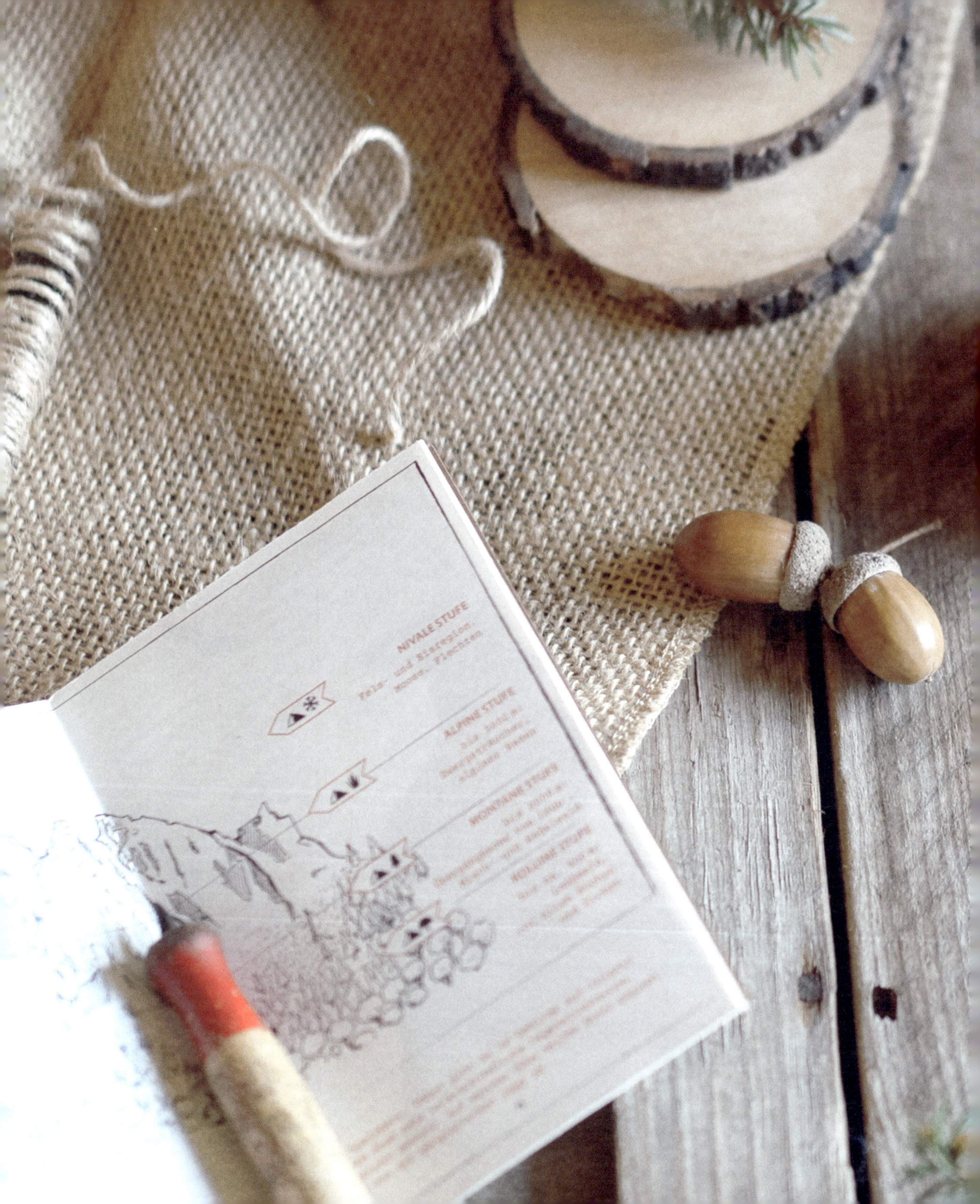
NIVALE STUFE
ALPINE STUFE

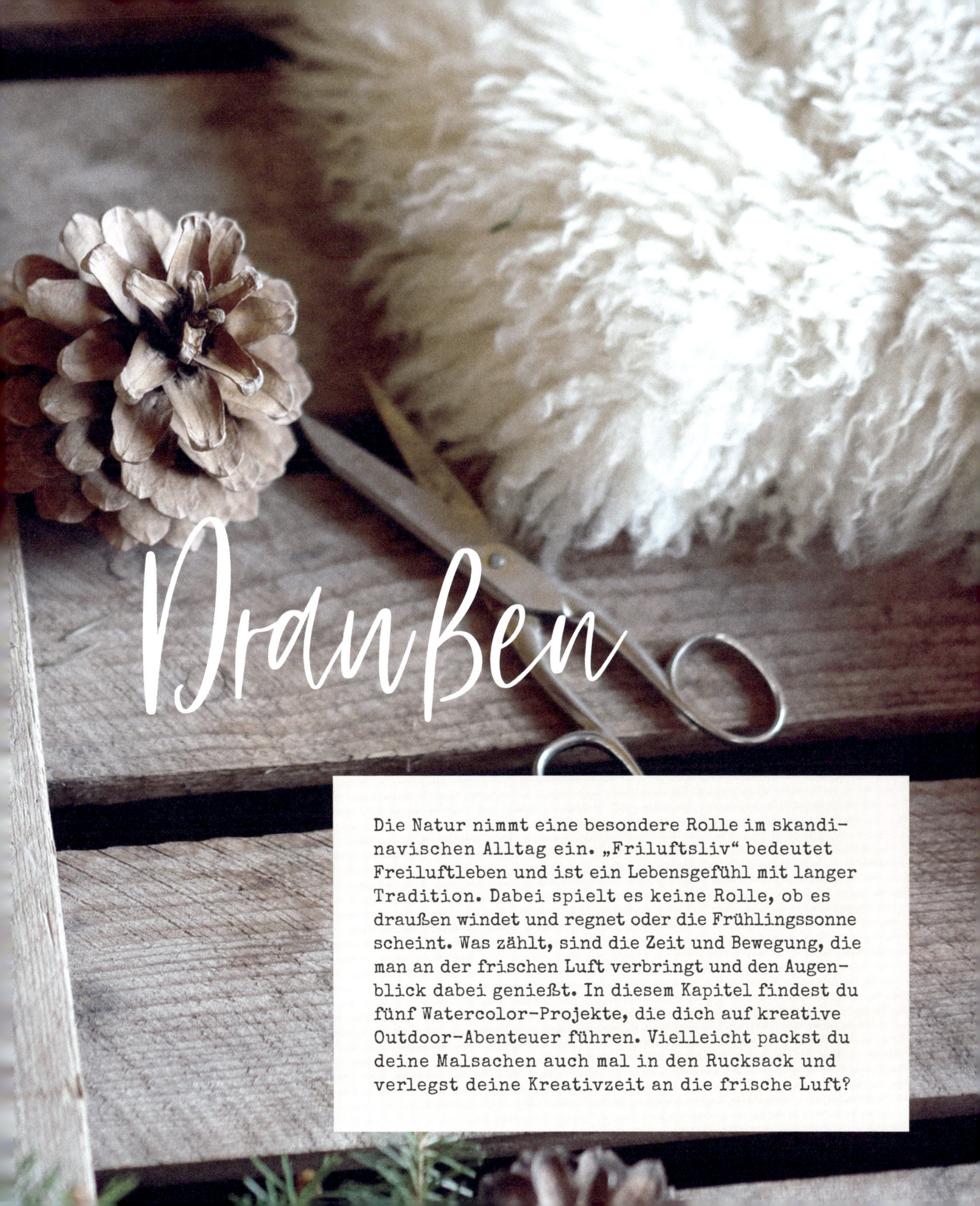

Draußen

Die Natur nimmt eine besondere Rolle im skandinavischen Alltag ein. „Friluftsliv“ bedeutet Freiluftleben und ist ein Lebensgefühl mit langer Tradition. Dabei spielt es keine Rolle, ob es draußen windet und regnet oder die Frühlingssonne scheint. Was zählt, sind die Zeit und Bewegung, die man an der frischen Luft verbringt und den Augenblick dabei genießt. In diesem Kapitel findest du fünf Watercolor-Projekte, die dich auf kreative Outdoor-Abenteuer führen. Vielleicht packst du deine Malsachen auch mal in den Rucksack und verlegst deine Kreativzeit an die frische Luft?

FOKUSTHEMA:

Bäume malen

Über 65 % der Landesfläche in Schweden sind mit Wald bedeckt. Kein Wunder also, dass Schweden auch als Europas Waldnation Nummer eins bezeichnet wird. Aus diesem Grund liegt es natürlich auch nahe, dass wir uns in diesem Kapitel mit dem Malen von Bäumen näher beschäftigen. Das ist nämlich gar nicht so schwer, wie man denkt, und erschafft in jedem Bild eine natürliche Stimmung. Los geht's!

FARBPALETTE

- **Lasurgoldgrün (537)**
- **Olivgrün gelblich (525)**
- **Tundragrün (granulierend) (985)**
- **Perylengrün (784)**
- **Sepiabraun rötlich (662)**
- **Umbra natur (667)**

Entscheidend ist die Baumart. Denn abhängig davon ist das Nadelkleid, die Breite, der Stamm oder die Baumspitze eine ganz andere. Es lohnt sich also, auf den nächsten Spaziergängen die unterschiedlichen Bäume genauer unter die Lupe zu nehmen und ihre Besonderheiten bewusst wahrzunehmen.

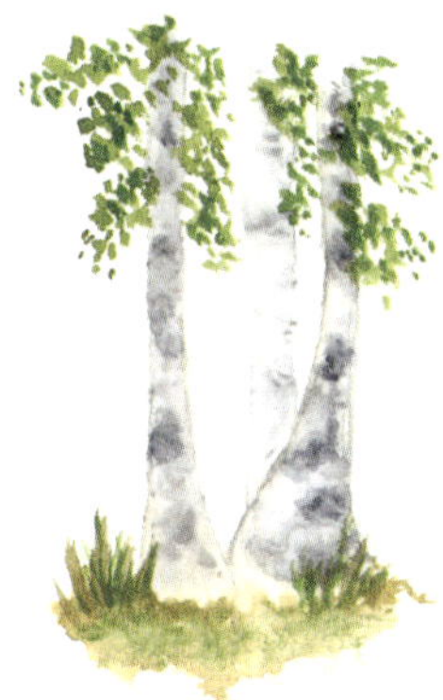

1. Im ersten Schritt skizziere die Baumform grob mit einem Bleistift. Hier ist der Umriss entscheidender als Details.

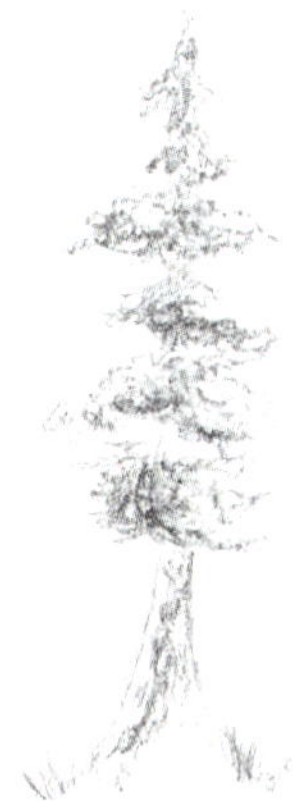

2. Damit die Bäume bunt werden, wende die Tupftechnik an. Mit der Pinselspitze geht es Tupfen für Tupfen auf das Papier. Versuche, nicht zu kontrolliert zu arbeiten, sondern orientiere dich lediglich an deinem Bleistiftumriss. Wichtig ist, regelmäßig Weißräume zu lassen, damit später noch ein paar Äste durchscheinen können.

TIPP

Ich beginne immer mit der Baumspitze und arbeite mich dann nach unten vor.

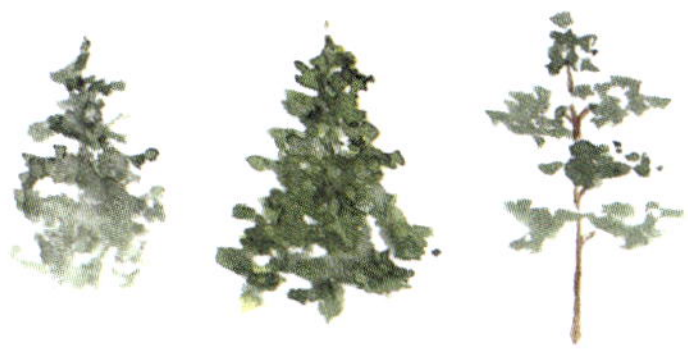

Bei Nadelbäumen kann man von der Tupftechnik abweichen und Nadeln imitieren. Dafür werden Auf- oder Abschwünge mit einem feinen Pinsel (z. B. kleiner Rundpinsel oder Minipinsel) gezogen:

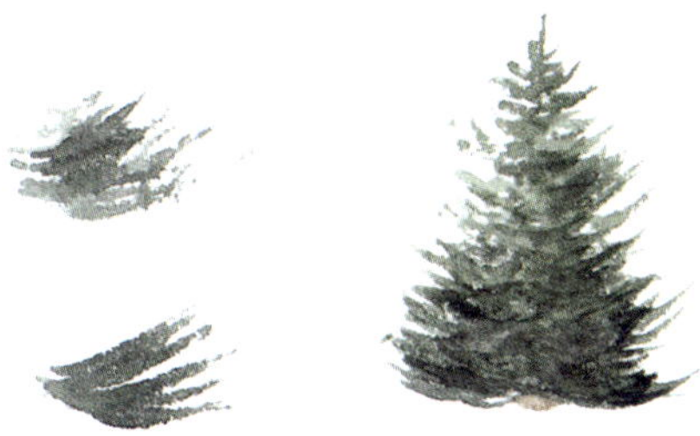

Tanne: Pinselaufstriche

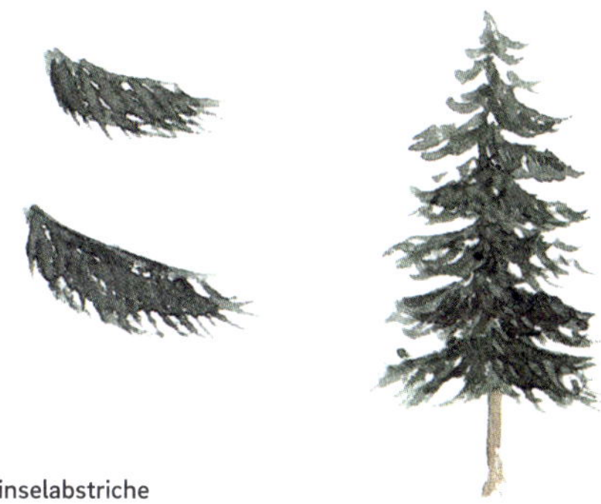

Fichte: Pinselabstriche

3. Jetzt wird der Stamm ergänzt. Dieser ist meist ein bisschen breiter und selten wirklich gerade. Achte darauf, eine Schattenseite festzulegen und hier noch mal zu lasieren oder Pigment hinzuzufügen.

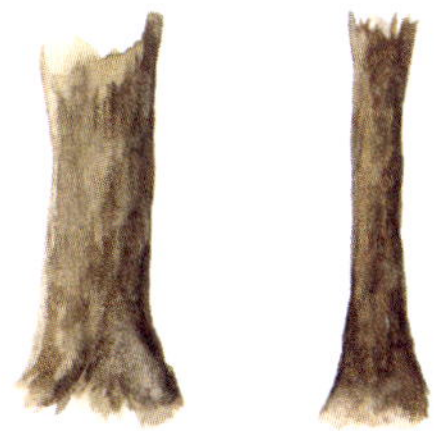

4. Im letzten Schritt werden schattige Bereiche im Baum mit einem dunkleren Grünton ergänzt.

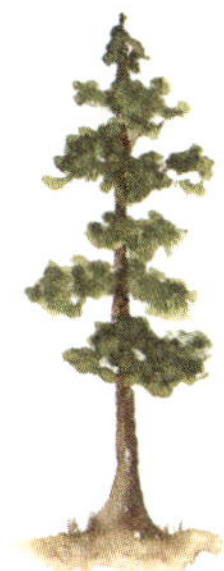

TIPP

Versuche, dem Blätterkleid doch auch mal ein Herbstgewand zu verpassen.

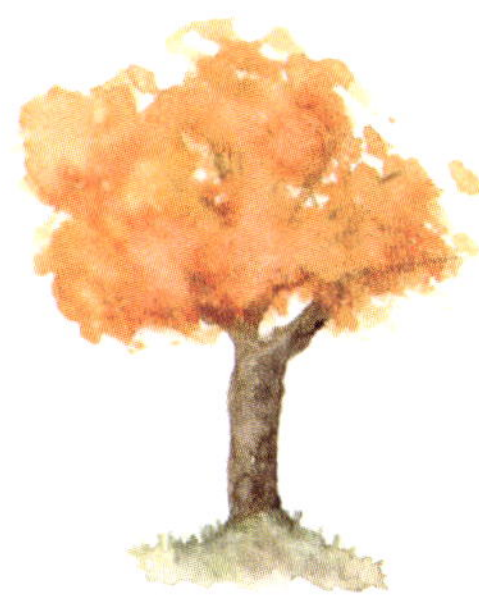

Camping

Die unberührte und ursprüngliche Natur Skandinaviens lässt sich wunderbar bei einem Roadtrip entlang beeindruckender Fjorde und Seen erkunden. Bei echten Outdoor-Liebhaber*innen steht dabei Camping in der Natur ganz oben auf der Abenteuerliste. In der Dunkelheit der Wildnis lassen sich mit etwas Glück nachts auch Nordlichter entdecken. Und wie du diese Szenerie aufs Papier bekommst, lernst du in diesem Projekt.

MATERIAL

- Aquarellpapier matt
- Rundpinsel Nr. 6 oder 8 zum Kolorieren des Nachthimmels
- Rundpinsel Nr. 2 für kleinere Elemente
- Minipinsel für Details
- weißer Gelstift für Sterne am Nachthimmel
- schwarzer Fineliner für Konturen

FARBPALETTE

Tundra Violett (983)*
für den Nachthimmel

Phthalogrün (519)*
für Nordlichter

Lasurgoldgrün (537)
für die Wiese

Perylengrün (784)
für den Vordergrund und die Berge

Lampenschwarz (781)
für Details

Indischgelb (220)
für das Zelt

Permanentrot Orange (360)
für das Lagerfeuer

Kadmiumrot dunkel (350)
für das Lagerfeuer

*nicht standardmäßig in meiner Farbpalette

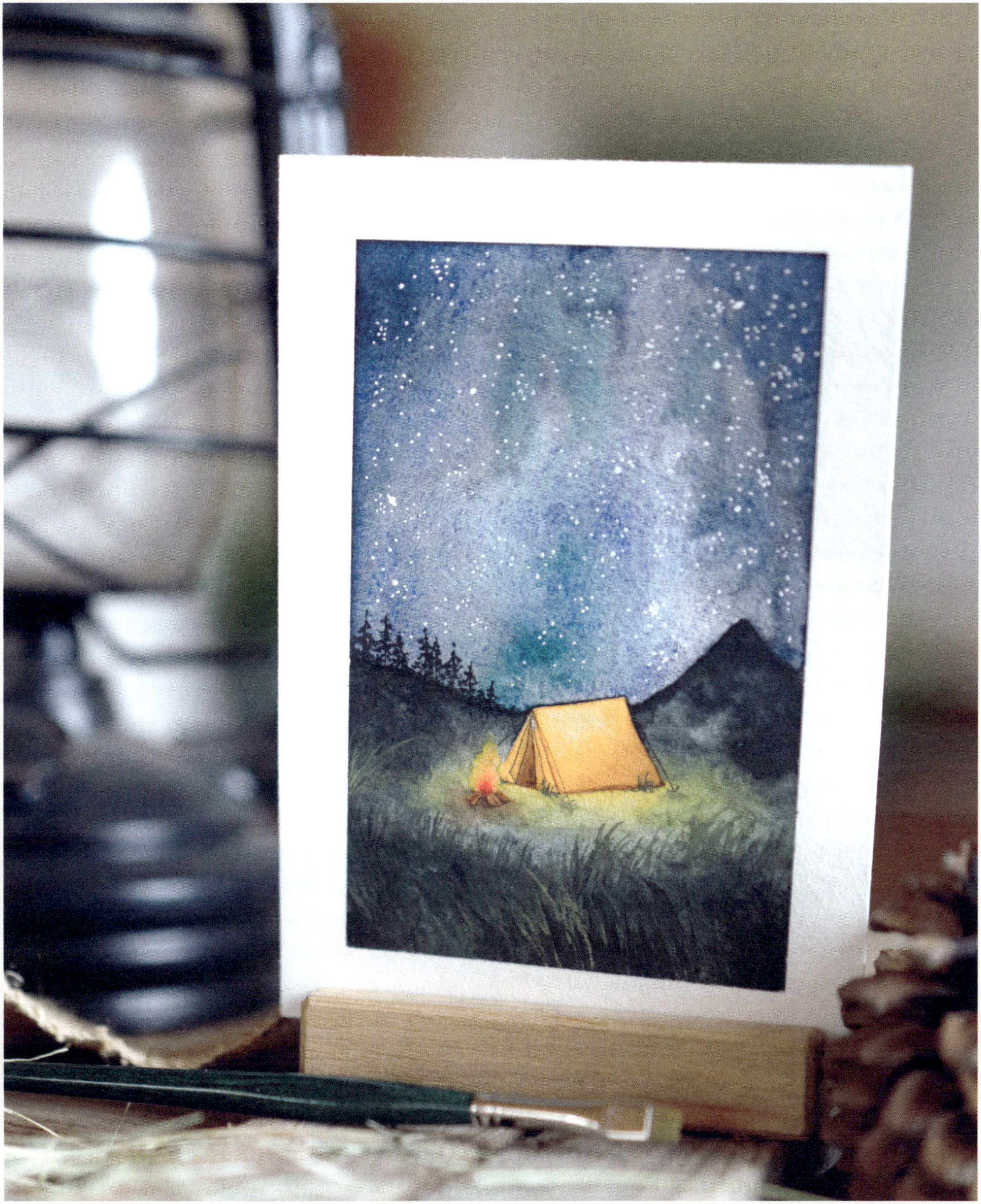

So geht's

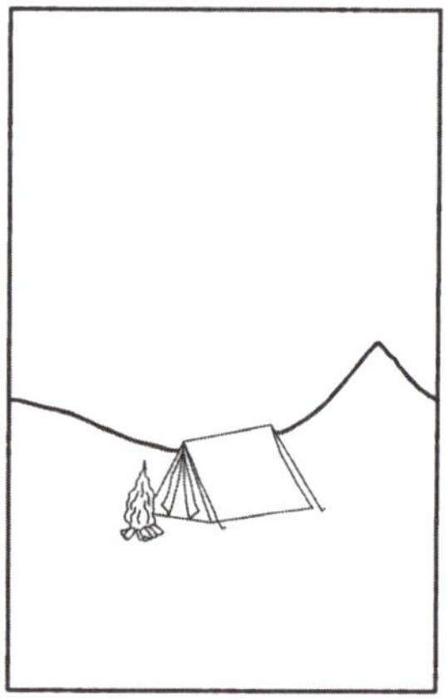

1. Wenn du später in deinem Motiv saubere Außenkanten haben möchtest, empfehle ich dir, diese mit einem Kreppband abzukleben. Teste im Vorfeld, ob sich dieses leicht wieder vom Papier ablösen lässt. Wir wollen schließlich nicht, dass dein Bild zum Ende hin beschädigt wird.

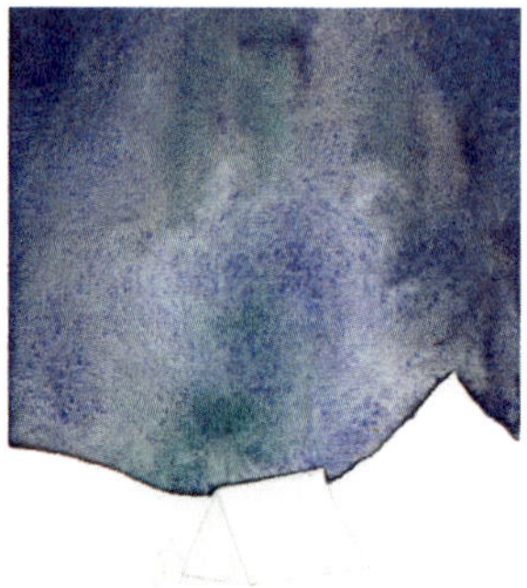

2. Es geht los mit dem Kolorieren des Nachthimmels. Dafür habe ich eine granulierende Farbe verwendet. Der Himmel kann alternativ auch mit einem Indigofarbton gemalt werden. Um die Nordlichter anzudeuten, empfehle ich, ein Blaugrün mit aufzutragen. Damit die Fläche nicht ungleichmäßig trocknen und Flecken entstehen, solltest du zügig arbeiten und einen größeren Rundpinsel verwenden.

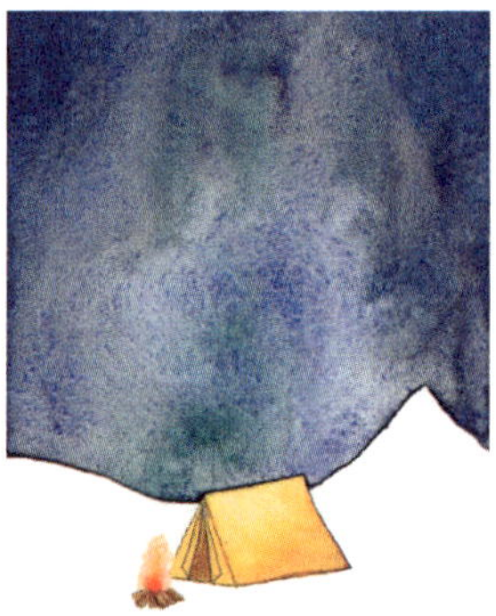

3. Nun bekommen das Zelt und das Lagerfeuer ihre Farbe. Für einen natürlicheren Look kannst du eine Zeltseite zum Boden hin etwas dunkler oder auch schmutziger gestalten. Mische dazu etwas Grün in deinen Gelbton und gib diesen in die entsprechende Ecke. Das Lagerfeuer würde ich nur klein andeuten und hier mit einem Minipinsel arbeiten.

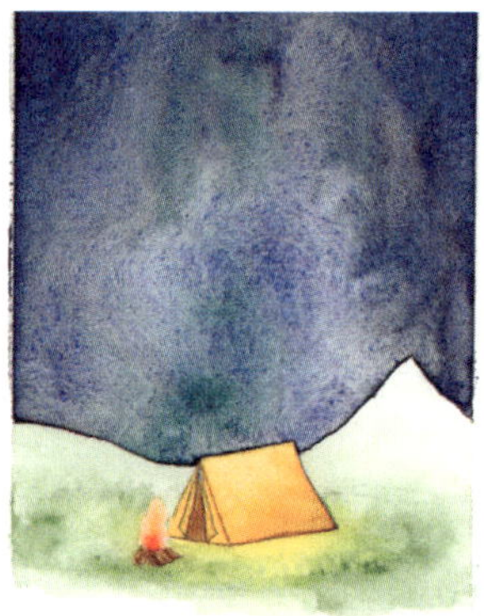

4. Im nächsten Schritt geht es darum, die Grundlage für den Hintergrund (Berge) und den Vordergrund (Wiese) zu schaffen. Für einen Kontrast zur umliegenden Natur und zum Himmel starte mit dem Gelbton um das Zelt herum. Dieser imitiert das Licht. Mische davon ausgehend einen hellen Grünton dazu und gib diesen in die Umgebung.

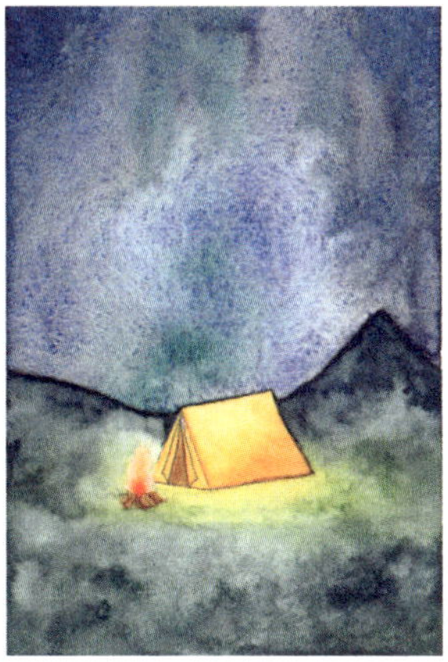

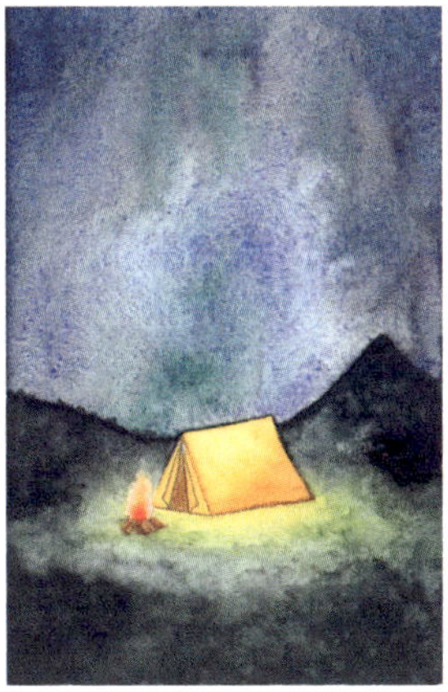

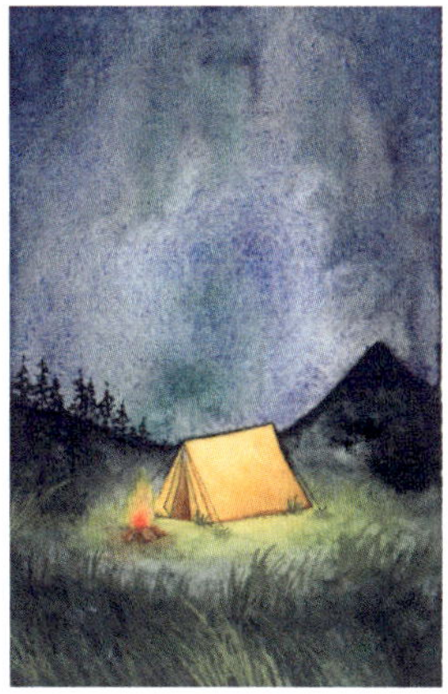

5. Danach werden die Farben der Berge und der Wiese ergänzt. Koloriere dazu zunächst mit einem dunkleren Grünton die Fläche um das Zelt. Wichtig hierbei ist, die helle Fläche um das Zelt herum auszusparen. Intensiviere dann den Grünton oder mische ihn mit Schwarz und male die Berge sowie die vordere Wiese dunkler. Mit der Tupftechnik und noch leicht feuchten Farbschichten lassen sich diffuse Übergänge malen.

6. Um das Bild nun etwas aufzulockern, können mit dem Minipinsel noch Details ergänzt werden. Kleine Bäume am Horizont oder Grashalme im Vordergrund erzeugen einen tollen Effekt. Um diese vom dunklen Hintergrund abzusetzen, mische eine hellere, deckende Farbe (Titandeckweiß oder Neapelgelb) dazu. Kleine Grashalme rund um das Zelt können ebenfalls ergänzt werden.

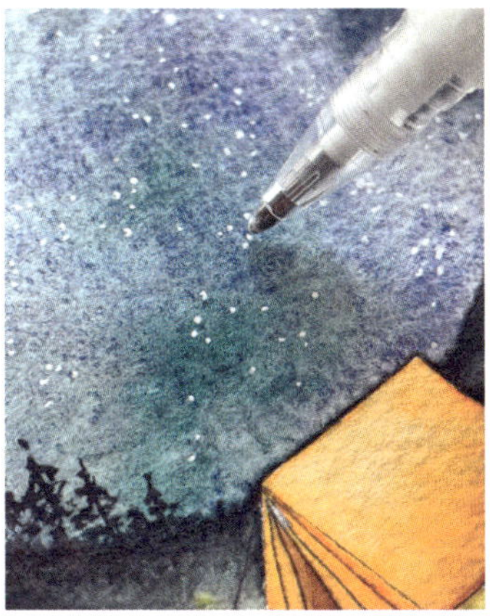

7. Im letzten Schritt kommen noch die Sterne auf den Nachthimmel. Diese lassen sich ganz einfach mit einem weißen Gelstift auf den Himmel punkten.

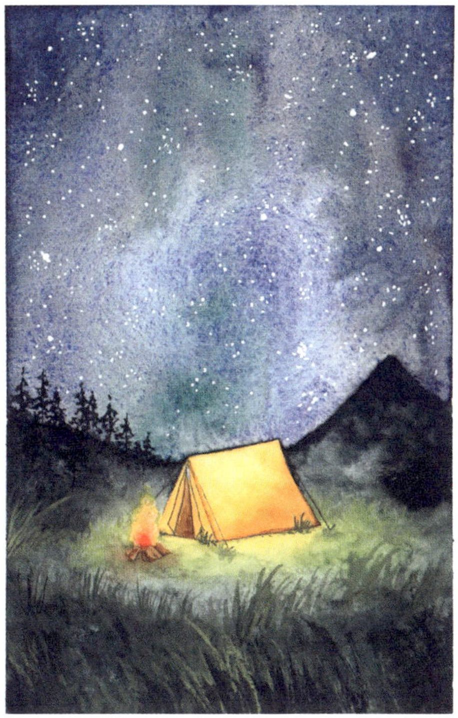

Hot Pot

Saunieren gehört fest zur skandinavischen Kultur. In Finnland gibt es schätzungsweise drei Millionen Saunen bei nur 5,5 Millionen Einwohnern. Skandinavische Hütten sind oftmals mit Hot Pots, großen Holztonnen mit ca. 45 °C heißem Wasser, ausgestattet. In die kann man zum Aufwärmen reinhüpfen und dann in Ruhe die Natur beobachten. In diesem Projekt lernst du, wie man mit verschiedenen Ebenen im Bild arbeitet.

FARBPALETTE

Umbra natur (667)
für das Holz

Sepiabraun rötlich (662)
für das Holz

Indigo (485)
für den Nachthimmel

Perylengrün (784)
für die Bäume

Neutralgrau (785)
für den Schnee

Indischgelb (220)
für Mütze und Liegestuhl

MATERIAL

- Aquarellpapier matt
- Rundpinsel Nr. 6 oder 8 zum Kolorieren von großen Flächen
- kleinere Rundpinsel oder Minipinsel für Details
- Flachpinsel für Holzlatten
- weißer Gelstift für Sterne am Nachthimmel

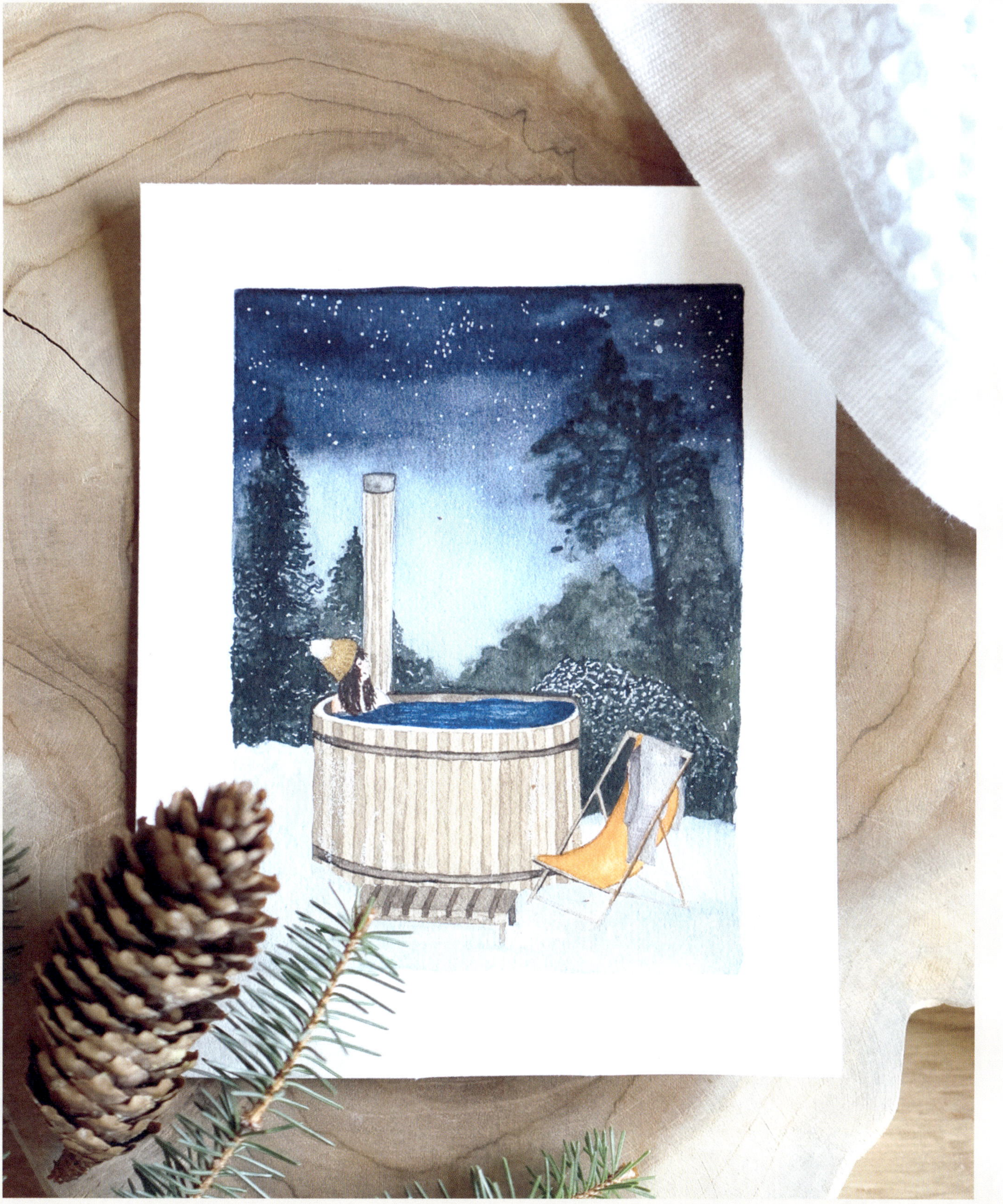

So geht's

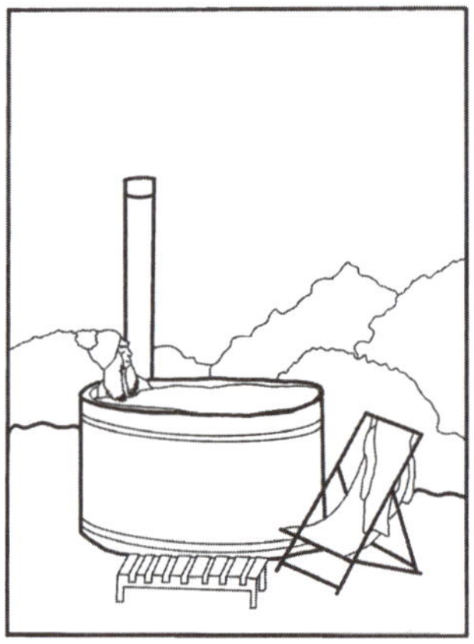

1. Für die Anlage der Skizze ist es wichtig, sich die unterschiedlichen Ebenen des Bildes bewusst zu machen. Ebene 1 ist der Nachthimmel, Ebene 2 der Wald, Ebene 3 der Hot Pot und Ebene 4 sind der Tritt und der Liegestuhl. Der Schnee im Vordergrund stellt Ebene 5 dar. Beim Skizzieren empfehle ich, den Fokus auf den Pot sowie Liegestuhl und Tritt zu legen und die Bäume nur leicht anzudeuten.

2. Als Erstes kommt die Farbe für den Nachthimmel auf das Papier. Trage dazu ein tiefes Indigo mit reichlich Pigment auf und verblende es nach unten hin mit mehr Wasseranteil. Ein leichter Farbverlauf lässt dein Motiv lebhafter wirken als gleichmäßig kolorierte Ebenen.

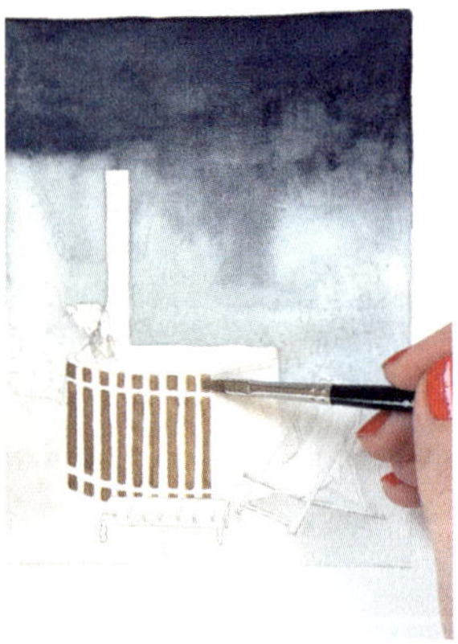

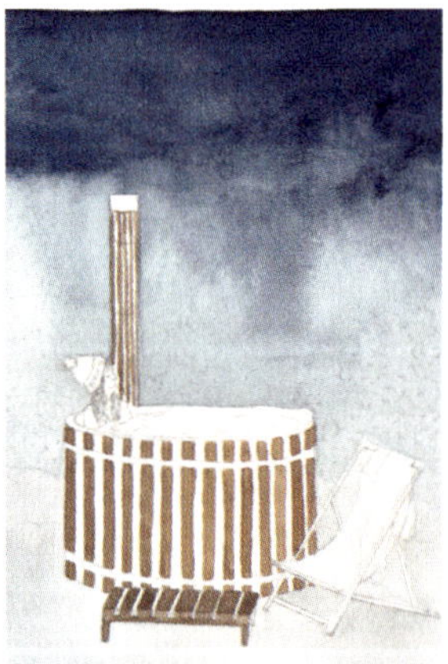

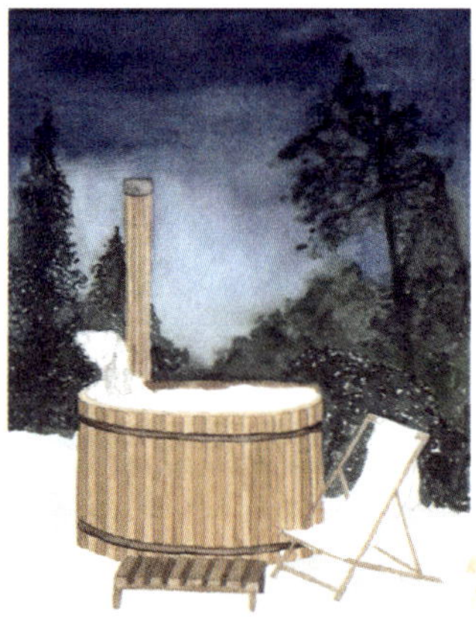

3. Während der Himmel trocknet, kann der Hot Pot angelegt werden. Koloriere die Holzlatten am besten mit einem kleinen Flachpinsel. Hier gibt die Pinselform direkt die passende Lattengröße vor. Achte hierbei darauf, die Latten auf Lücke zu bemalen, damit nichts verläuft und eine Holzlattenstruktur erzeugt wird. Wenn der Hot Pot trocken ist, können noch ein Tritt und ein Liegestuhl ergänzt werden. Male hier aber erst mal nur das Holgerüst.

4. Wechsle wieder in den Ebenen und male im nächsten Schritt die Bäume. Da unser Motiv in der Nacht spielt, sind diese schwarzgrün und damit sehr dunkel. Da es hier nur um die Konturen geht, kannst du diese locker mit einem kleinen Rundpinsel in der Tupftechnik ergänzen. Spannender wird dein Bild, wenn du die Art der Baumumrisse variierst und z. B. auch mal eine Kiefer andeutest.

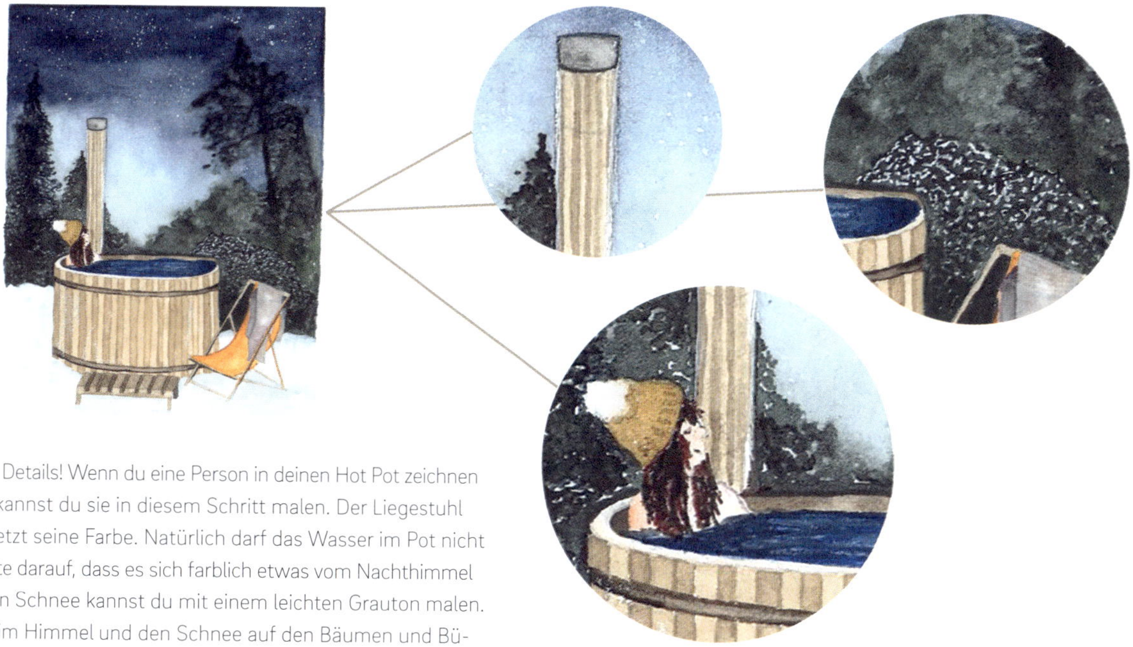

5. Zeit für Details! Wenn du eine Person in deinen Hot Pot zeichnen möchtest, kannst du sie in diesem Schritt malen. Der Liegestuhl bekommt jetzt seine Farbe. Natürlich darf das Wasser im Pot nicht fehlen. Achte darauf, dass es sich farblich etwas vom Nachthimmel absetzt. Den Schnee kannst du mit einem leichten Grauton malen. Die Sterne im Himmel und den Schnee auf den Bäumen und Büschen ergänzt du mit einem weißen Gelstift.

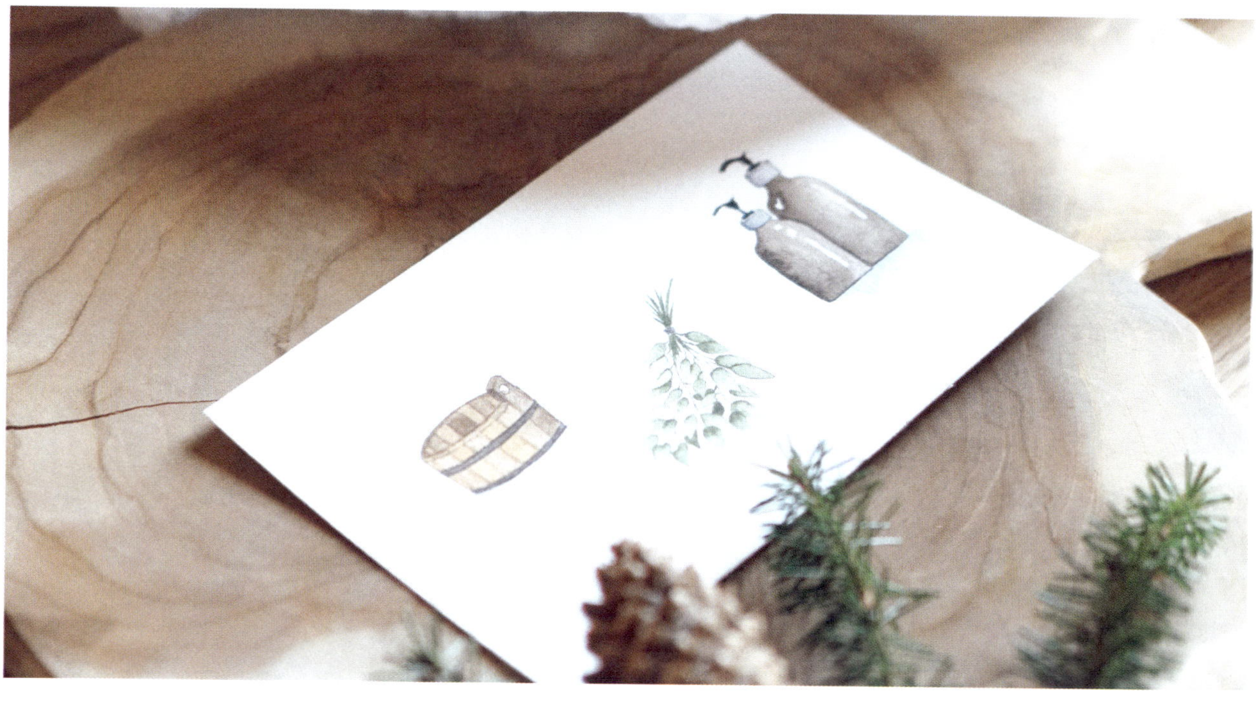

Rentier

Das Ren oder Rentier ist das Wahrzeichen Lapplands und wichtiger Teil der samischen Wirtschaft. Es ist ein sehr geselliges Tier und lebt in großen Herden im Norden Skandinaviens. Ein großer Traum von mir ist es, mal eine Schlittentour mit einem Rentier zu machen. Bevor es aber so weit ist, zaubere ich diese tollen Tiere auch gern auf das Papier. Hier lernst du, wie du mit einem Farbton ein ganzes Motiv malen kannst.

FARBPALETTE

Sepiabraun rötlich (662)

MATERIAL

- Aquarellpapier matt
- Rundpinsel Nr. 2 zum Kolorieren des Fells
- kleinere Rundpinsel oder Minipinsel für Details und das Geweih
- weißer Wachsmalstift für Highlights
- schwarzer Fineliner für Konturen und Hufe

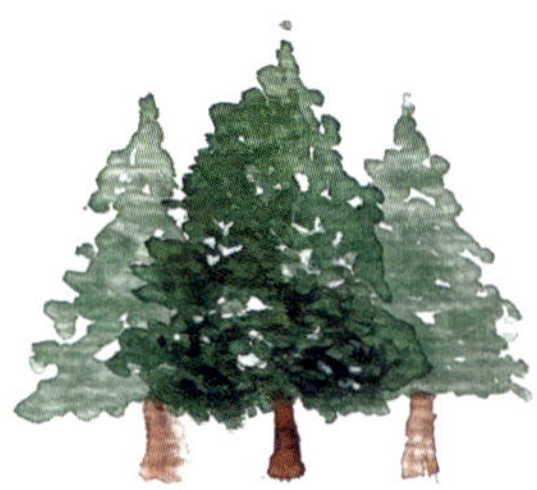

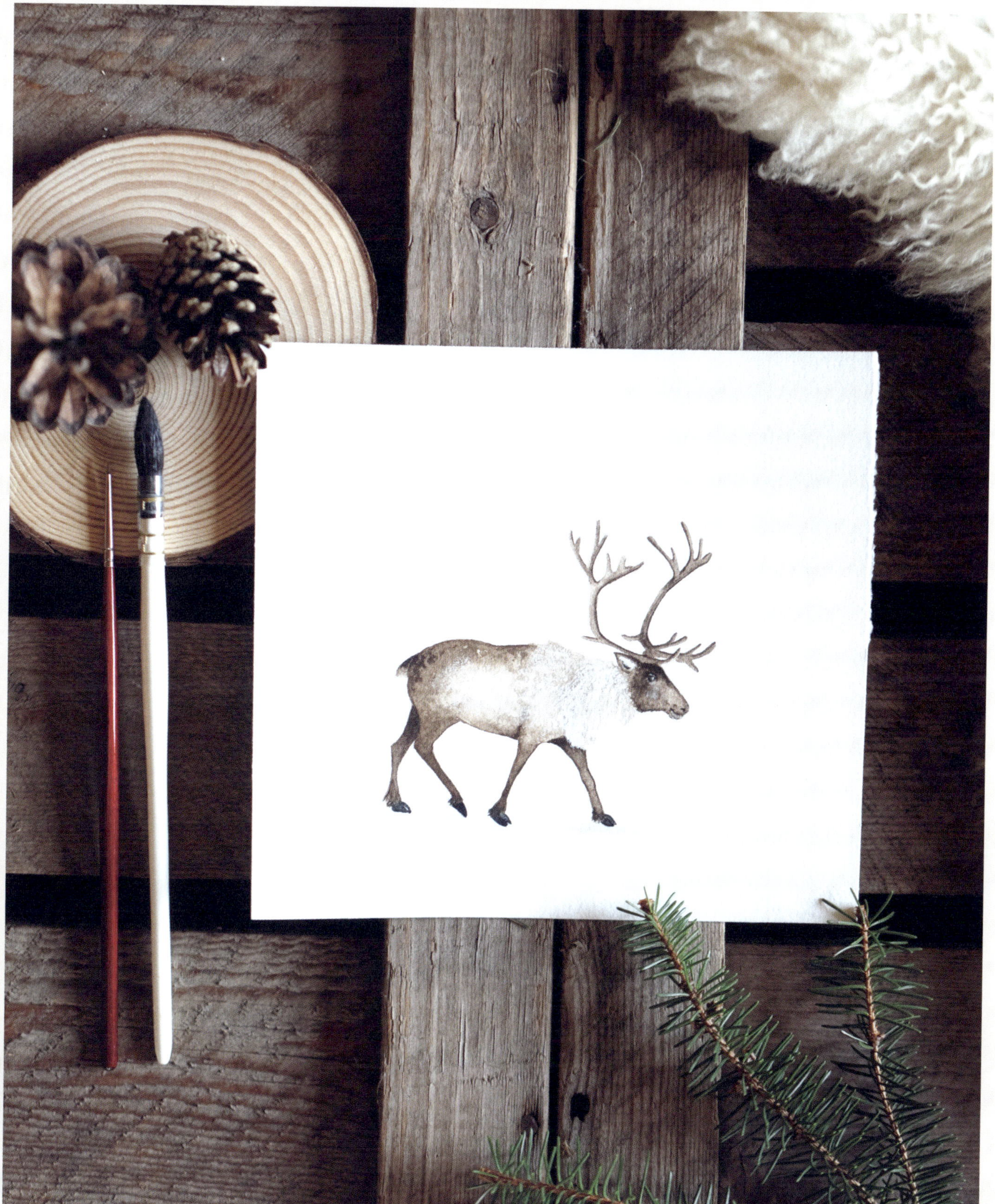

So geht's

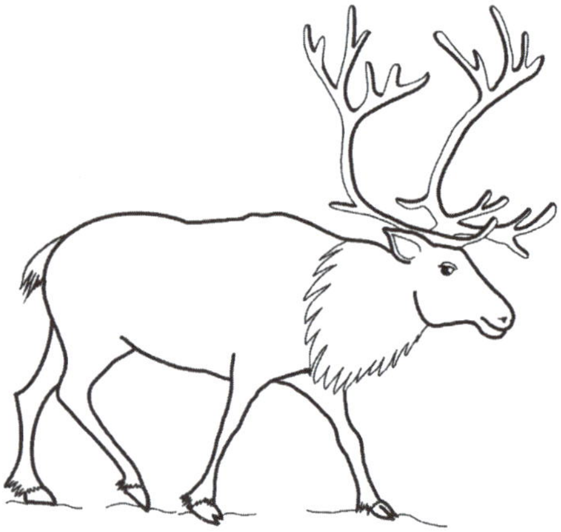

Skizze

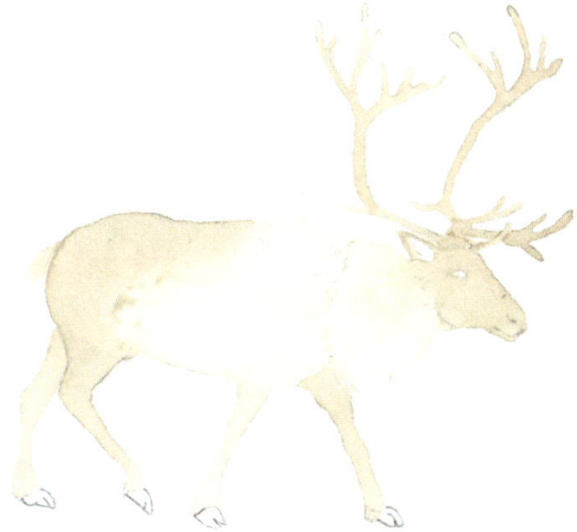

1. Zuerst mischen wir den Farbton mit sehr viel Wasser, wodurch wir einen hellen Braunton erhalten. Damit kannst du nun das gesamte Rentier bis in die Geweihspitzen grundieren. Dies wird später der hellste Ton, der durchscheint. In den nächsten Schritten kommen immer mehr Schichten dazu, bei denen der Pigmentanteil im braunen Farbgemisch erhöht wird.

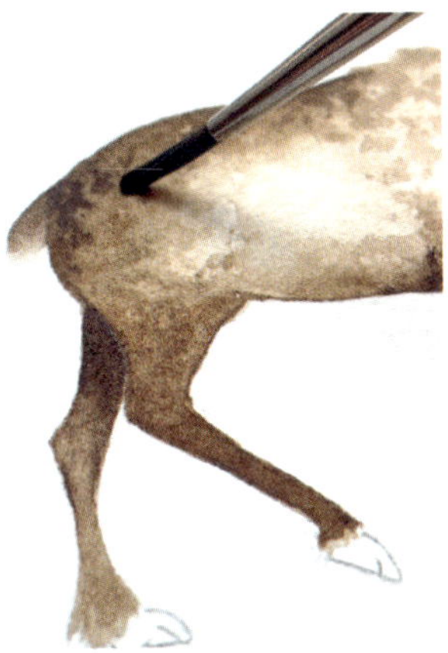

2. Nutze den Moment, wenn die Grundierung noch etwas feucht ist, um die zweite Schicht zu ergänzen. Wende dazu die Tupftechnik an, da sich mit ihr eine leichte Fellstruktur erzielen lässt. Wichtig ist, die dunklen und helleren Stellen zu kennen und das Pigment richtig zu verteilen. Die Kruppe, also der hintere Bereich des Rentiers, und die im Schatten liegenden Beine sind die dunkelsten Stellen. Der Bauch hingegen wird heller.

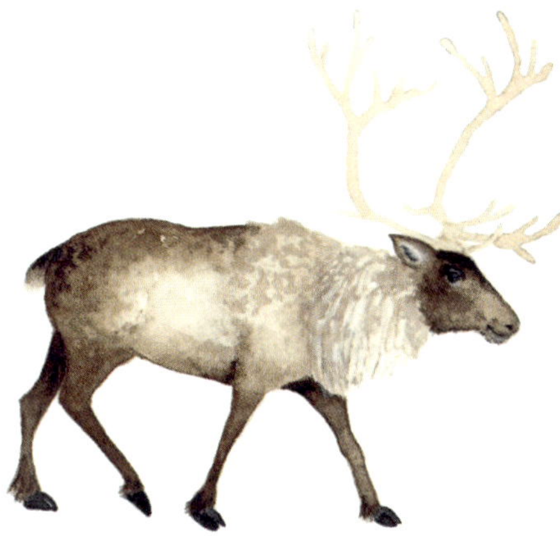

3. Arbeite dich nun nach vorn vor und male den Kopf, den Hals und die Hufe. Für den Hals wechsle deine Pinselführung von Tupfen zu senkrechten Strichen nach unten, um den Fellbehang anzudeuten. Beim Kopf ist es wichtig, auch dunklere Stellen am Geweihansatz und am Auge zu ergänzen. Mit einem Fineliner kannst du Auge, Maul, Nüstern, Hufe und Details am Ohr malen. Vergiss den Lichtpunkt im Auge nicht.

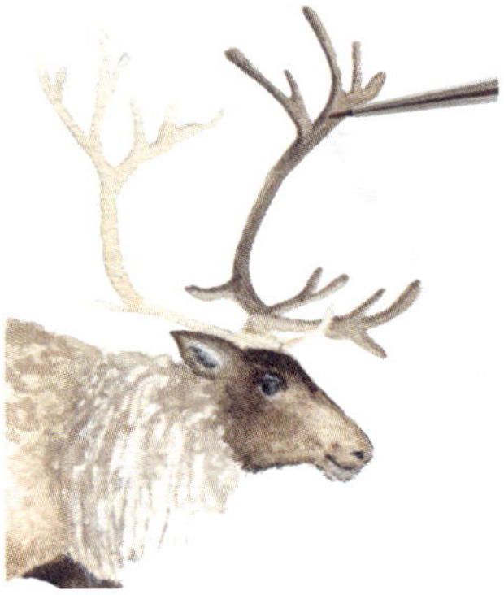

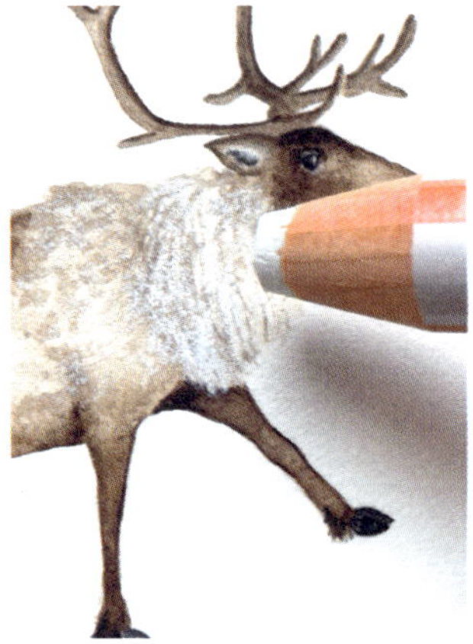

4. Im nächsten Schritt kannst du mit einem Minipinsel das Geweih fertig malen. Nimm etwas dunklere Farbe (mit wenig Wasser) und male die Außenlinien nach. Lege dafür eine Seite fest, um den Schatten realistisch darzustellen, und behalte diese bei allen Geweihenden bei.

5. Im letzten Schritt kommen noch weiße Details ins Bild. Nimm dazu einen weißen Wachsmalstift oder Gelstift zur Hand und ergänze am Hals und am Bauch weiße Details. Der Wachsmalstift hat den Vorteil, dass er dem gemalten Fell aufgrund seiner Beschaffenheit etwas Struktur gibt. Weitere Tipps zu Fellstrukturen findest du im Fokuskapitel auf Seite 105.

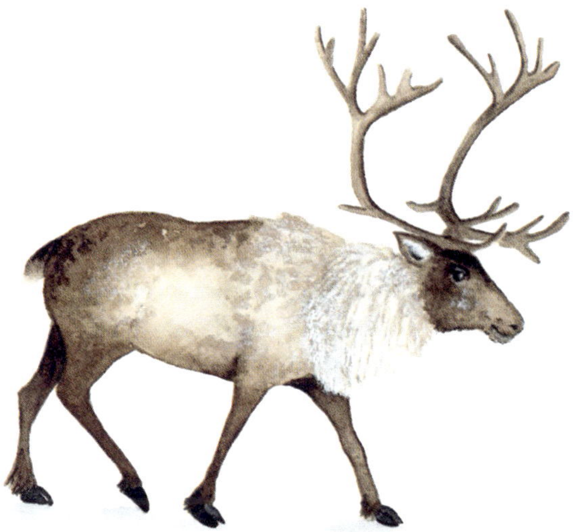

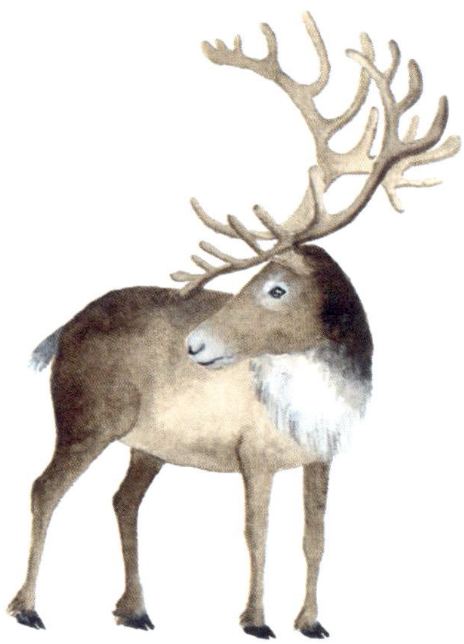

Hütte im Wald

Die Skandinavier lieben es, Zeit in der Natur zu verbringen. Deswegen haben viele Schweden eine „Stuga“ – ein Ferienhäuschen oder eine Hütte im Wald oder am See. Dort kann man richtig die Seele baumeln lassen und den Urlaub oder die Freizeit verbringen. Wie sich Holzstrukturen malen lassen, lernst du in diesem Projekt.

FARBPALETTE

Umbra natur (667)
für das Holz

Umbra gebrannt (668)
für das Holz

Sepiabraun rötlich (662)
für das Holz

Tundragrün (985)
für die Bäume

Perylengrün (784)
für die Bäume

Neutralgrau (785)
für die Fenster

MATERIAL

- Aquarellpapier rau
- Flachpinsel für Holzlatten
- Rundpinsel Nr. 2 zum Kolorieren von Bäumen
- kleinere Rundpinsel oder Minipinsel für Details
- weißer Gelstift für Fenster und Lichtpunkte
- Fineliner für Konturen

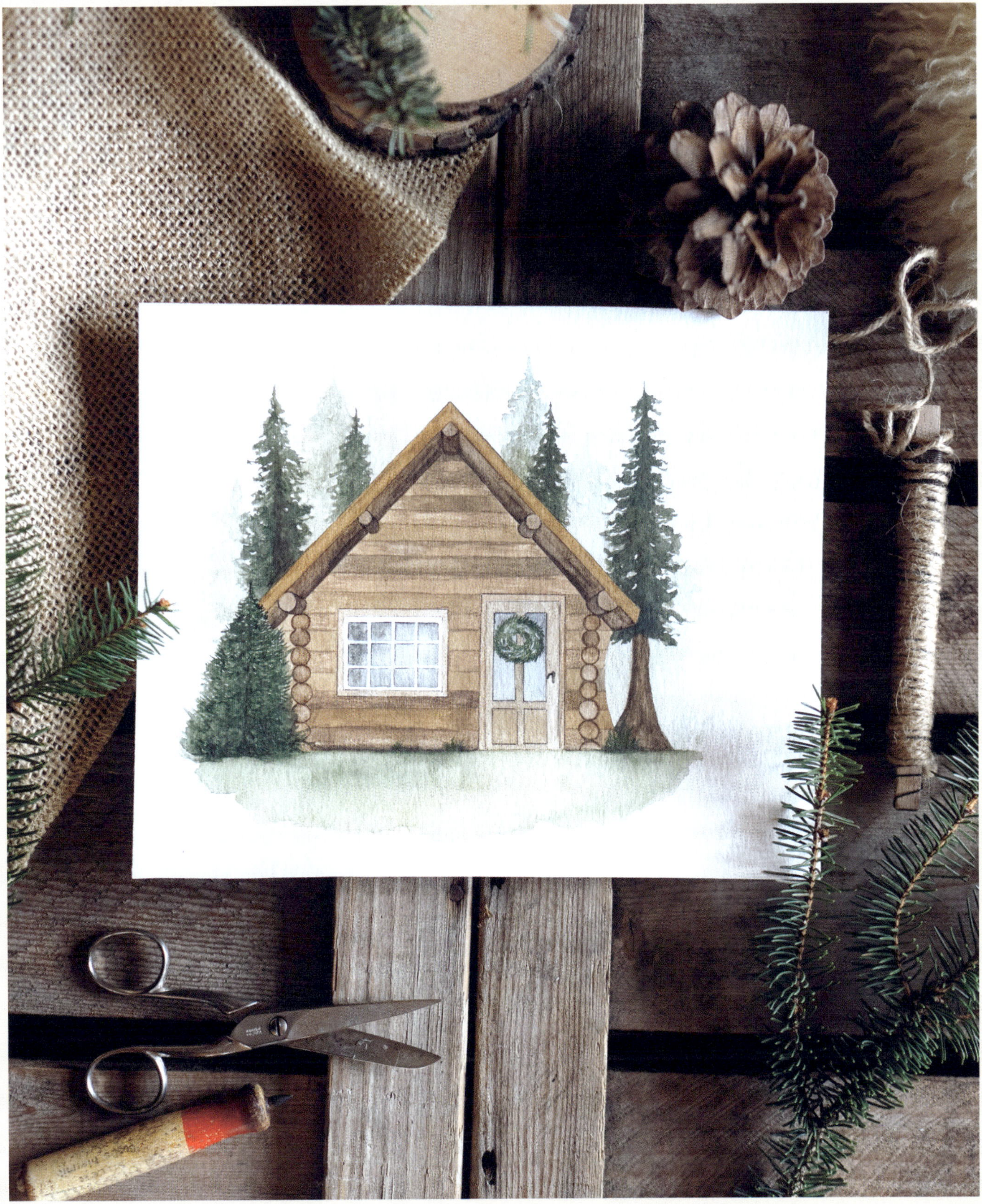

So geht's

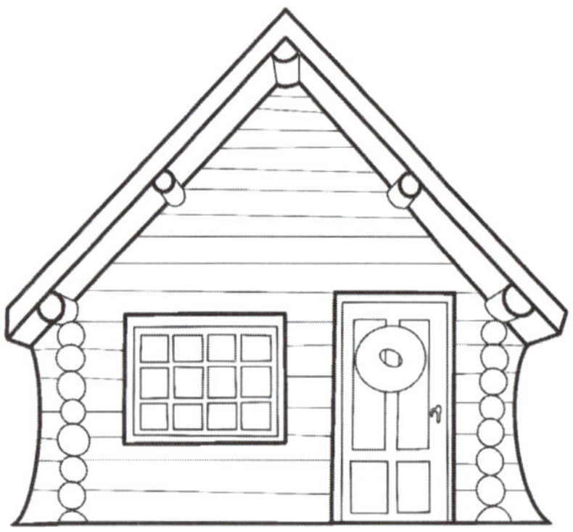

Skizze

1. Übertrage die Vorlage auf dein Blatt Papier. Die Bäume musst du dabei nicht exakt einzeichnen. Bei der Grundierung gibst du dem Hintergrund einen leichten Beigeton und dem Bereich vor der Hütte ein leichtes Grün.

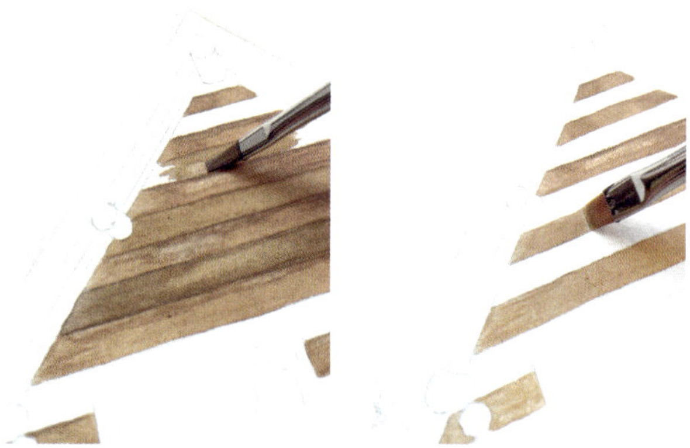

2. Verwende für die Holzlatten einen Flachpinsel. Dieser hat den Vorteil, dass du gerade Kanten ziehen kannst und die Form des Pinsels direkt die Breite der Holzlatten vorgibt. Male dabei die Holzlatten auf Lücke, sodass die Farbe nicht ineinanderschwimmt und die Latten klar erkennbar bleiben. Arbeite dabei lieber etwas trockener als zu feucht. Die trockenen Pinselstriche lassen sich dann vielleicht noch leicht erkennen und geben dem Holz Struktur.

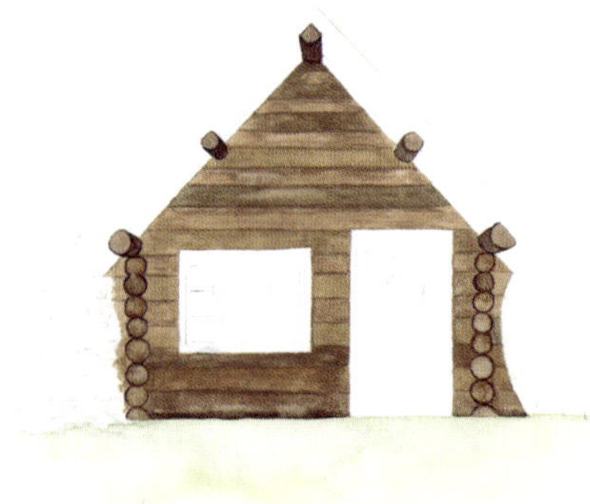

3. Wenn die Holzlatten getrocknet sind, ergänzen wir die Holzstämme, die aus der Hausfront ragen. Damit sich diese gut absetzen, umrande sie mit einem dunklen Braunton und male sie nach innen hin etwas heller aus. Die Balken am Dach bestehen aus jeweils zwei Flächen. Die nach hinten führenden Balken müssen etwas dunkler werden.

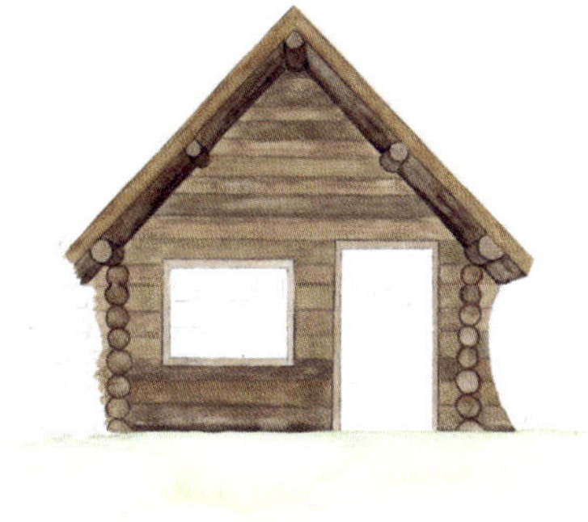

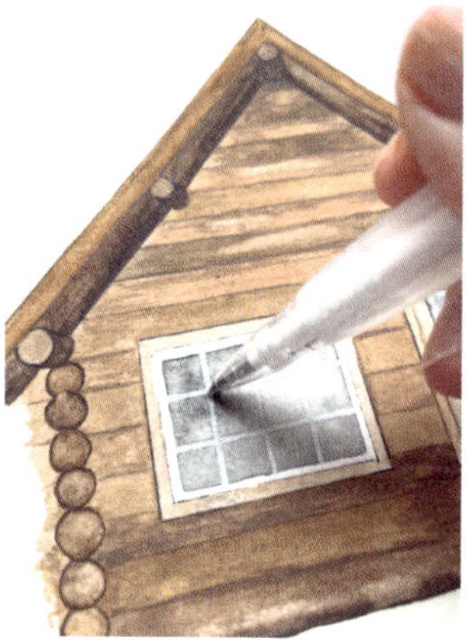

4. Jetzt kommt noch das Dach auf die Hütte. Dieses besteht aus zwei Flächen: Die nach vorn zeigende erhält einen helleren Braunton, die unten liegende einen dunkleren Braunton. Auch hier kannst du wieder mit einer etwas trockeneren Pinseltechnik leichte Strukturen schaffen.

5. Die Fensterscheiben können nun mit einem Grau ausgemalt werden. Die Fensterrahmen und auch Teile der Tür erhalten einen hellen Braunton. Fahre dabei mit einem dünnen Fineliner (Strichstärke 0,05) die Umrisse von Fenster und Türen nach, damit sich die Konturen klar absetzen. Die Fensterrahmen können anschließend noch mit einem weißen Gelstift nachgezogen werden.

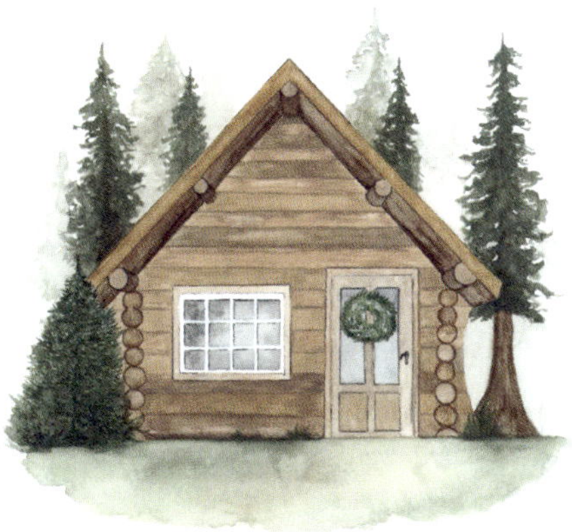

6. Im letzten Schritt kommt der Wald mit aufs Papier. Beginne mit den Bäumen im Hintergrund, die mit einem wasserreichen Grünton nur angedeutet werden. Sobald sie trocken sind, kannst du die Bäume aus der zweiten Reihe ergänzen und dich immer weiter nach vorn arbeiten. Die Detailtiefe und die Farbintensität nehmen zu, je weiter die Bäume im Vordergrund stehen. Ergänze zum Schluss noch einen Kranz an der Haustür.

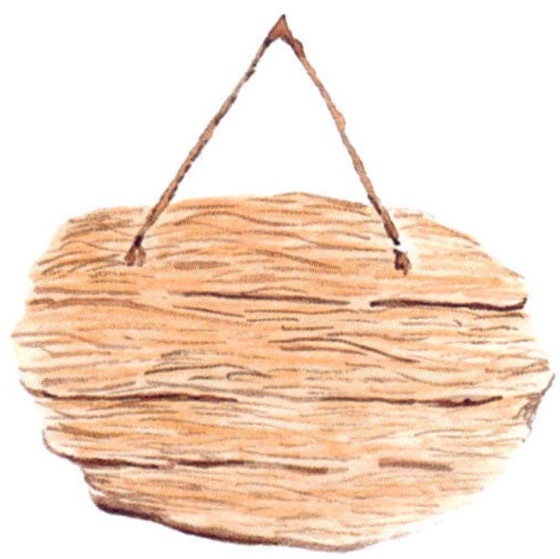

Für detailliertere Holstrukturen kannst du mit einem Minipinsel auf einer braunen Fläche kleine, flache Wellenbewegungen aufzeichnen. Wechsle dabei im Farbton und in der Form der Welle ab. Um die Holzlatten voneinander zu trennen, greife zu einem dunkleren Farbton.

Am See

Neben der unberührten Natur und den großen Fjorden sind auch die vielen zauberhaften Seen nicht aus dem Landschaftsbild Skandinaviens wegzudenken. In dem oft kristallklaren Wasser tummeln sich viele Fische. Daher ist auch das Angeln eine beliebte Freizeitaktivität der Skandinavier. Mit diesem Projekt kannst du üben, unterschiedliche Naturelemente wie Bäume, Büsche und Wasser zu malen.

MATERIAL

- Aquarellpapier matt
- Rundpinsel Nr. 6 oder 8 zum Kolorieren größerer Flächen
- Rundpinsel Nr. 2 zum Kolorieren kleinerer Flächen
- Minipinsel für Details im Boot
- weißer Gelstift für Details auf der Wiese
- schwarzer Fineliner für Konturen am Boot

FARBPALETTE

Indigo (485)
für den See

Bergblau (480)
für den See

Sepiabraun rötlich (662)
für das Boot

Umbra natur (667)
für das Boot

Perylengrün (784)
für Bäume und Büsche

Tundragrün (985)
für Bäume und Büsche

Lasurgoldgrün (537)
für die Wiese

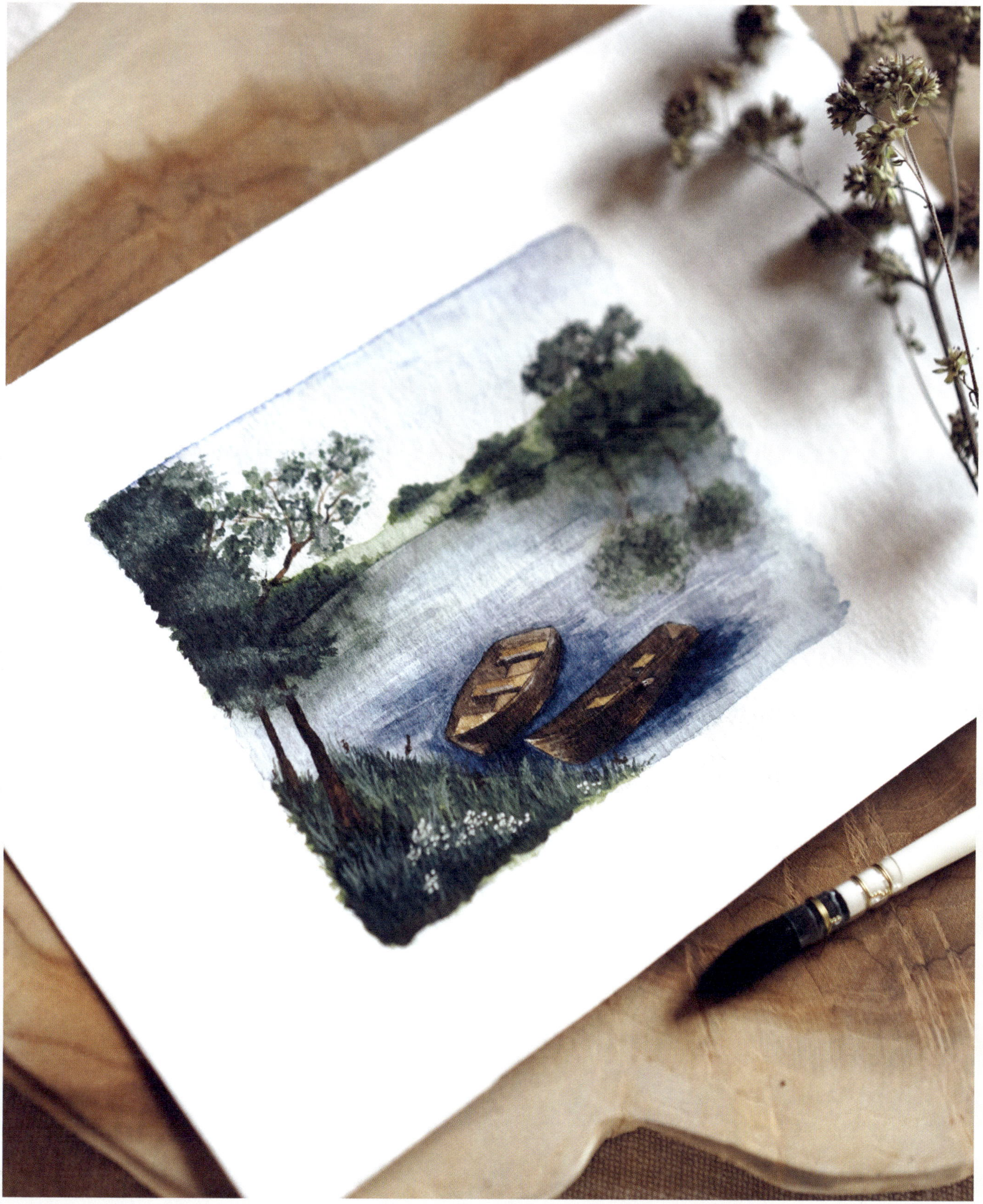

So geht's

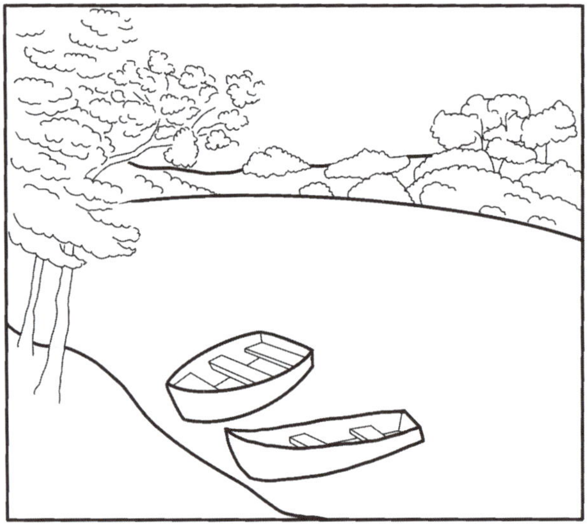

Skizze

1. Nachdem die Skizze auf dem Papier ist, werden die ersten Flächen grobflächig grundiert. Mische dir einen leichten Grünton an und gib ihn in den vorderen Wiesenbereich und an den Rand des hinteren Sees. Bemale den oberen Bildrand mit einem leichten Blauton, um den Himmel anzudeuten. Die Farbe sollte sich im besten Fall auf dem Papier mit dem Grünton verbinden, damit ein fließender Übergang entsteht.

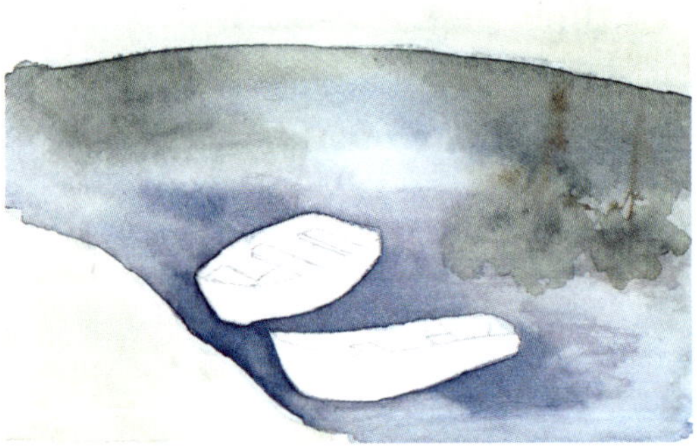

2. Wenn die Grundierung gut getrocknet ist, bekommt der See seine Farbe. Um einen natürlichen Look zu erzielen, wird der See nicht einfach nur blau, sondern man sollte auch die Spiegelung von Bäumen und Büschen erkennen. In diesem Schritt wird auch wieder mit viel Wasseranteil gearbeitet. Färbe den See in einem Blauton ein, und wenn alles noch feucht ist, gibst du am Rand des Sees Tupfer von einem dunkleren Grünton dazu.

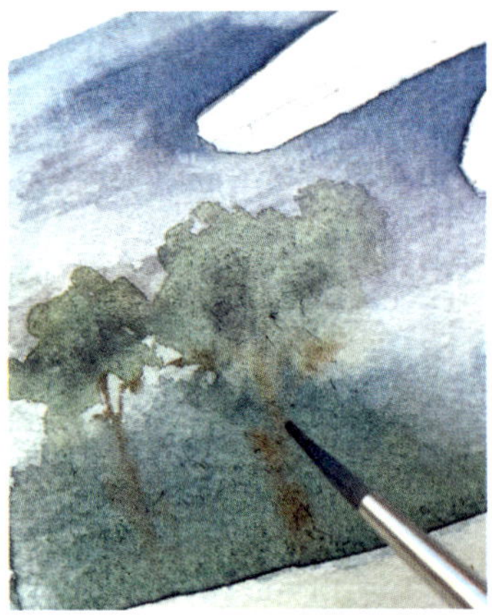

3. Wenn du einen Baum in der Spiegelung andeuten möchtest, ziehe im leicht feuchten Zustand einen kleinen braunen Stamm ins Wasser und tupfe mit der Pinselspitze ein Grün hinein.

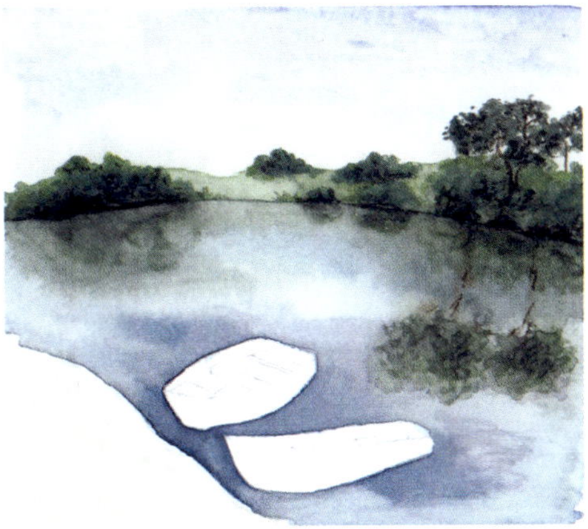

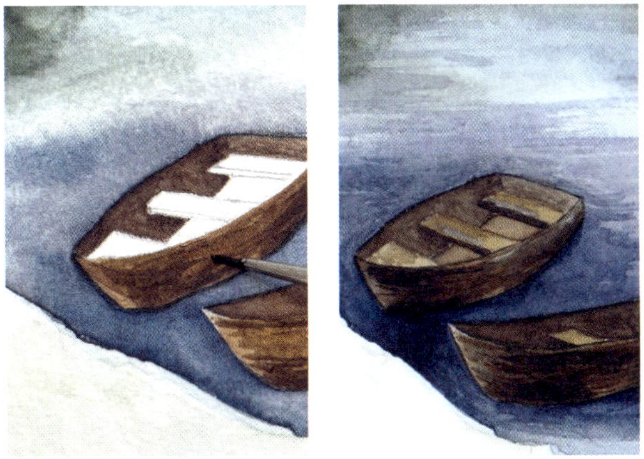

4. Während der See trocknet, kommen die Bäume und Büsche im Hintergrund dran. Hier ist wieder Schichtarbeit gefragt! Arbeite dich Schritt für Schritt von Hell nach Dunkel vor und verwende die Tupftechnik. Auf diesem Weg erhältst du am einfachsten ein natürliches Ergebnis.

5. Bemale nun die Boote mit unterschiedlichen Brauntönen und achte auf Licht und Schatten. Lege dazu zunächst gedanklich fest, von wo die Sonne auf deine Szenerie scheint. Alle ihr zugewandten Seiten werden heller, die anderen dunkler. Schichte anschließend mit dem Minipinsel dunklere Holzlinien außen am Boot dazu, um mehr Struktur zu erhalten. Um den Booten Konturen zu geben, kannst du sie mit einem dünnen Fineliner umranden.

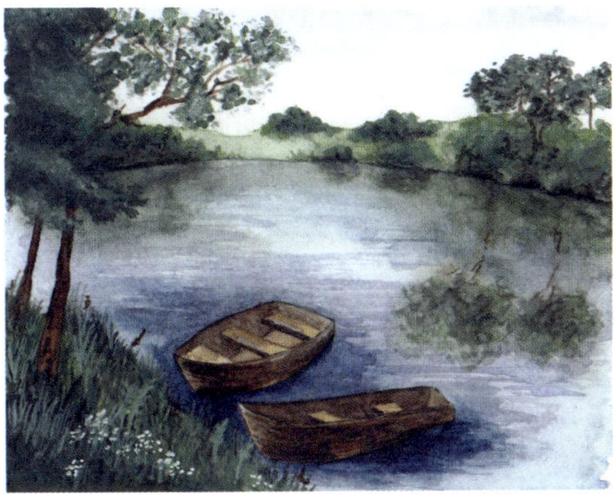

6. Im letzten Schritt kommen noch der Baum und die Wiese im Vordergrund hinzu. Variiere hier mit deinem Pinselauftrag, um Grashalme (senkrechte Pinselführung) oder Blätter (schräge Pinselhaltung, Tupftechnik) zu ergänzen. Mit einem Gelstift kannst du noch weiße Blüten andeuten.

TIPP

Du kannst deinen Bäumen im spiegelnden Wasser noch eine dunklere Grünschicht hinzugeben. Um es im Vergleich zu den „richtigen“ Bäumen abzusoften, verwende ein Wattestäbchen und tupfe etwas von der Farbe wieder ab. Das gibt direkt eine tolle Struktur.

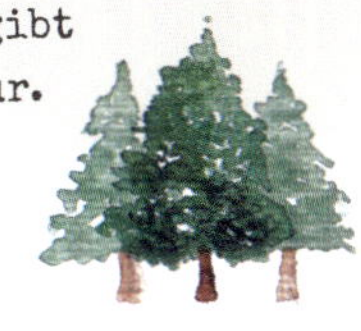

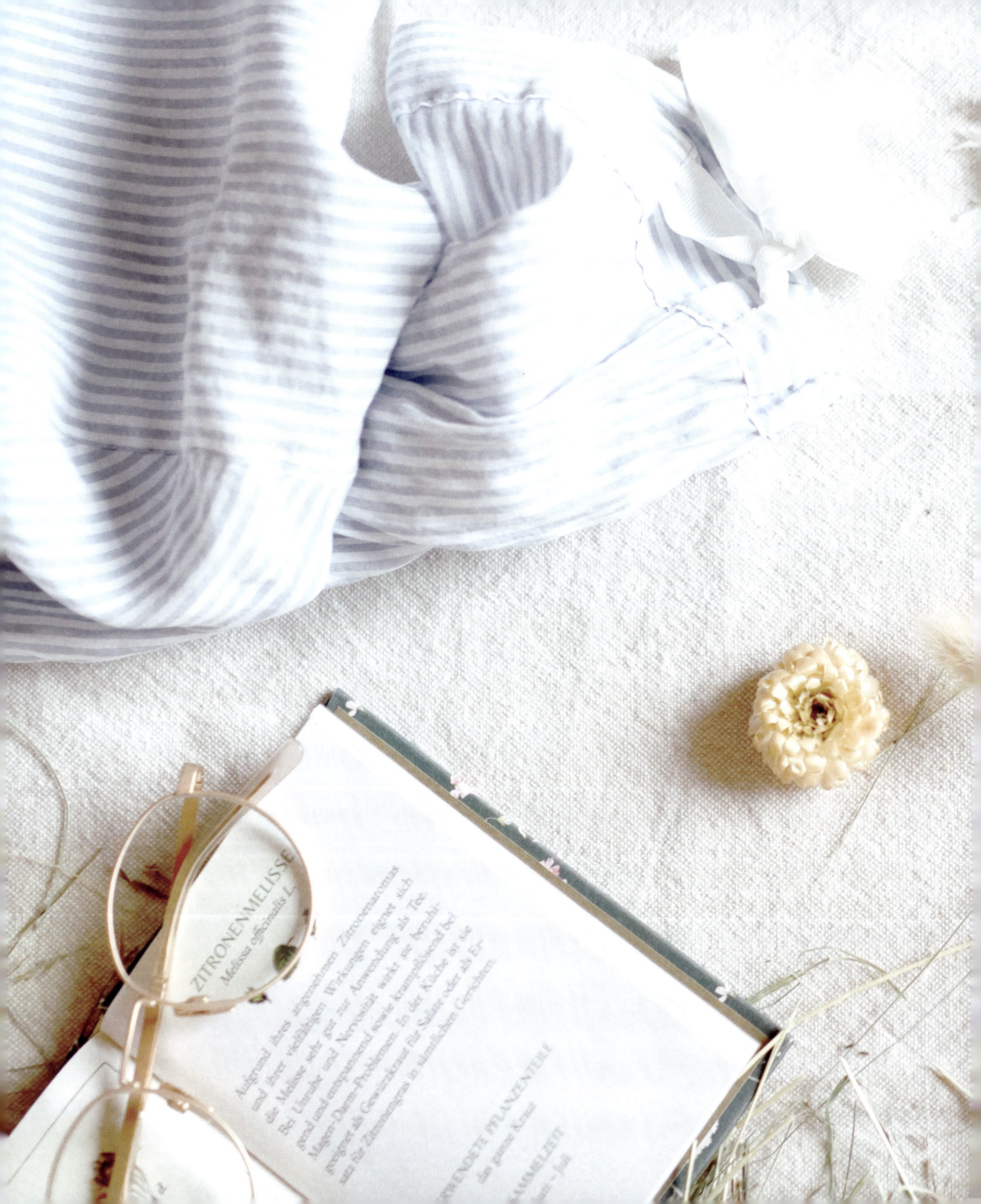
ZITRONENMELISSE
Melissa officinalis L.

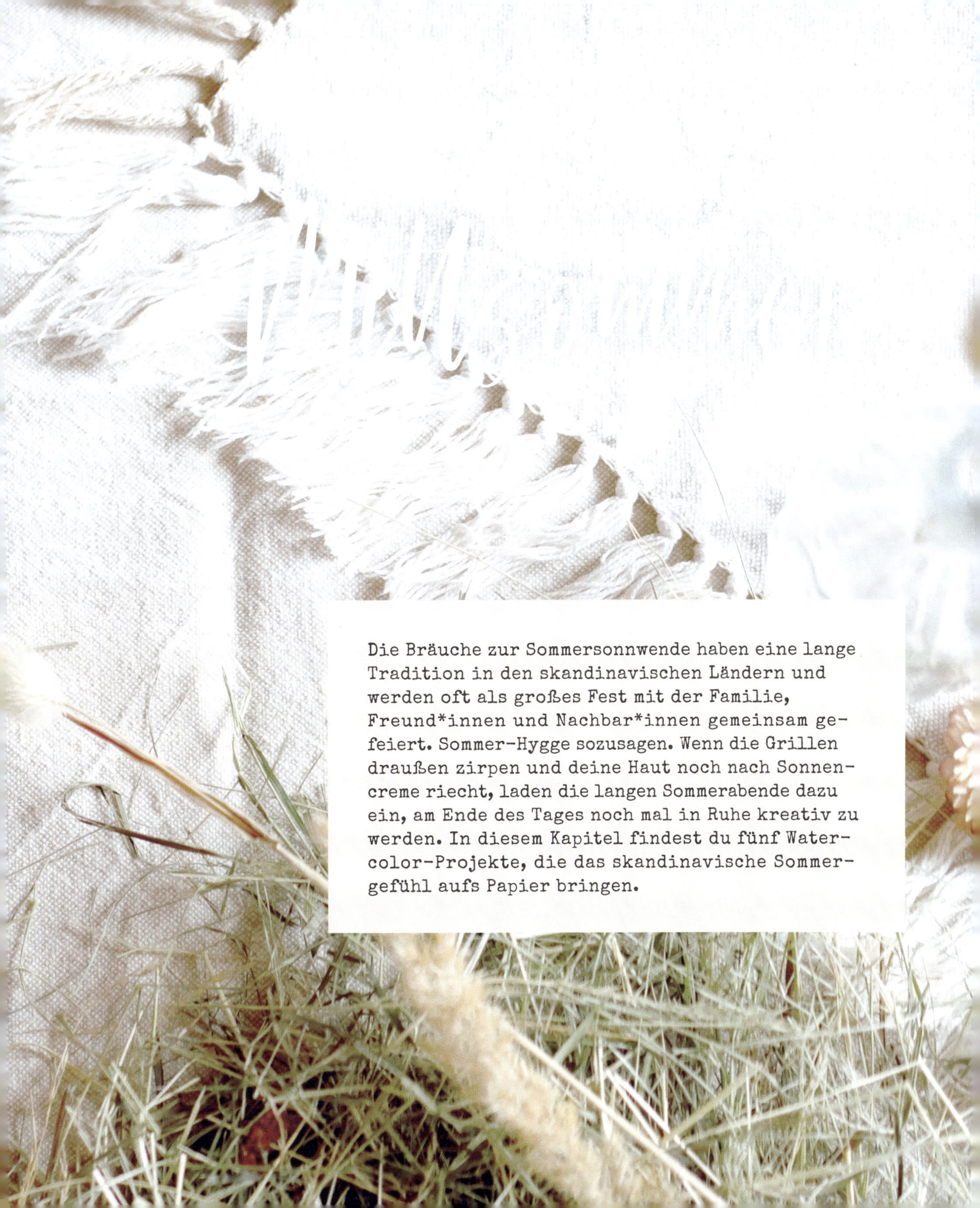

Die Bräuche zur Sommersonnwende haben eine lange Tradition in den skandinavischen Ländern und werden oft als großes Fest mit der Familie, Freund*innen und Nachbar*innen gemeinsam gefeiert. Sommer-Hygge sozusagen. Wenn die Grillen draußen zirpen und deine Haut noch nach Sonnencreme riecht, laden die langen Sommerabende dazu ein, am Ende des Tages noch mal in Ruhe kreativ zu werden. In diesem Kapitel findest du fünf Watercolor-Projekte, die das skandinavische Sommergefühl aufs Papier bringen.

FOKUSTHEMA:

Blumen malen

Wenn man an Skandinavien denkt, hat man schnell die nordische Landschaft mit ihrem rauen Klima vor dem geistigen Auge, was eine weniger reiche Vielfalt an Blumen vermuten lässt. Doch auch im Norden gibt es einige Pflanzen, die sich den Bedingungen angepasst haben, und so lassen sich neben Moosen und Flechten auch viele Blumen finden, die in voller Pracht blühen. Besonders schön finde ich die üppig bepflanzten Vorgärten der typisch skandinavischen Häuser.

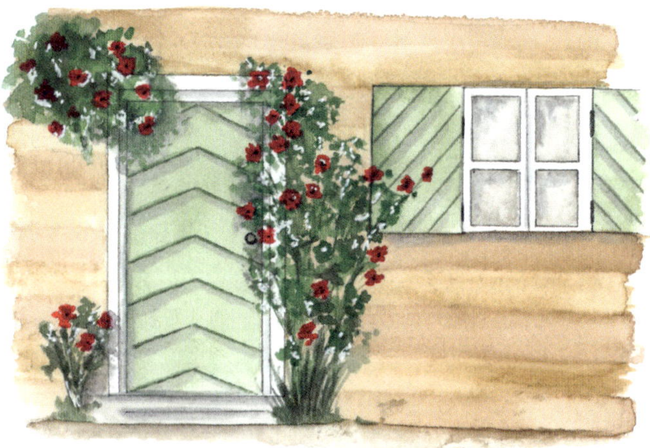

TIPP

Wenn du auf Pinterest nach dem Schlagwort „Flower Doodle" suchst, erhältst du ganz viele Vorschläge für einfache Blumenformen, die du als Skizzenvorlage nutzen kannst.

LOOSE VS. DETAIL

Beim Watercoloring geht es an sich erst mal nicht um eine fotorealistische Abbildung von Gegenständen. Aber natürlich gibt es auch bei dieser Stilrichtung Abstufungen im Detailgrad. Meine Illustrationen ordne ich eher einem detailverliebten Stil zu. Beim „Loose Watercolor" geht es hingegen um eine schemenhaftere Darstellung, bei der mit wenigen lockeren Pinselstrichen ein Motiv in seinen Grundzügen dargestellt wird. Diese Technik eignet sich auch hervorragend für Einsteiger*innen, die sich an die ersten floralen Aquarelle trauen.

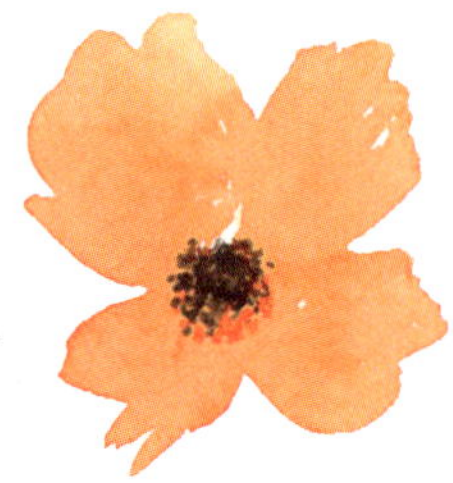

Blüte im Loose-Watercolor-Stil

Alternativ kannst du dir Blumen vorskizzieren und anschließend Step by Step ausmalen. Beim Skizzieren von Blüten kannst du dir mit Hilfslinien behelfen, wie du im Beispiel siehst. Wenn du die Hilfslinien anschließend wegradierst, hast du direkt eine ordentliche Malvorlage auf dem Papier.

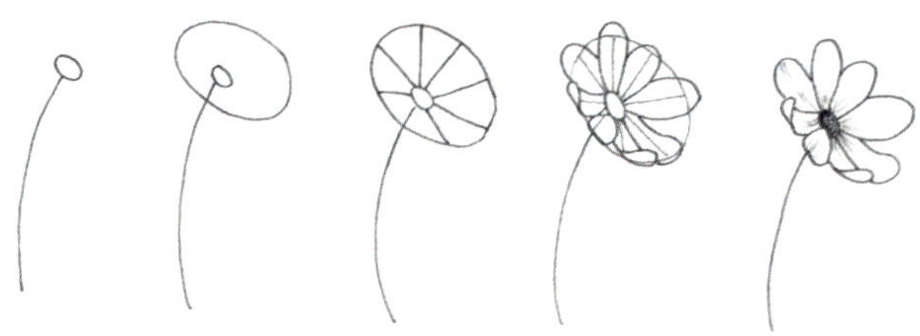

ÜBUNG: BUTTERBLUME

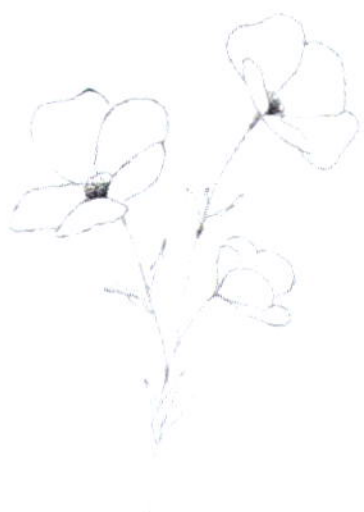

1. Skizziere dir drei Blüten. Achte dabei darauf, dass die Blütenblätter rund sind und unterschiedliche Ausrichtungen haben.

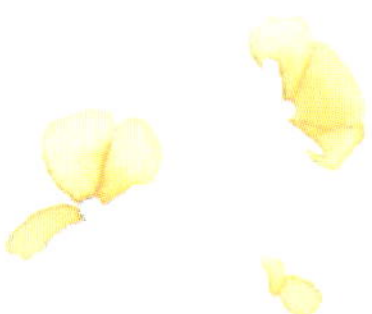

2. Dann geht es an den Pinsel und die ersten Blüten erhalten ihre gelbe Farbe. Achte darauf, zur Blütenmitte hin mehr Pigment aufzutragen.

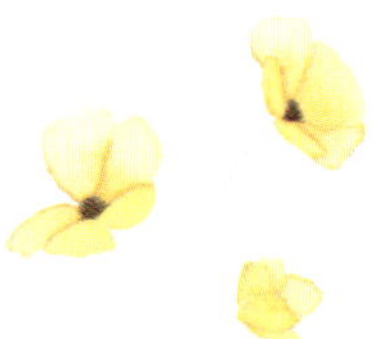

3. Ergänze im nächsten Schritt den Blütenstempel mit einem Braunton. Dafür halte ich den Pinsel immer ganz senkrecht und tupfe ganz leicht in die Mitte. Achte darauf, dass deine Blüten schon etwas angetrocknet sind, damit die braune Farbe nicht zu weit in die Blüten hineinläuft.

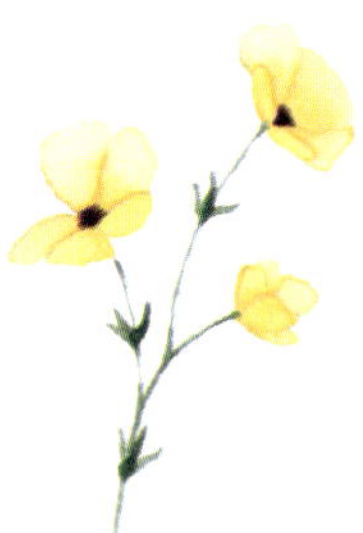

4. Wenn alles getrocknet ist, kannst du noch einen Stiel und etwas Blattgrün ergänzen.

DAS UMGEKNICKTE BLATT

Ein umgeknicktes Blatt lässt ein Blumenmotiv direkt realistischer wirken. Dafür sind die Licht- und Schattenflächen entscheidend.

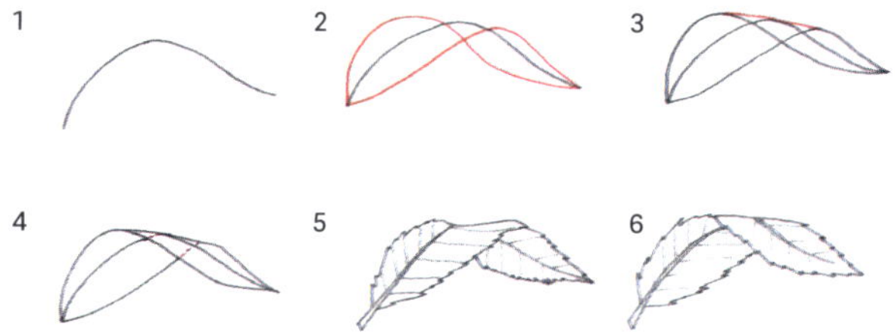

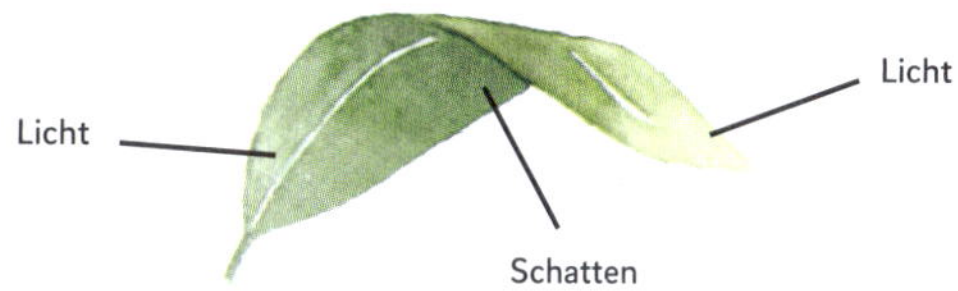

5 TIPPS ZUM MALEN VON BLUMEN

- Variiere die Abstände der Blütenblätter zueinander. Auch in ihrer Form kannst du abwechseln: mal ein breites Blatt, mal ein schmales. Eine ungerade Anzahl an Blüten kann helfen, eine Blume natürlicher erscheinen zu lassen.
- Dieser Tipp gilt auch für das Malen von Blättern. Statt diese symmetrisch anzuordnen, versuche, in Größe und Abstand abzuwechseln. Spiele zudem mit dem Vorder- und Hintergrund und verstecke einige Blätter hinter anderen.
- Beginne die Blütenblätter immer vom Stempel, also der Blütenmitte, aus zu malen. Markiere dir den Punkt am besten mit einem Bleistift.
- Achte darauf, in manchen Blättern und Blüten Weißräume zu lassen. Das sind weiße Stellen, wo das Aquarellpapier frei von Farbe bleibt. Da diese wie Lichtpunkte wirken, lassen sie deine Watercolor-Blume gleich echter wirken.
- Umrande deine Blütenblätter nicht direkt mit Farbe. Spiele lieber mit der unterschiedlichen Farbintensität in einem Blütenblatt. Lass die Blüten nach außen hin heller werden.

Schwedenhaus

Nichts ist charakteristischer für Skandinavien als die vielen roten Häuser. Wusstest du, dass „Schwedenrot" gewonnenes Pigment aus einem Kupferbergbau und ab dem 16. Jahrhundert beliebt für den Außenanstrich war? In diesem kreativen Projekt zeige ich dir, wie du deinen Bildern mit Konturen und Highlights den letzten Schliff geben kannst.

MATERIAL

- Aquarellpapier matt
- Rundpinsel Nr. 6 und 2 zum Kolorieren
- kleiner Flachpinsel für Holzlatten
- Minipinsel für Details
- schwarzer Fineliner für Konturen (Strichstärke 0,05)
- weißer Gelstift für Highlights

FARBPALETTE

Bergblau (480)
für den Himmel

Lasurgoldgrün (537)
für den Garten

Olivgrün gelblich (525)
für den Garten

Perylengrün (784)
für den Garten

Kadmiurot dunkel (350)
für die Holzlatten und die Fensterrahmen

Englisch-Venezianisch Rot (649)
für die Holzlatten und die Fensterrahmen

Neutralgrau (785)
für die Fenster und die Schatten

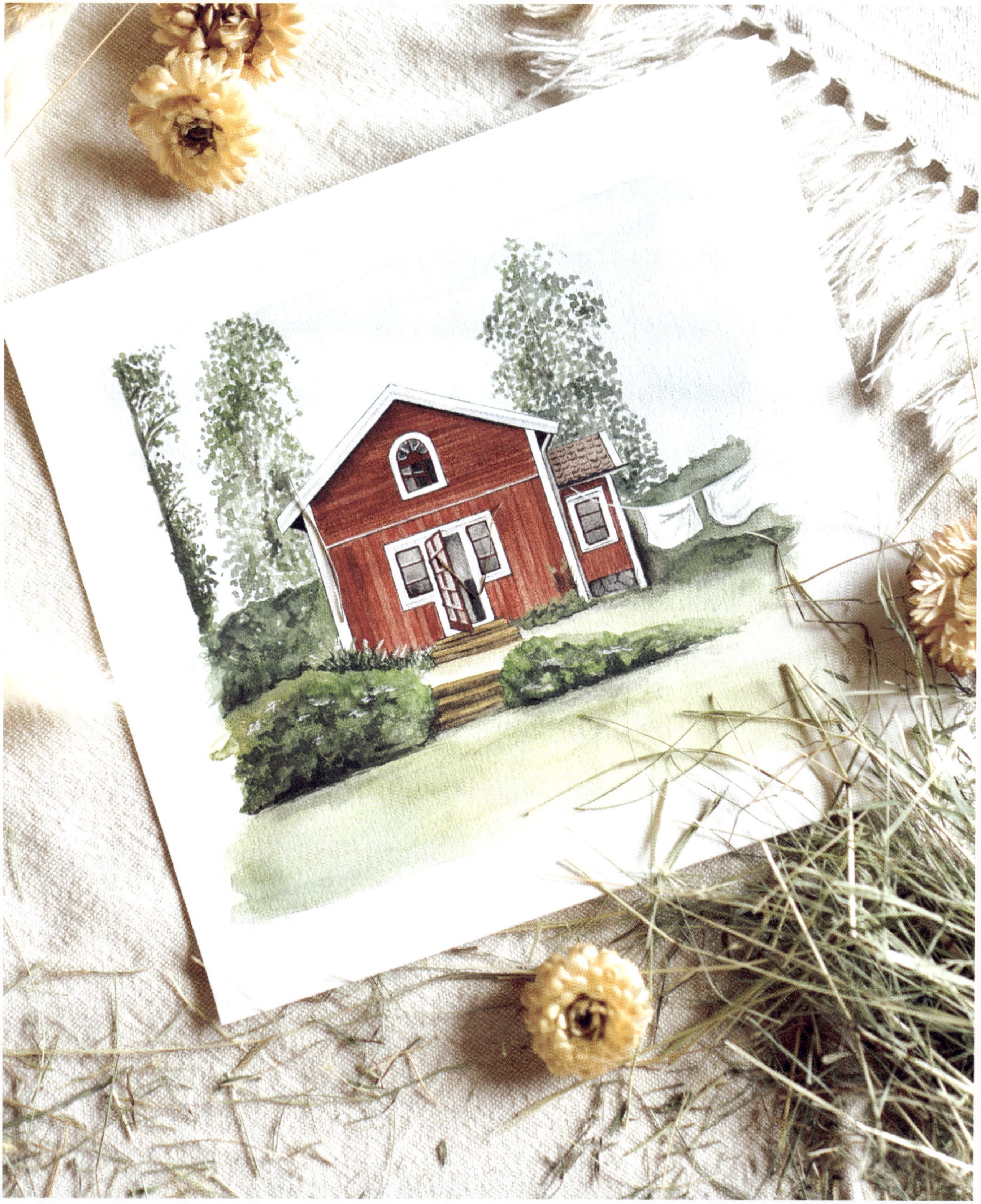

So geht's

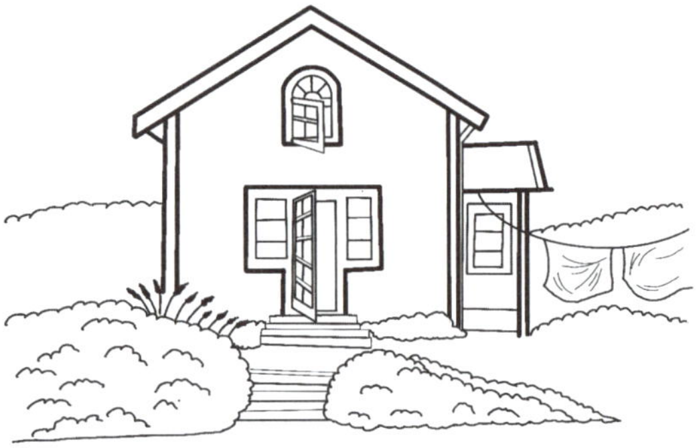

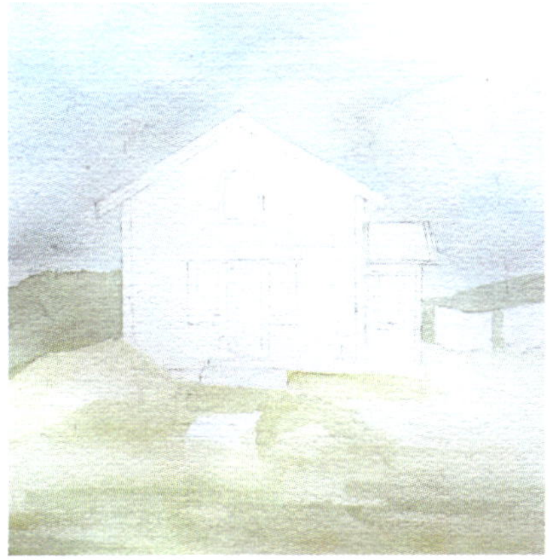

1. Zum Skizzieren des Hauses empfehle ich, die Fenster, Dächer und Türen mit einem Lineal einzuzeichnen. Die Umrisse der Büsche und Bäume brauchst du hingegen nur anzudeuten.

2. Für die erste, grobe Kolorierung wähle einen großen Rundpinsel. Achte dabei auf einen großzügigen Wasseranteil, um nicht von Beginn an zu dunkel zu werden.

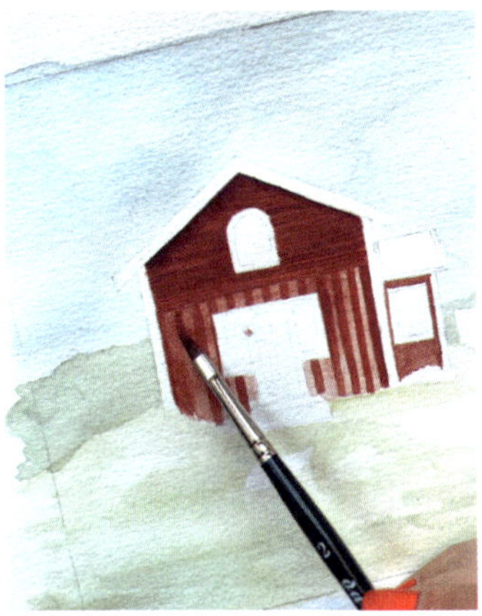

3. Um dem Schwedenhaus seine charakteristische Struktur zu geben, bekommt es statt eines flächigen Farbauftrags einzelne Holzlatten. Koloriere dafür im ersten Schritt mit viel Wasseranteil die Hausfront und lass sie gut trocknen. Dann malst du die Latten mit einem kleinen Flachpinsel ein. Achte darauf, immer auf Lücke zu malen. So haben die Latten genügend Zeit zu trocknen und verlaufen nicht ineinander.

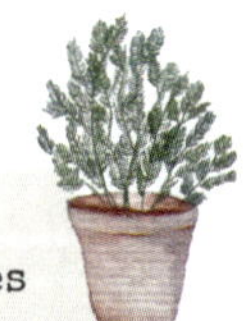

TIPP

Male die Balken im oberen Teil des Hauses quer und im unteren vertikal.

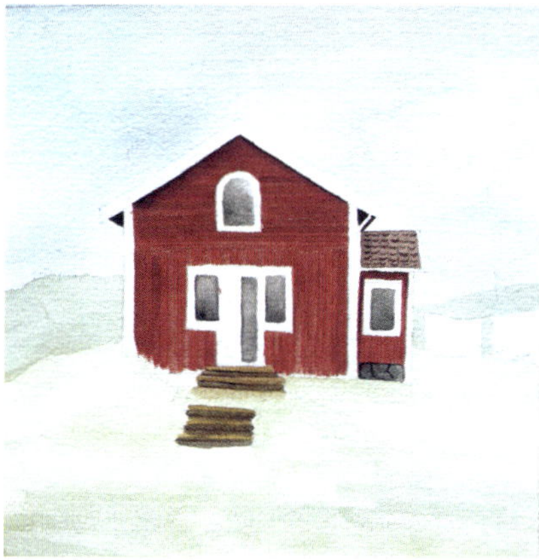

4. Im nächsten Schritt werden kleinere Flächen wie die Fenster, die Stufen und das Vordach koloriert. Unter dem Dachgiebel liegt ein Schatten, der mit einer schwarzen Kontur ergänzt wird. Die weißen Holzbalken werden erst mal frei gelassen.

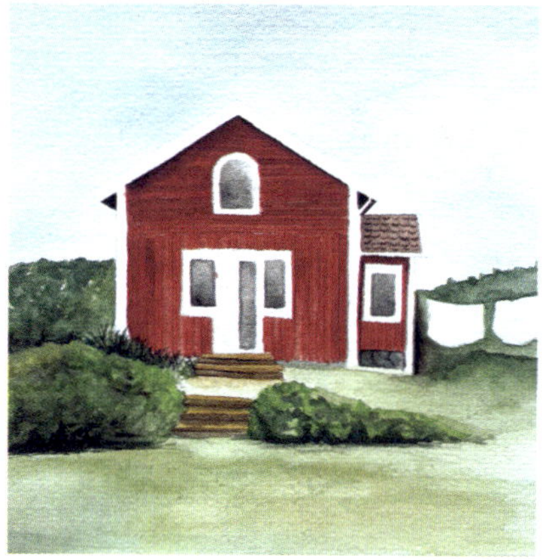

5. Weiter geht es im Garten. Beginne mit der Rasenfläche, denn diese sollte am hellsten sein. Für die Büsche verwende die Tupftechnik. Für den Kontrast zur Wiese achte darauf, dass die Büsche unten dunkler sind und nach oben hin heller werden.

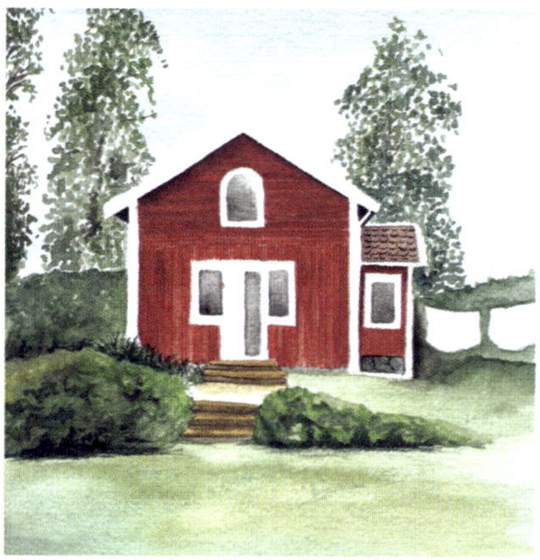

6. Auch für die Bäume im Hintergrund eignet sich die Tupftechnik. Lass ausreichend Weißraum zu den einzelnen Tupfen und wechsle zwischen pigmentstärkeren und pigmentärmeren Tupfen.

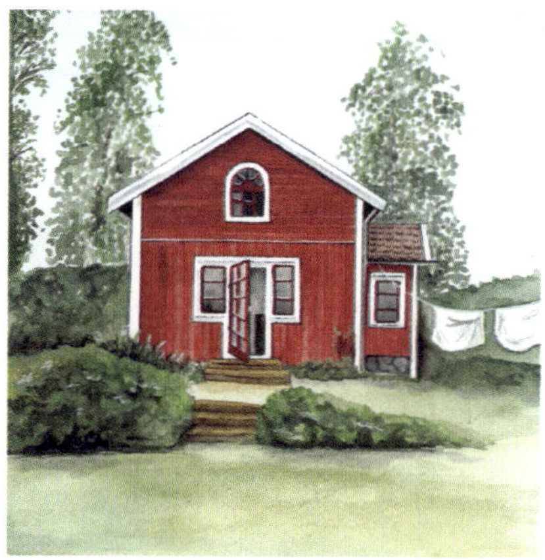

7. Jetzt geht es an die Details, um das Schwedenhaus zum Leben zu erwecken. Zeichne mit einem feinen Pinsel die Fensterrahmen und die Tür ein. Mit einem schwarzen Fineliner setzt du Konturen rund um die weißen Holzbalken. Mit einem weißen Gelstift ergänzt du Highlights, z. B. auf den Fensterbalken, in den Büschen und Sträuchern. Trenne die horizontalen und vertikalen Holzbalken mit einem weißen Strich voneinander ab.

Fahrrad

Spürst du den warmen Sommerwind im Gesicht, wenn du mit dem Fahrrad über Feldwege fährst und vielleicht einen kleinen Blumenstrauß für zu Hause im Korb hast? In diesem Projekt gibt es nicht nur eine Extraportion Mittsommer-Gefühle, sondern du kannst an diesem Motiv den Umgang mit kleinen Pinseln üben, da viele Details auf dich warten.

FARBPALETTE

- **Lasurgoldgrün (537)** für den Hintergrund
- **Olivgrün gelblich (525)** für Grashalme
- **Kadmiumrot dunkel (350)** für das Fahrrad
- **Englisch-Venezianisch Rot (649)** für das Fahrrad
- **Umbra natur (667)** für Griffe, Sattel, Korb und Hut
- **Sepiabraun rötlich (662)** für Griffe, Sattel, Korb und Hut
- **Neutralgrau (785)** für Details am Fahrrad

MATERIAL

- Aquarellpapier matt
- Rundpinsel Nr. 6 zum Kolorieren von großen Flächen
- Minipinsel für Details am Fahrrad
- Flachpinsel für klare Kanten
- weißer Gelstift für Blumenblüten

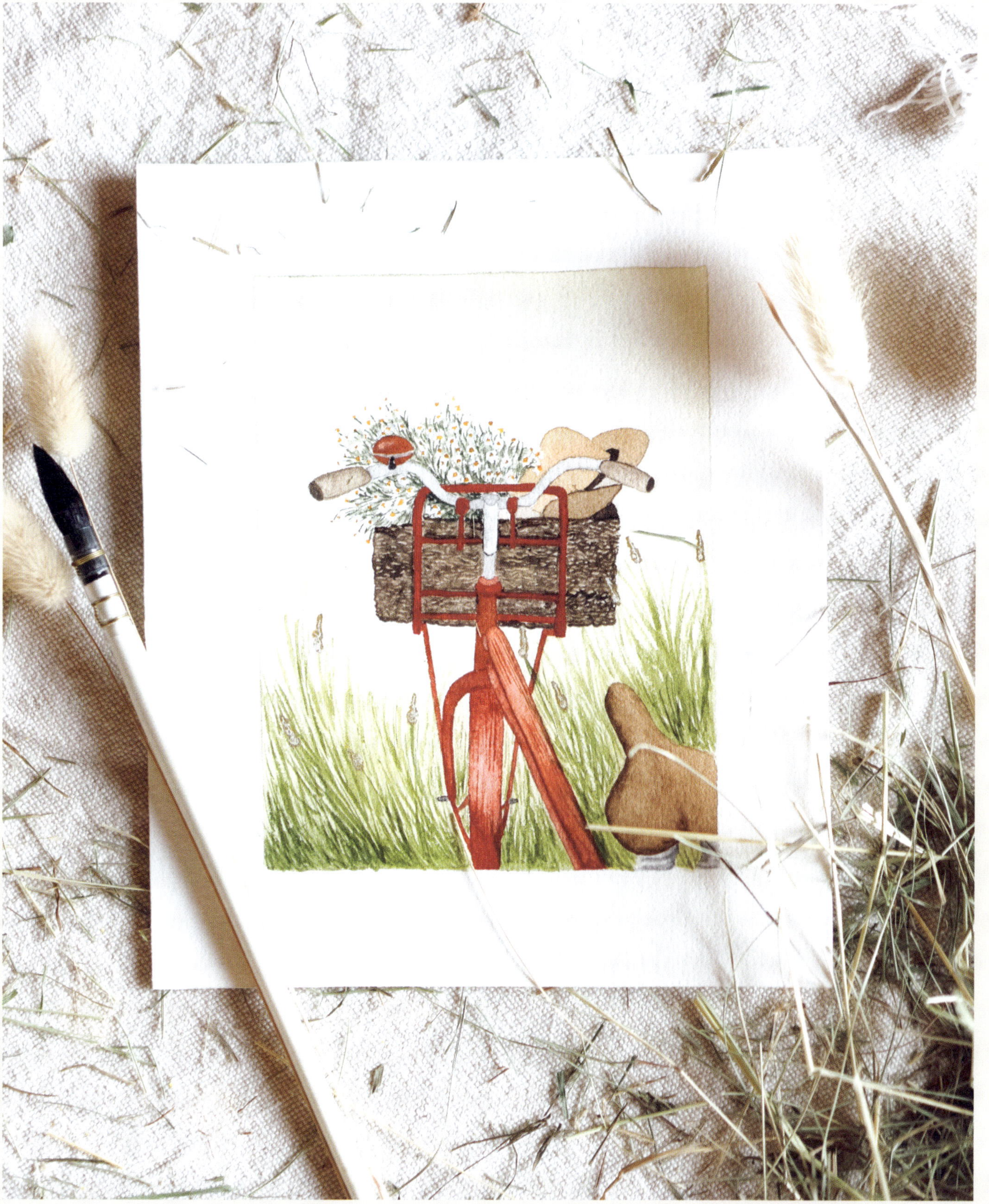

So geht's

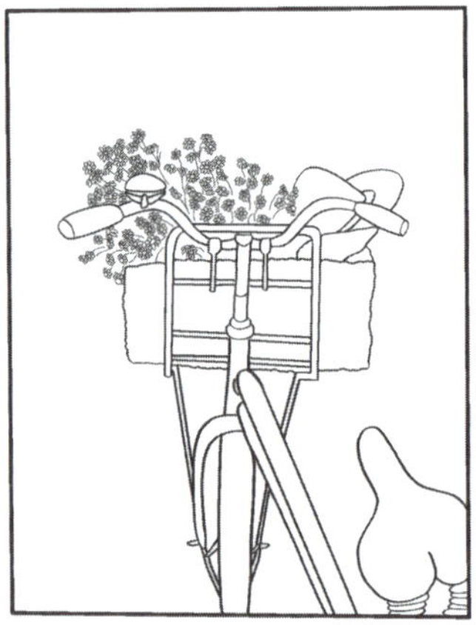

1. Bei der Erstellung der Vorlage liegt der Fokus auf dem Fahrrad und seinen Details. Bei diesem Motiv zahlt es sich aus, in der Skizze detaillierter als bei anderen Motiven vorzugehen. Denn es fällt leichter, wenn Elementen wie z. B. dem Lenker, dem Korb oder seiner Anbringung klare Flächen zum späteren Kolorieren zugeordnet sind.

2. Beginne mit dem Hintergrund. Trage dazu die Farbe Lasurgoldgrün (537) mit einem großen Rundpinsel und reichlich Wasser auf. Achte auch hier wieder darauf, nicht zu dunkel zu werden und auch kleine Verläufe einzubauen, statt eine Fläche gleichmäßig einzufärben. Kleinere Flächen zwischen dem Rad können mit einem kleineren Rundpinsel koloriert werden.

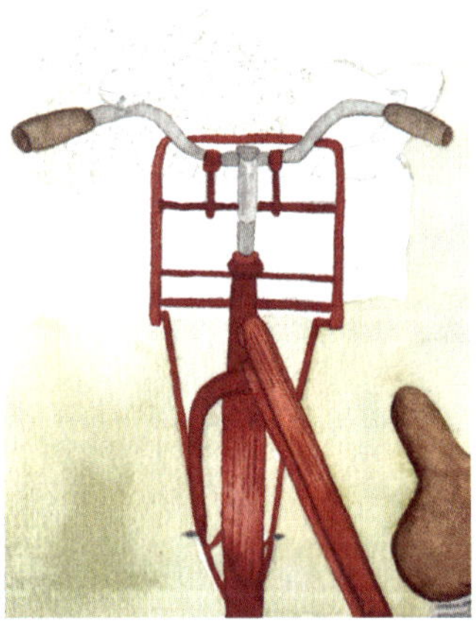

3. Als Nächstes geht es an das Fahrrad. Wenn du den Rahmen kolorierst, probiere immer mal wieder die Farbe heller zu verblenden, um eine leichte Lichtreflexion anzudeuten. Probiere die Elemente des Lenkers einzeln auszumalen, so dass diese nicht verschwimmen und einzeln erkennbar bleiben.

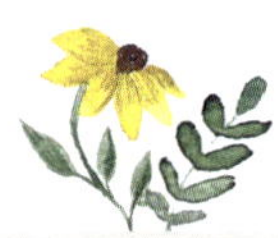

TIPP

Wenn dir das Ziehen von klaren Kanten schwerfällt, greife zu einem Flachpinsel und male nur mit seiner geraden Kante.

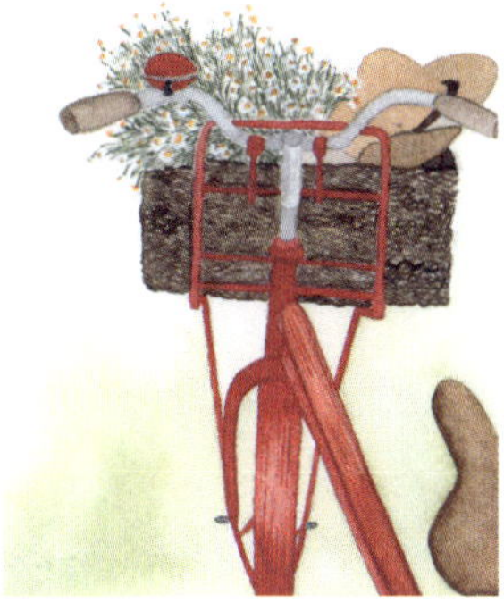

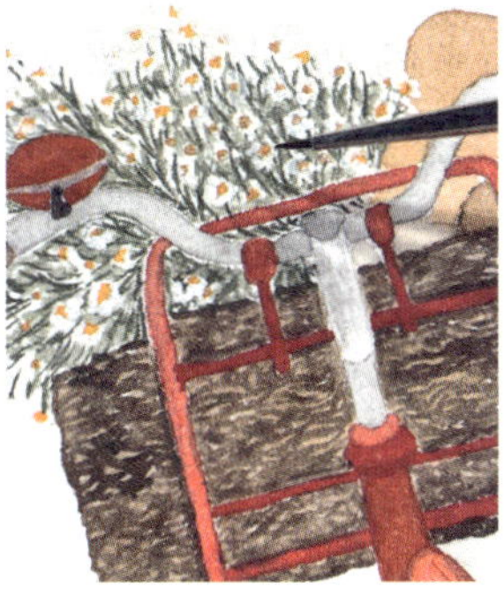

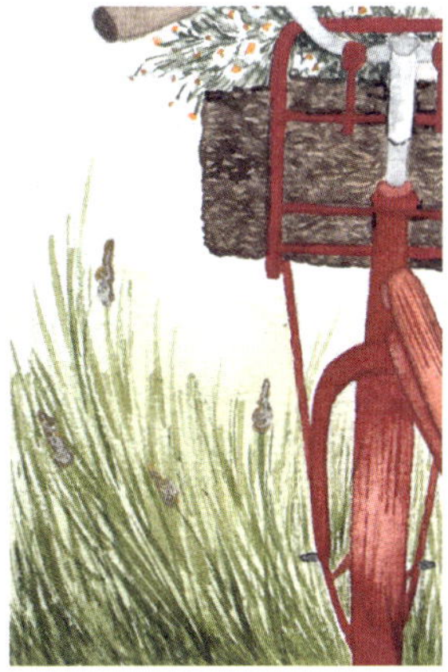

4. Grundiere dann den Korb in einem Hellbraun. Der Effekt des geflochtenen Fahrradkorbs lässt sich erzielen, indem du anschließend kleine Wellenlinien mit einem feinen Pinsel darübermalst. Jetzt fehlt noch der Inhalt des Korbes. Ein breiter Blumenstrauß kann mit wenigen Pinselstrichen angedeutet werden. Die vielen weißen Blüten lassen sich super mit einem Gelstift aufmalen.

5. Im letzten Schritt platzierst du noch ein paar Grashalme. Dafür eignet sich die Trocken-auf-Trocken-Technik, bei der mit einem feinen Pinsel Pigment auf den bereits getrockneten Hintergrund gemalt wird. Hier lassen sich auch Grüntöne mixen, um noch mehr Struktur zu erzielen. Ergänze an einigen Halmen einen braunen Kolben für maximale Feldstimmung auf dem Bild.

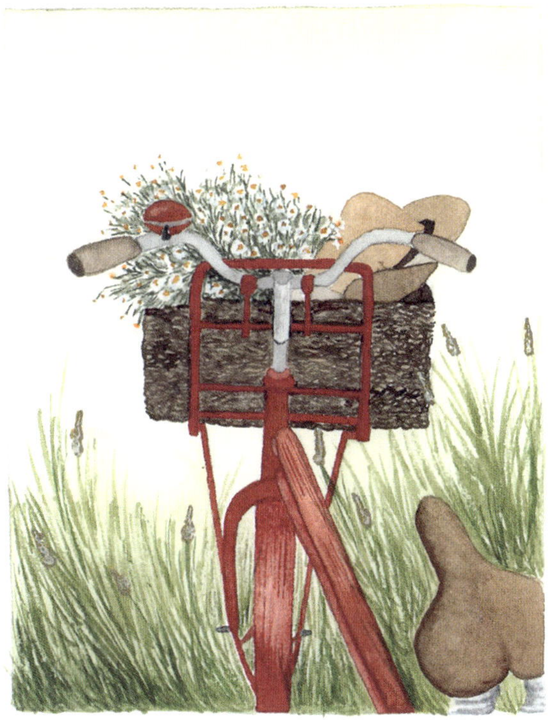

Skandi Girl

Zum schwedischen Mittsommerfest binden viele Skandinavier*innen Blumenkränze und setzen sich diese in die Haare. Aber auch auf dem Papier machen die Kränze eine gute Figur und geben einem ein Sommergefühl. Bei diesem Projekt kannst du das Malen mit dem Minipinsel weiter üben und lernst, wie Haare sich einfach malen lassen.

MATERIAL

- Aquarellpapier satiniert
- Rundpinsel Nr. 6 zum Kolorieren vom Hintergrund
- Minipinsel für die feinen Elemente
- weißer Gelstift für Highlights

FARBPALETTE

Bergblau (480)
für die Bluse

Neapelgelb (229)
für die Haare

Umbra natur (667)
für die Haare

Indischgelb (220)
für die Blumen

Permanentrot Orange (360)
für die Blumen

Kadmiumrot dunkel (350)
zum Mischen mit Bergblau für einen Lilaton

Olivgrün gelblich (525)
für das Blattgrün

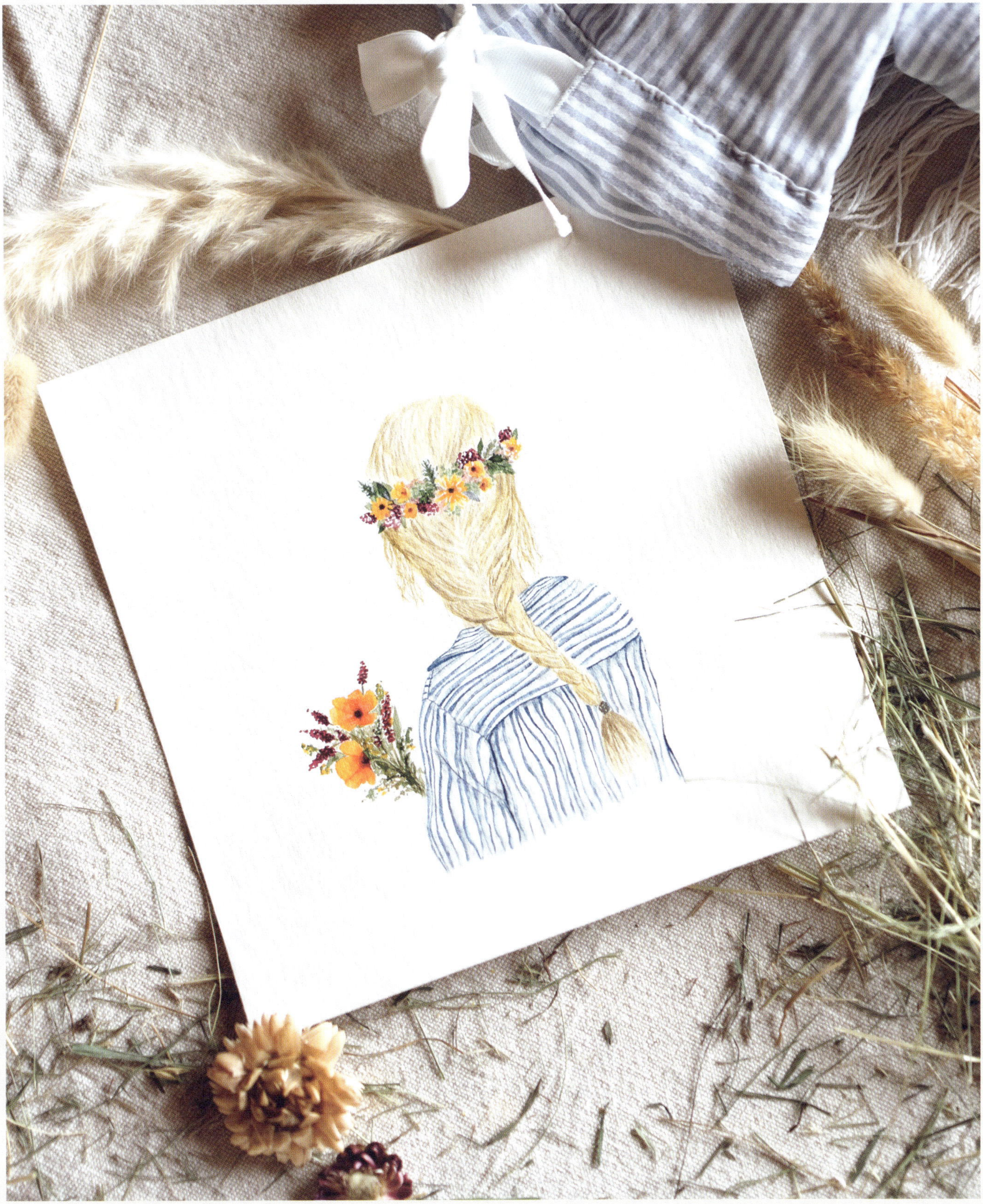

So geht's

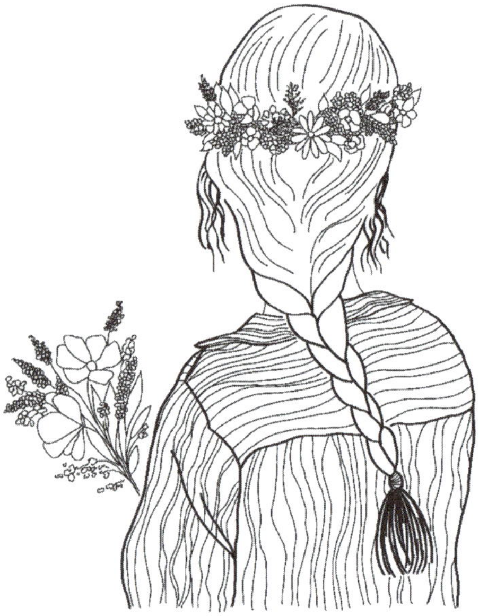

Skizze

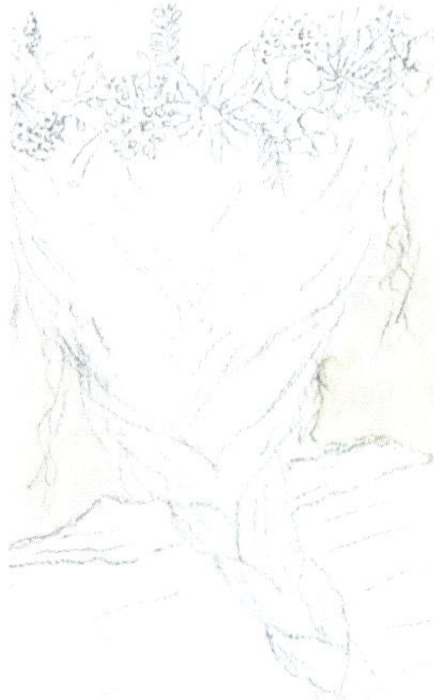

1. Damit sich das Motiv farblich vom Papier abhebt, kannst du den Hintergrund in einem leichten Beigeton grundieren. Mische dafür einen hellen Braunton mit viel Wasser. Alternativ kannst du diesen Schritt auch weglassen.

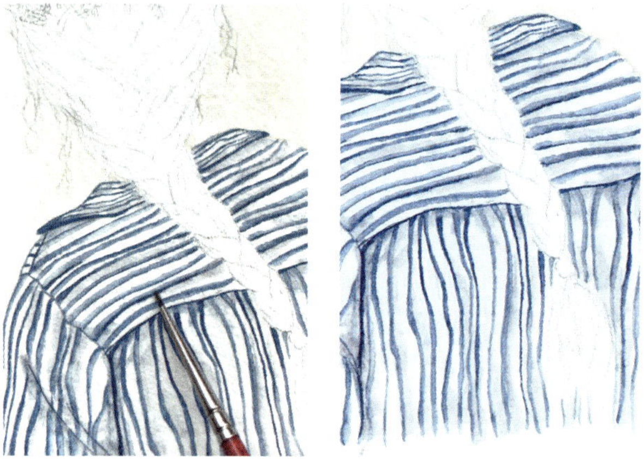

2. Die Bluse bekommt ihre Farbe durch ganz viele dünne Streifen, die mit dem Minipinsel aufgemalt werden. Achte darauf, dass die Streifen nicht alle gleich aussehen. Variiere lieber in der Breite und Farbintensität sowie den Abständen. So sieht die Bluse gleich viel natürlicher aus. In der Vorlage siehst du, dass manche Streifen auch senkrecht verlaufen.

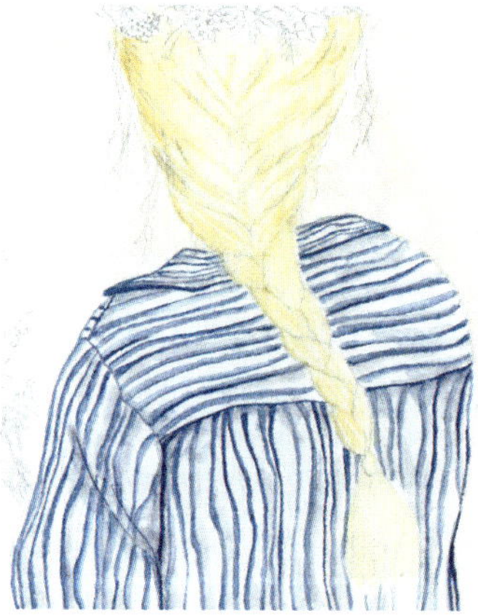

3. Die Haare werden auch wieder schrittweise gemalt. Achte darauf, den Part, wo später der Blumenkranz ergänzt wird, größtenteils frei zu lassen. Zuerst erhalten die Haare einen leichten Gelbton. Mische aber auch hier schon genug Braunanteile mit dazu, damit die Haare nicht leuchtend gelb werden. Du kannst den Farbton vorab auf einem Papierrest ausprobieren.

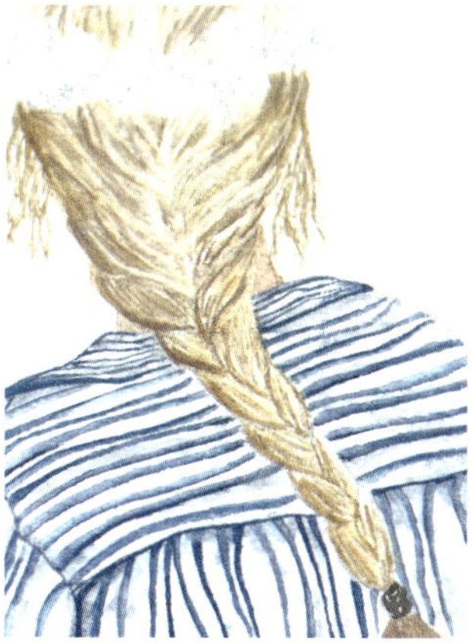

4. Anschließend gibst du deinem Gemisch mehr Braun hinzu und malst einzelne Haare. Orientiere dich für den Zopf dazu an den Hilfslinien aus der Vorlage. An den Ohren kannst du einzelne Haare separat malen. Sie sehen so aus, als wären sie aus dem Zopf gefallen, und lassen das Motiv natürlicher werden.

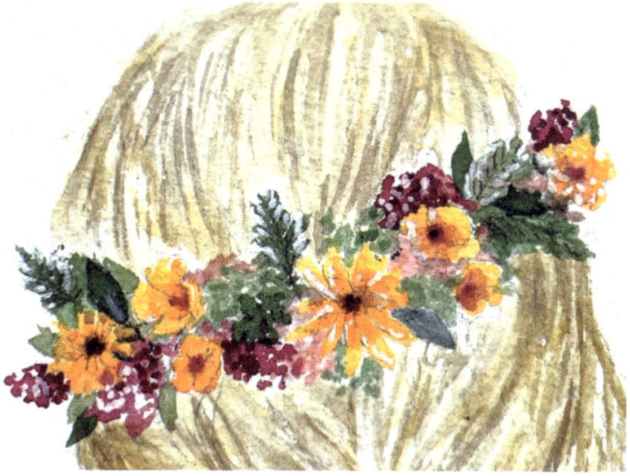

5. Für den Blumenkranz malst du im ersten Schritt einzelne Blüten und füllst anschließend mit Blattgrün auf. Tipps zum Malen von Blumen findest du im Fokuskapitel auf den Seiten 80 und 81.

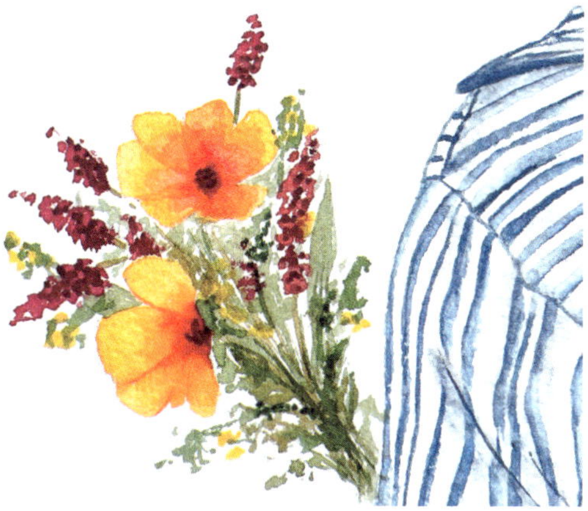

6. Wenn du möchtest, kannst du im letzten Schritt noch einen Blumenstrauß ergänzen. Wenn du die gleichen Farben wie aus dem Blumenkranz wählst, ergibt sich eine schöne Harmonie im Bild.

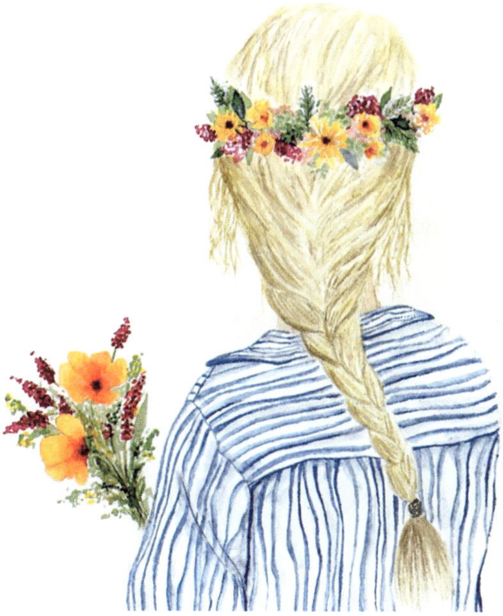

Wildblumenstrauß

Beim Fokusthema „Blumen malen“ auf den Seiten 80 und 81 hast du bereits einige Tipps zum Malen von Blüten erhalten. In diesem Projekt lernst du, wie du diese zu einem schönen Wildblumenstrauß kombinieren kannst. Tobe dich aus als kreative*r Florist*in, denn der Wildblumenstrauß ist ein perfektes Motiv, z. B. für Geburtstagskarten.

FARBPALETTE

Olivgrün gelblich (525)
für das Blattgrün

Indischgelb (220)
für die Blüten

Kadmiumrot dunkel (350)
für die Blüten

Bergblau (480)
für die Blüten

Titandeckweiß (101)
für die Blüten

Umbra gebrannt (668)
für den Blütenstempel

MATERIAL

- Aquarellpapier satiniert
- Rundpinsel Nr. 2 zum Kolorieren von Blüten
- Minipinsel für die feinen Elemente
- weißer Gelstift für Highlights

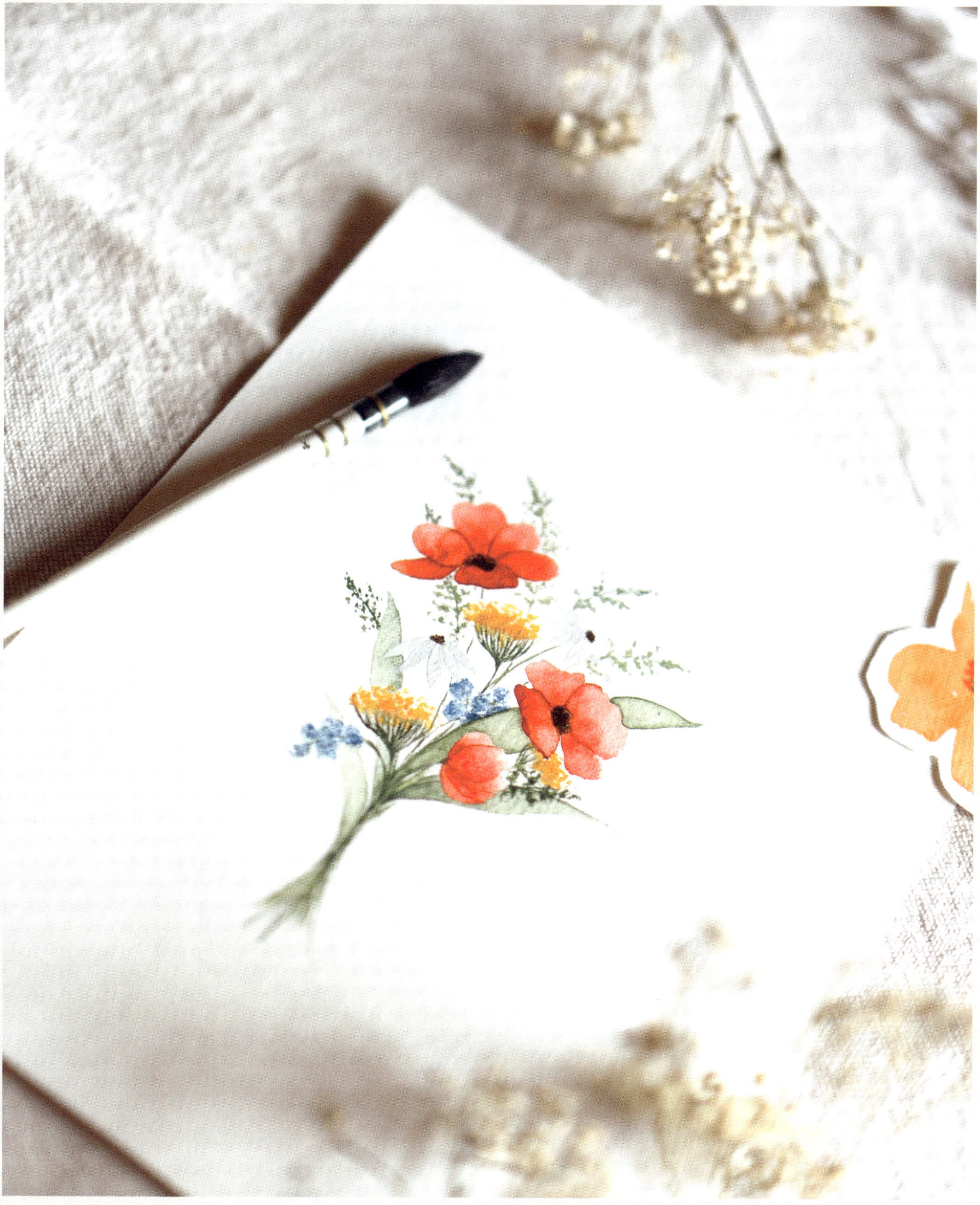

So geht's

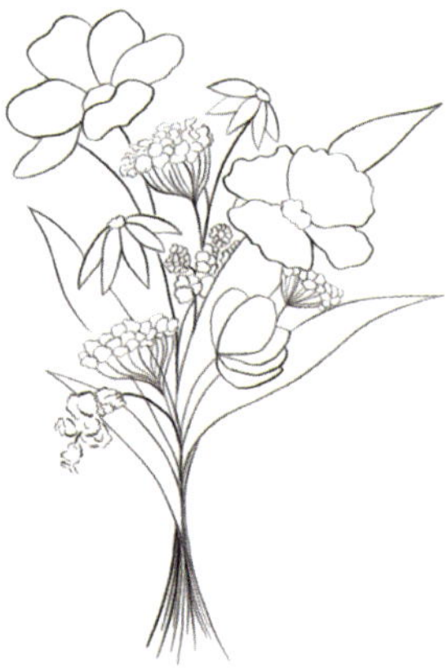

1. Beim Arrangement eines Wildblumenstraußes achte ich in der Skizze immer darauf, dass bestimmte Blütenarten mehrfach vorkommen und so eine Harmonie im Bild entsteht. Plane ausreichend Blattgrün ein, um das Motiv aufzulockern.

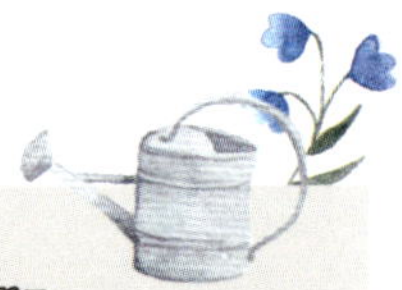

TIPP

Auch eine gleichmäßige Verteilung der Blüten sorgt für Harmonie. Achte also darauf, nicht alle Blüten einer Art in einer Ecke des Straußes zu platzieren.

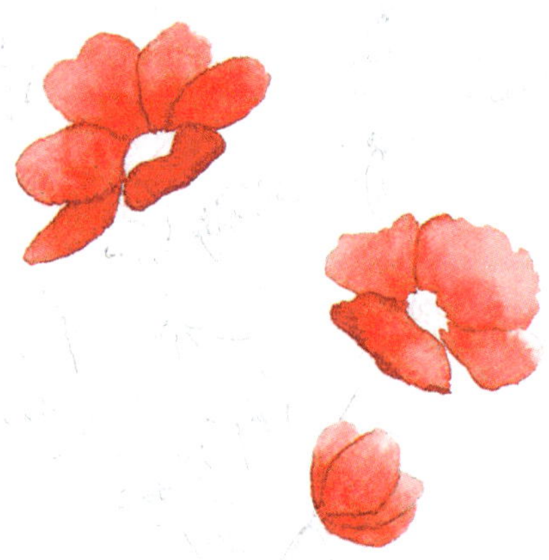

2. Nachdem eine leichte Vorzeichnung zur Orientierung ihren Platz auf dem Papier gefunden hat, kannst du mit dem Kolorieren der ersten Blüten starten. Ich empfehle, immer farbweise vorzugehen und mit den größten zu starten. In diesem Fall sind es die roten Blüten. Detailtipps zum Malen von Blumen findest du auf den Seiten 80 und 81.

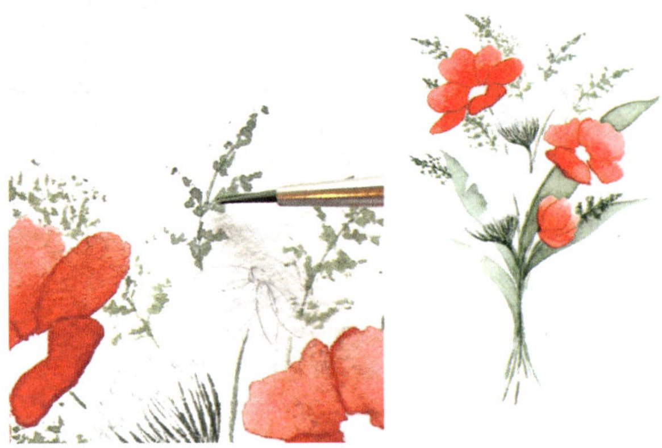

3. Während die größten Blüten trocknen, kann bereits das Blattgrün gemalt werden, da dieses teilweise im Hintergrund anderer Blumen liegen wird. Durch Abwechslung in den Blattarten kannst du deinen Strauß spannender gestalten. Durch verschiedene Pinseltechniken ergeben sich ebenfalls unterschiedliche Blätter.

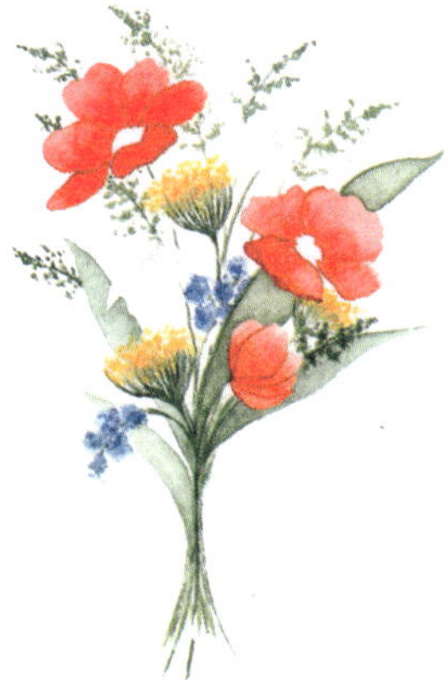

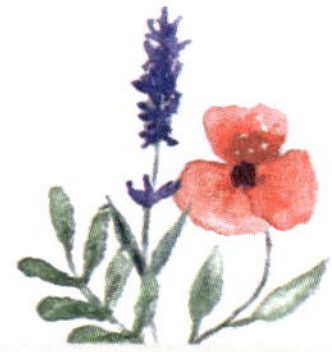

TIPP

Lege im Vorfeld schon fest, welche Blumen du im Strauß haben möchtest. So kannst du die Verteilung von Farben und Größen besser planen und erhältst am Ende ein harmonischeres Motiv.

4. Anschließend können weitere Blumen ergänzt werden. Lass dich hier gern von der Natur inspirieren.

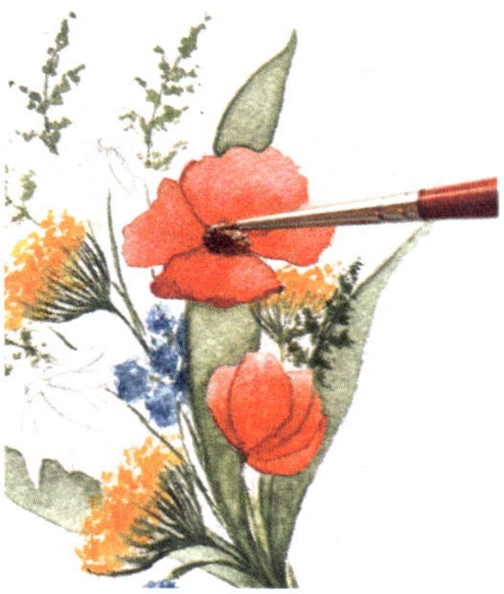

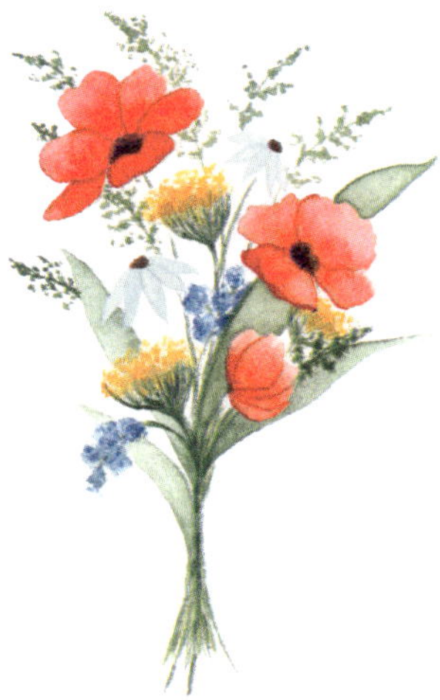

5. Für weiße Blüten lässt sich das Blattweiß nutzen oder alternativ weiße Aquarellfarbe, welche mit einem leichten Blauton angemischt wird. So entsteht ein spannender Farbton, der sich vom restlichen Arrangement abhebt. Der Blütenstempel kann mit einem Minipinsel und vielen kleinen Tupfen noch ergänzt werden.

TIPP

Betrachte anschließend deinen Blumenstrauß aus der Ferne. Wenn du das Gefühl hast, an einer Ecke fehlt noch etwas, kannst du noch fix etwas Blattgrün ergänzen.

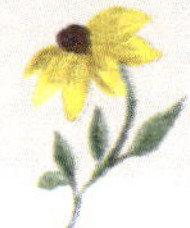

Lieblingsplatz

Mit einem guten Buch auf einer Bank im Schatten eines Baumes sitzen und den Vögeln beim Zwitschern zuhören – ein wunderschöner Sommermoment! Dieses Gefühl lässt sich auch aufs Papier bringen mit diesem Mittsommer-Watercolor-Projekt, bei dem du das perspektivische Malen üben kannst.

MATERIAL

- Aquarellpapier matt
- Rundpinsel Nr. 6 zum Kolorieren von großen Flächen
- Minipinsel für Details
- Flachpinsel für klare Kanten bei der Bank
- weißer Gelstift für Highlights
- schwarzer Fineliner für klare Kanten

FARBPALETTE

Lasurgoldgrün (537)
für die Grundierung

Olivgrün gelblich (525)
für die Büsche

Perylengrün (784)
zum Mischen für die Büsche

Umbra natur (667)
für die Bank und braune Details

Sepiabraun rötlich (662)
für die Bank und braune Details

Indischgelb (220)
für die Sonnenblumen

Neutralgrau (785)
für Details an Tasse, Brille und Buch

Titandeckweiß (101)
zum Mischen eines pastelligen Tons für die Decke

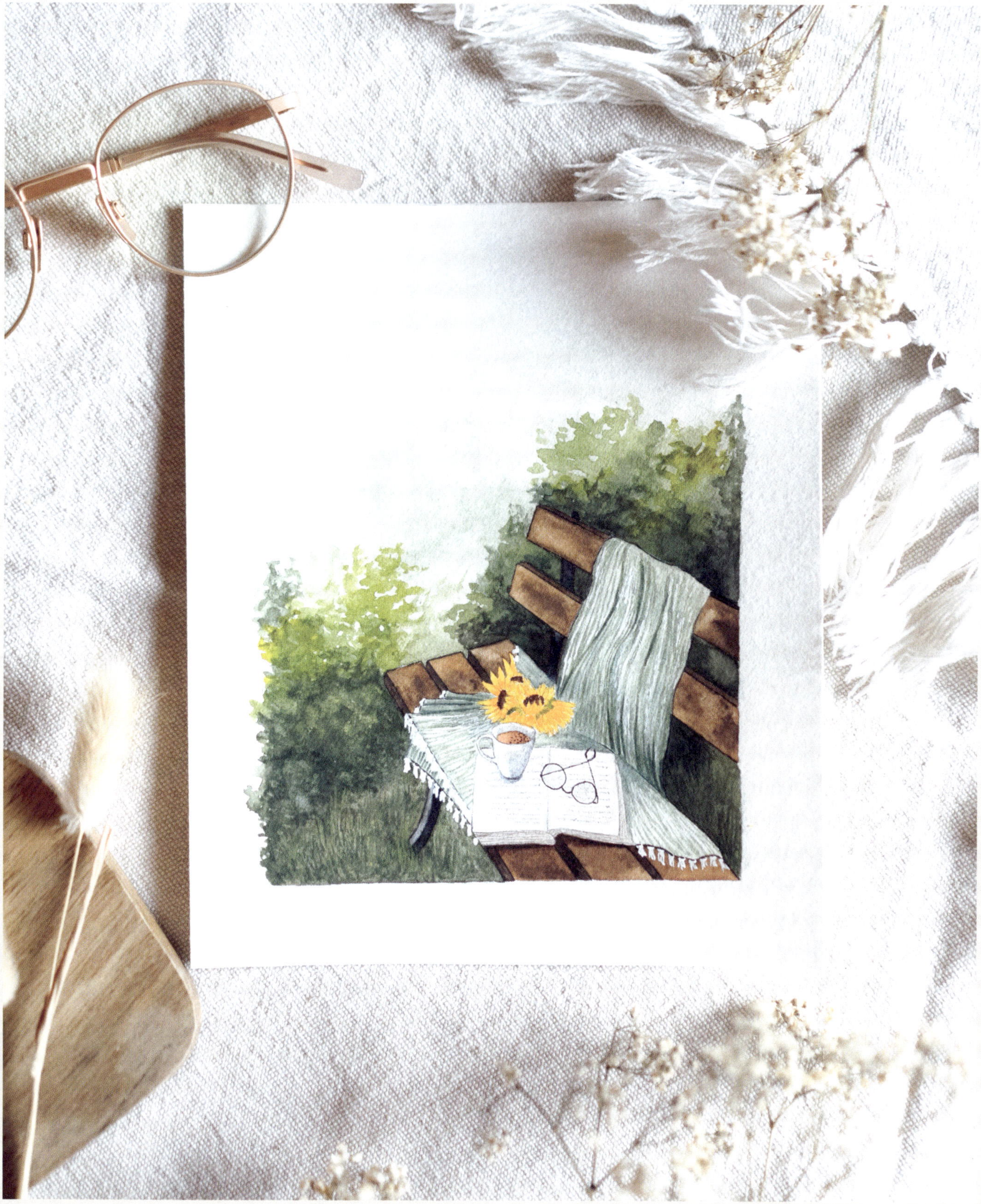

So geht's

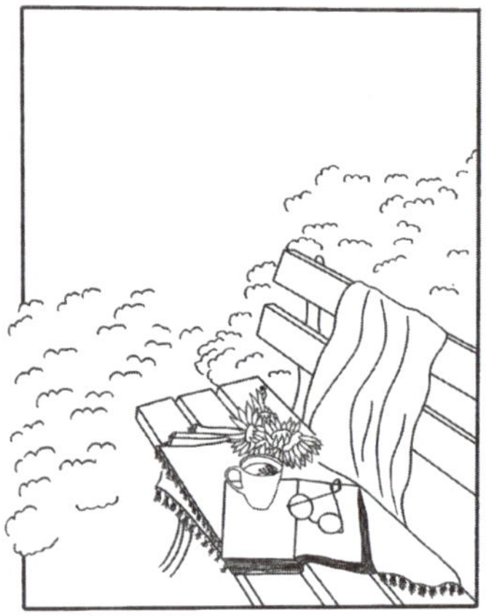

1. Du kannst für die Skizze die Vorlage aus dem Poster verwenden. Achte darauf, dass die Holzlatten alle in einen Fluchtpunkt links oben im Bild zusammenlaufen.

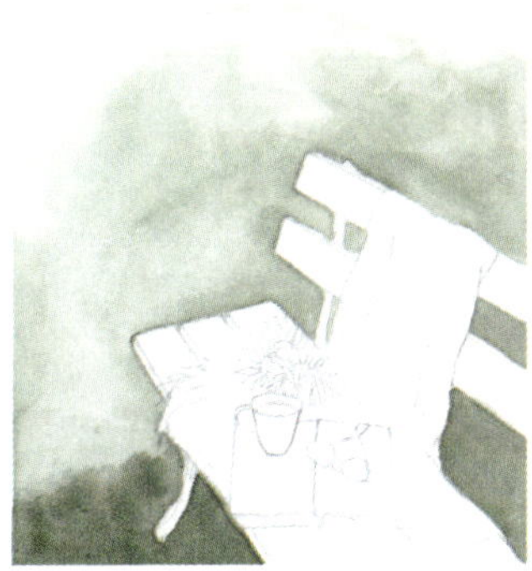

2. Die Grundierung fokussiert sich in diesem Projekt nur auf den Hintergrund. Versuche, dabei mehr Pigment unten im Bild zu platzieren und nach oben hin mehr Wasser hinzuzugeben und die Farbe diffus auslaufen zu lassen.

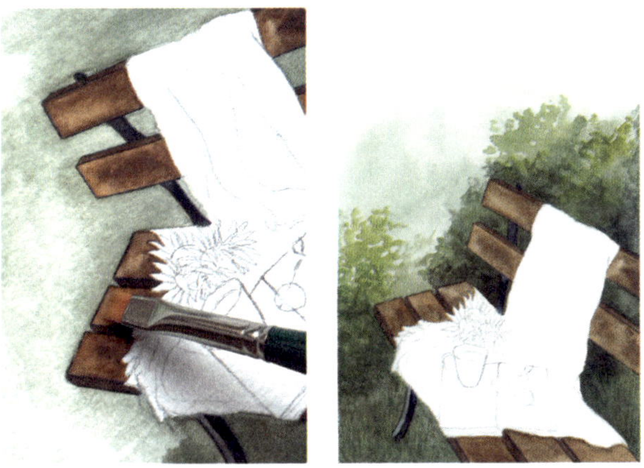

3. Bei der Bank ist direkt Detailarbeit gefragt. Mit einem Flachpinsel kannst du die breiten Holzlatten ausmalen. Wenn du den Flachpinsel schräg hältst, kannst du mit der schmalen Kante die dunkleren, schattigeren Flächen ordentlich und gerade ziehen. Wenn alles getrocknet ist, empfehle ich, mit einem Fineliner die Konturen der Bank nachzuziehen. Somit setzt sie sich klar vom Hintergrund ab.

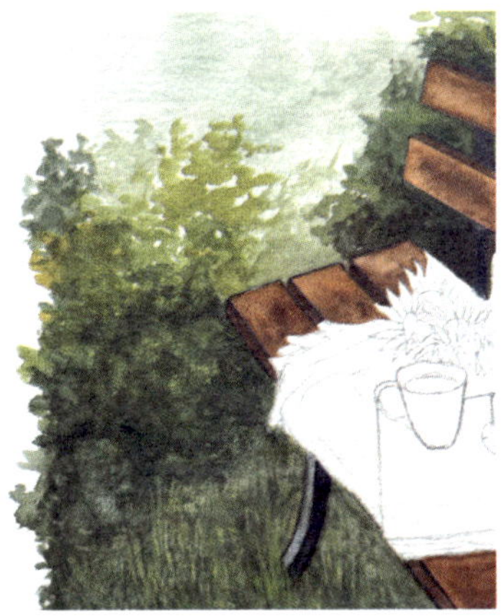

4. Als Nächstes widmen wir uns den Büschen im Hintergrund. Wende dazu die Tupftechnik an. Beginne mit den Büschen im Hintergrund und mische dazu einen höheren Wasseranteil in deine Farbe. Je weiter die Büsche in den Vordergrund kommen, desto intensiver wird der Farbauftrag. Verwende für die Wiese die schmale Kante des Flachpinsels und ergänze mit einem trockenen Farbauftrag kleine Grashalme.

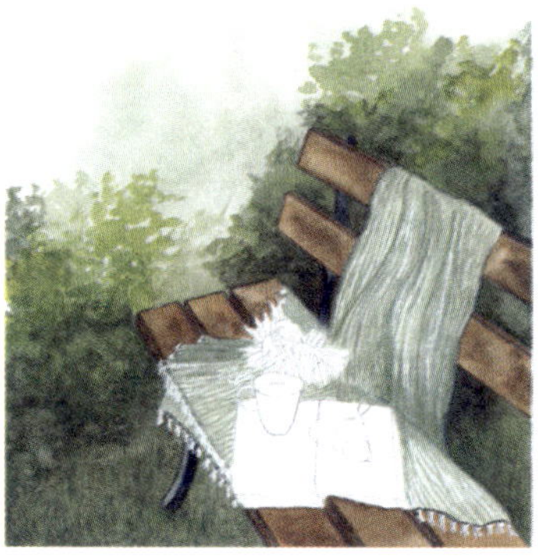

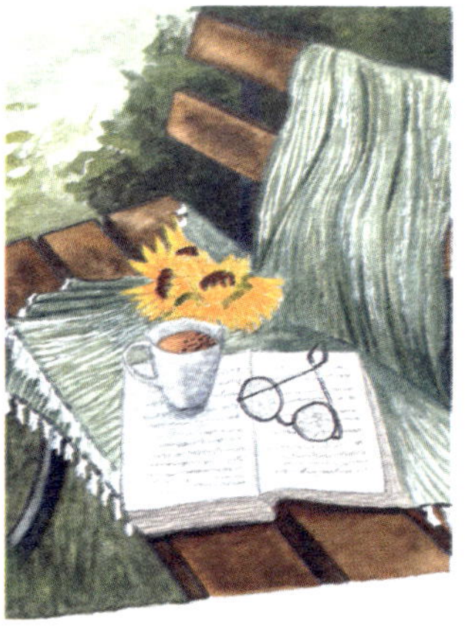

5. Die Decke erhält als erste Farbschicht eine leichte Grünfärbung. Damit sich das Grün von dem des Hintergrunds abhebt, mische etwas Deckweiß dazu. Wenn die erste Farbschicht trocken ist, kannst du mit einem Minipinsel oder Flachpinsel schmale grüne Steifen auf der Decke ergänzen. Achte darauf, dass die Linien in ihrer Linienführung und Breite etwas variieren. Mit einem Gelstift lassen sich noch kleine Quasten am Deckenende ergänzen.

6. Im letzten Schritt bekommen die Gegenstände auf der Decke ihre Farbe. Die Umrisse von Buch und Tasse kannst du mit einem Bleistift nachziehen und anschließend die im Schatten liegenden Bereich mit einem leichten Grauton einfärben. Für die Brille kannst du einfach einen Fineliner nutzen. Tipps zum Malen von Blumen findest du auf den Seiten 80 und 81.

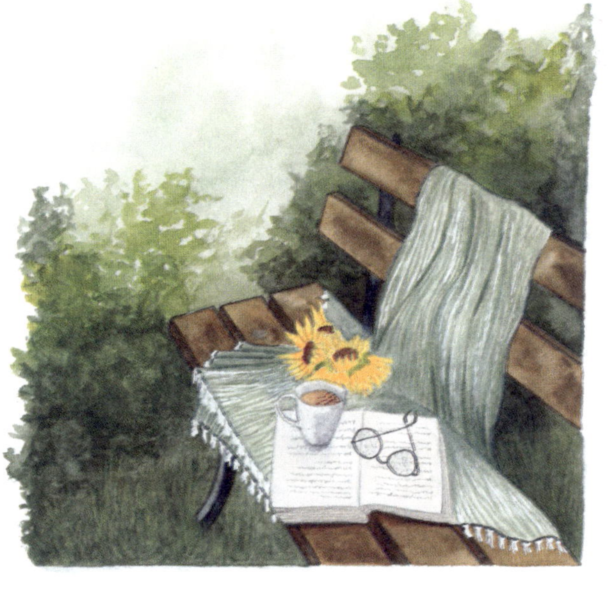

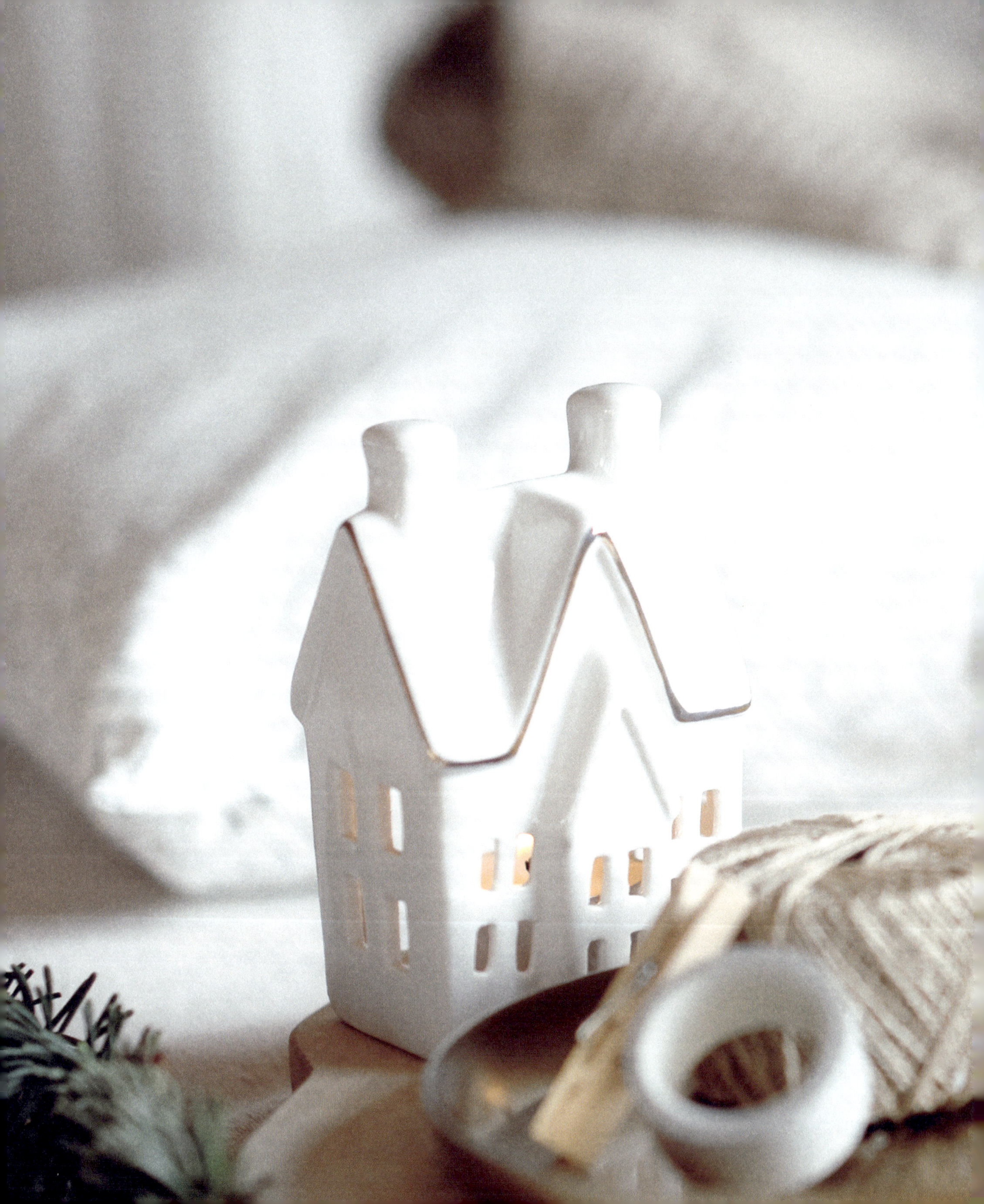

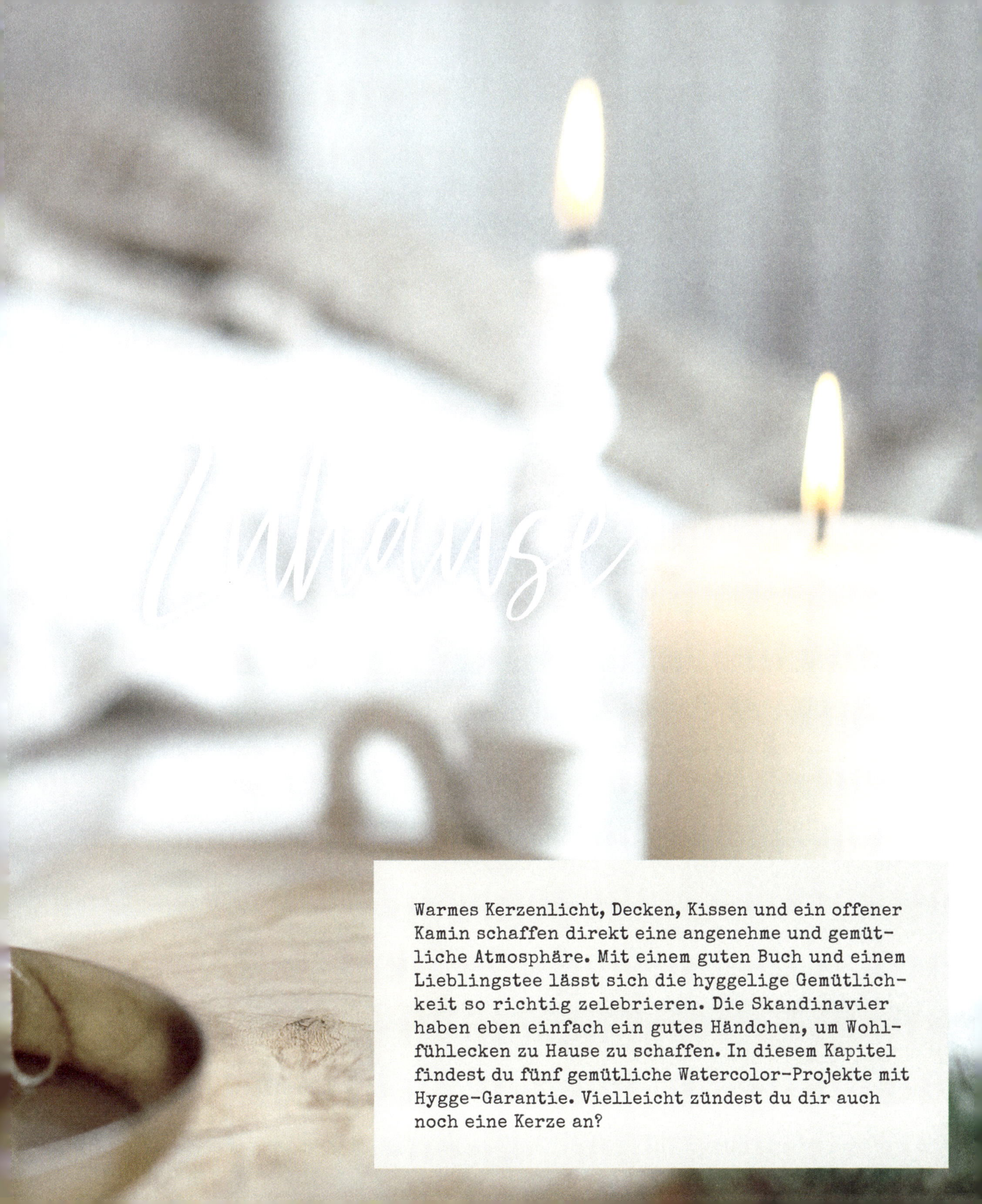

Zuhause

Warmes Kerzenlicht, Decken, Kissen und ein offener Kamin schaffen direkt eine angenehme und gemütliche Atmosphäre. Mit einem guten Buch und einem Lieblingstee lässt sich die hyggelige Gemütlichkeit so richtig zelebrieren. Die Skandinavier haben eben einfach ein gutes Händchen, um Wohlfühlecken zu Hause zu schaffen. In diesem Kapitel findest du fünf gemütliche Watercolor-Projekte mit Hygge-Garantie. Vielleicht zündest du dir auch noch eine Kerze an?

FOKUSTHEMA:

Texturen malen

Auf die Frage, wie Bilder ein bestimmtes Gefühl erzeugen können, gibt es einen einfachen Trick: den Gegenständen Texturen geben. Unterschiedliche Muster und Strukturen sind bei genauem Blick überall anzutreffen: in der Natur, bei Tieren, bei Häuschen oder auf verschiedenen Gegenständen. Texturen geben Watercolorzeichnungen mehr Struktur und lassen sie spannender wirken, als wenn Flächen einfach nur gleichmäßig koloriert werden. Sie erinnern uns an echte Gegenstände und lassen Bilder damit z. B. natürlicher oder gemütlicher wirken.

GRUNDLAGEN

Bevor wir uns in diesem Fokuskapitel vier Texturarten genauer ansehen, widmen wir uns noch mal den Grundlagen. Bei Texturen wird es oftmals sehr fein und kleinteilig. Daher hilft es immer wieder, mit Pinselübungen das Pinselgeschick zu trainieren. Mit unterschiedlicher Haltung und Intensität lassen sich unterschiedliche Effekte erzielen. Versuche, verschiedene Muster mit einem feinen Pinsel auf ein Übungspapier zu malen.

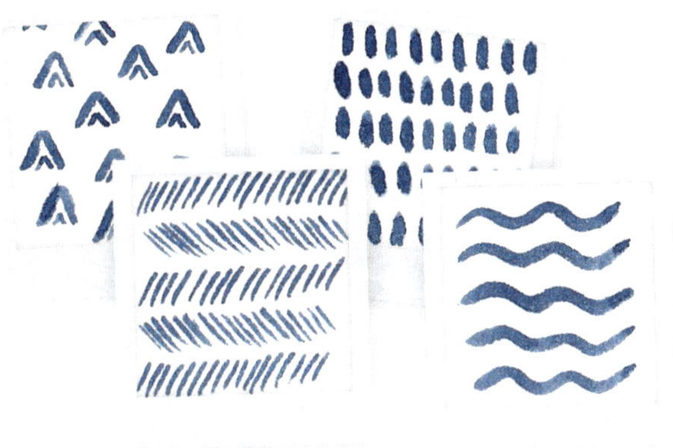

WOLLTEXTUR

Gemütlichkeit gehört zu den Grundpfeilern der Skandinavier. Daher sind Wolltexturen nicht wegzudenken bei hyggeligen Watercolor-Bildern. Versuche also, Decken, Socken oder Pullis neben der Kolorierung noch ein bestimmtes Muster zu verpassen.

Übung 1

Die einfachste Variante funktioniert über die Tupftechnik. Skizziere dir eine gefaltete Decke und tupfe mit der Spitze eines kleinen Rundpinsels immer wieder eine Reihe. Achte darauf, dass die Tupfen eng genug sind, aber nach oben und unten hin nicht ineinander verlaufen.

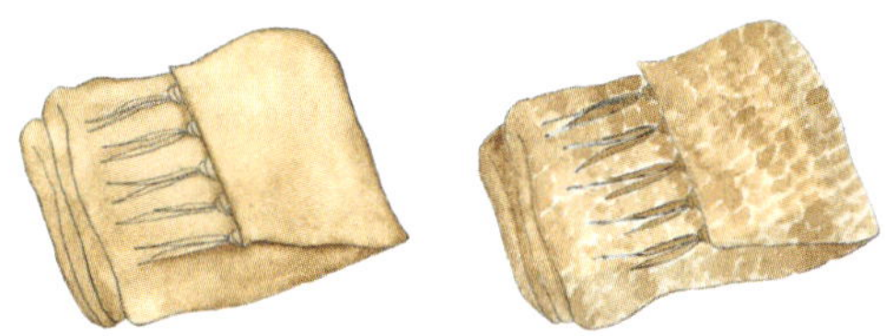

Übung 2

Anspruchsvoller wird es, wenn du dich an einem Zopfmuster probieren möchtest. Skizziere dir davor mit einem Bleistift, wie die Zöpfe ineinanderlaufen, und arbeite dich dann mit kleinen V-Schwüngen vor.

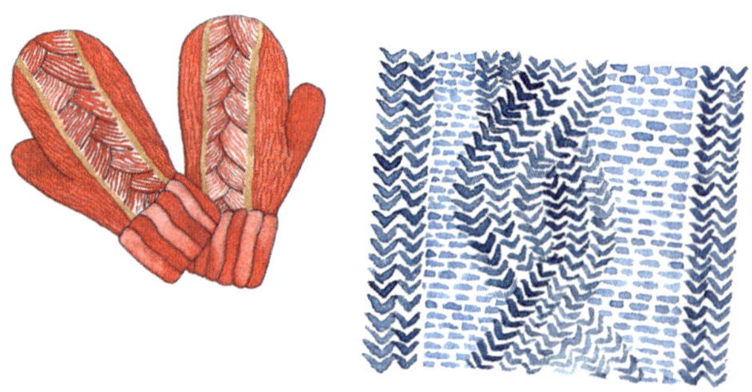

FLECHTTEXTUREN

Um ein Geflecht im Watercolor-Stil zu imitieren, gehen wir ähnlich vor wie bei der Wolltextur. Bei dem Muster des Geflechts kannst du deiner Kreativität freien Lauf lassen und dein*e eigene*r Designer*in sein. Ich zeige dir hier zwei Beispiele.

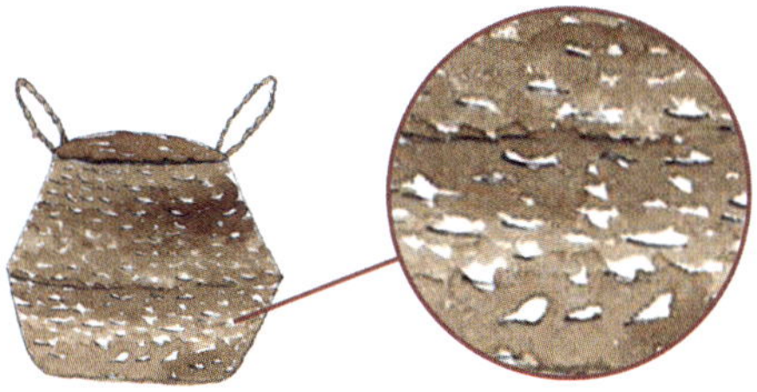

TIPP

Muster und Texturen kannst du auch mit einem Fineliner oder Buntstift ergänzen. Das geht manchmal deutlich einfacher, weil wir es gewohnt sind, Stifte in der Hand zu halten, und demnach mit ihnen bei kleinteiligen Strukturen genauer arbeiten können.

ZIEGEL

Richtig hygge wird es erst mit einem offenen Kamin. Dieser ist meist aus Ziegelsteinen gebaut und lässt sich mit einem Watercolor-Trick ganz einfach aufs Papier bringen. Wähle einen kleinen Flachpinsel, denn dieser hat automatisch die richtige Ziegelbreite.

<u>Übung</u>

Skizziere den Umriss eines Kamins und befülle ihn mit Ziegelsteinen. Achte dabei darauf, genügend Abstand zwischen den Steinen zu halten und die Steine immer versetzt aufzumalen. Zuletzt kannst du noch bei einigen Steinen einen kleinen Schatten unterhalb ergänzen.

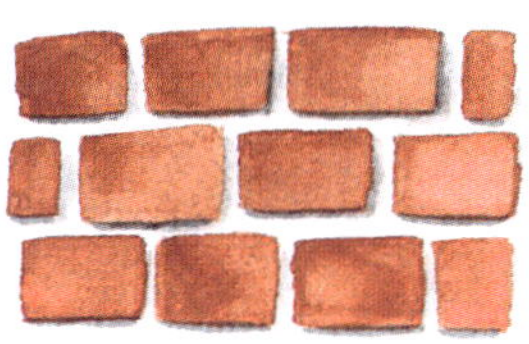

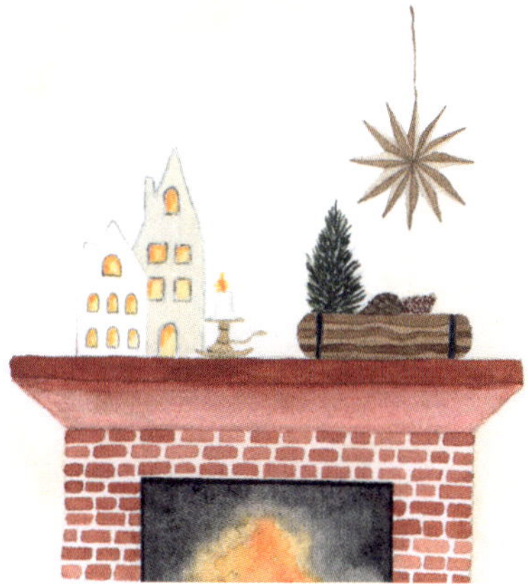

FELL

Man könnte wahrscheinlich ein ganzes Buch über das Zeichnen von Fell füllen. Aber wenn man ein paar Tipps beachtet, lässt sich schnell und einfach eine erste Fellstruktur erzielen.

TIPP 1

Natürlich ist Fell etwas super Individuelles und in seiner Dichte, Länge und Farbe abhängig vom jeweiligen Tier. Hole dir daher immer ein Referenzfoto heran. Das hilft, die Highlight- und Schattenstellen zu identifizieren.

TIPP 2

Grundiere die hellen und dunkleren Bereiche vorab. So verzettelst du dich nicht beim Malen der einzelnen Fellelemente.

TIPP 3

Lege zu Beginn die Wuchsrichtung des Felles fest und bleibe bei dieser Richtung.

TIPP 4

Mit der Trockentechnik ergänze ich anschließend immer noch einzelne Haare, damit es natürlicher wirkt. Dafür greife ich gern auch zu einem weißen Gelstift und ziehe feine Striche.

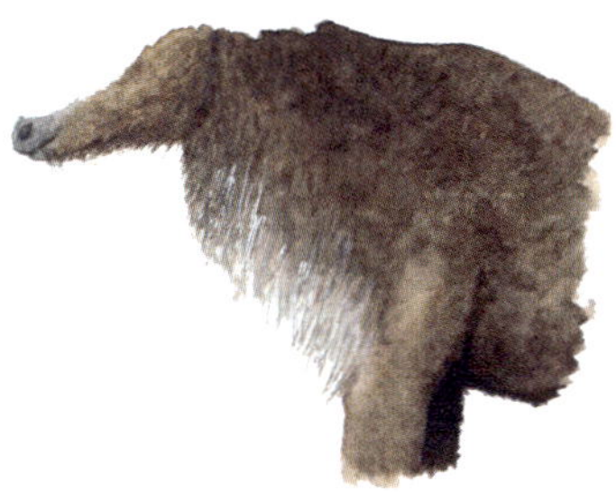

Skandi Home

Zeit für nordische Gemütlichkeit! Die Liebe zur Natur lässt sich auch im Interior-Stil der Skandinavier wiederfinden. Naturmaterialien und helles Massivholz bestimmen den Nordic Look und machen die eigenen vier Wände hell, freundlich und gemütlich. Alle, die Lust auf ein Room-Make-over haben, können damit mit diesem Projekt schon mal auf dem Papier starten.

MATERIAL

- Aquarellpapier matt
- Rundpinsel Nr. 2 zum Kolorieren
- Minipinsel für Details
- schwarzer Fineliner für Konturen

FARBPALETTE

Alle Motive für dieses Projekt wurden mit Brush Pens von Tombow gemalt.

Nr. 899
Sessel, Pflanze, Kissen

Nr. 947
Sessel, Vase

Nr. 942
Sessel

Nr. 910
Vase

Nr. 249
Pflanze

Nr. 228
Pflanze

Nr. N65
Kissen

Nr. 835
Kissen

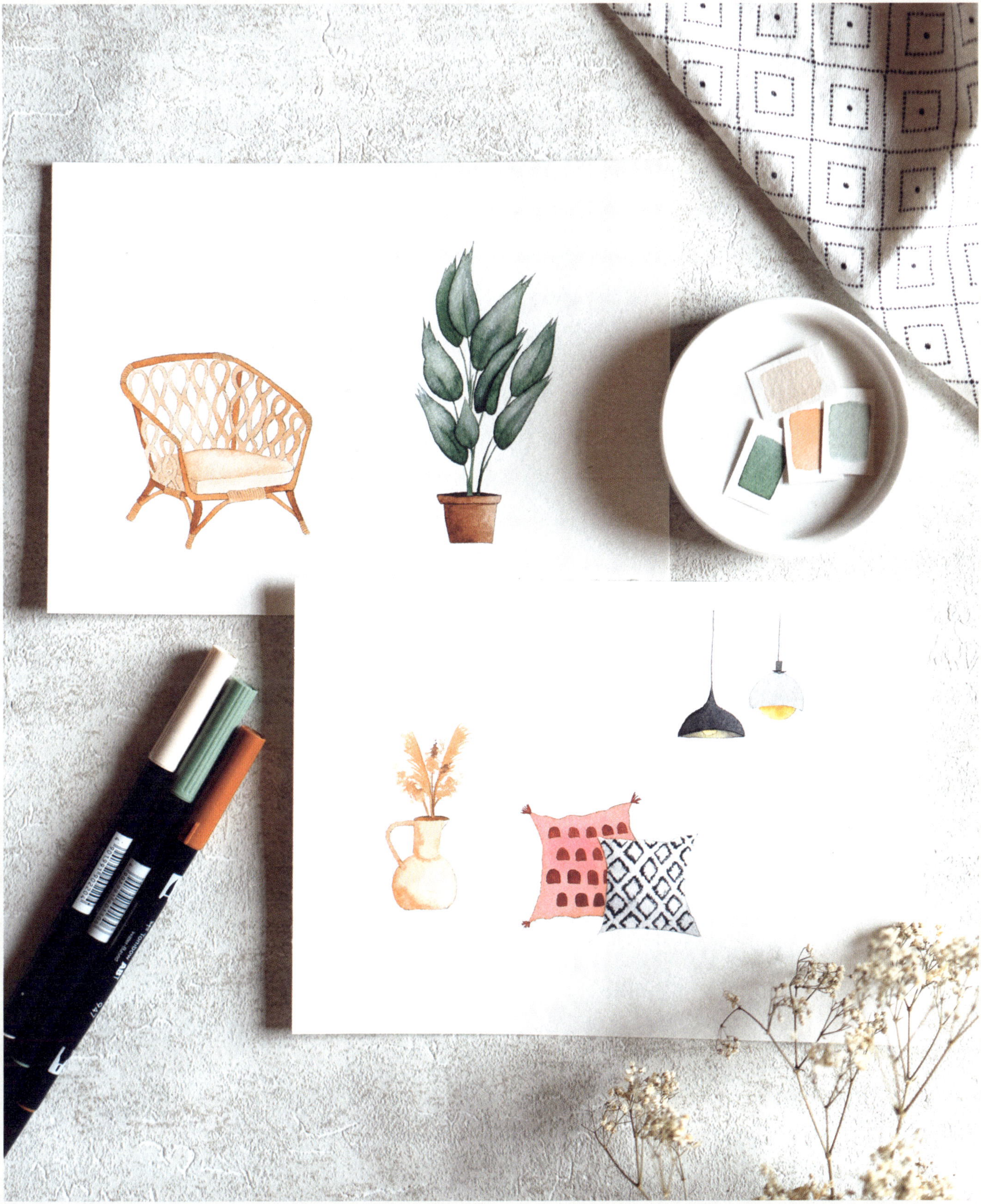

So geht's

RATTANSESSEL

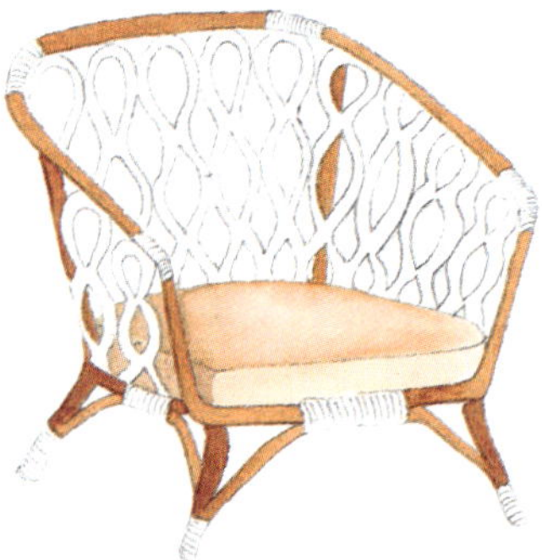

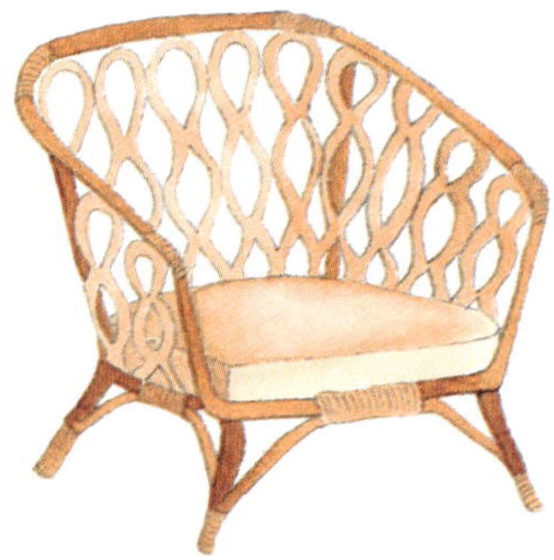

1. Im ersten Schritt erhält der Rahmen des Sessels einen dunkleren Braunton. Das Sitzkissen kannst du in einem Beigeton kolorieren.

2. In einem ähnlich hellen Farbton kannst du anschließend das Rattangeflecht ausmalen. Um dem Motiv eine klare Kontur zu geben, ziehe die Außenlinien mit einem Fineliner nach.

PFLANZE

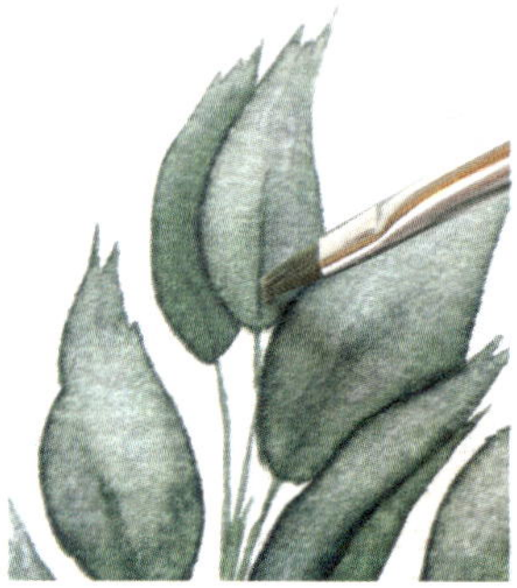

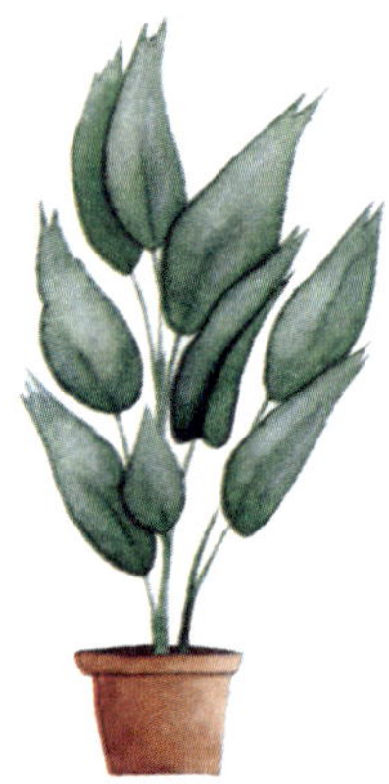

1. Beim Kolorieren des Topfes kannst du auf einer Seite mehr Pigment verteilen, um einen Schatteneffekt zu erzielen.

2. In den einzelnen Blättern sollte immer ein kleiner Farbverlauf im Grünton eingebaut werden. Die Blattadern können mithilfe der Kante eines Flachpinsels ergänzt werden. Anschließend kannst du noch die Stiele hinzufügen.

VASE

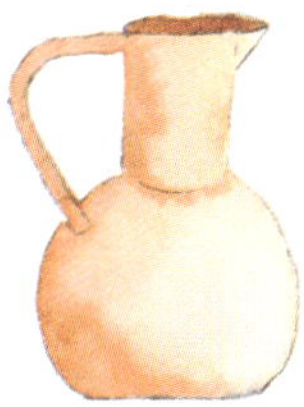

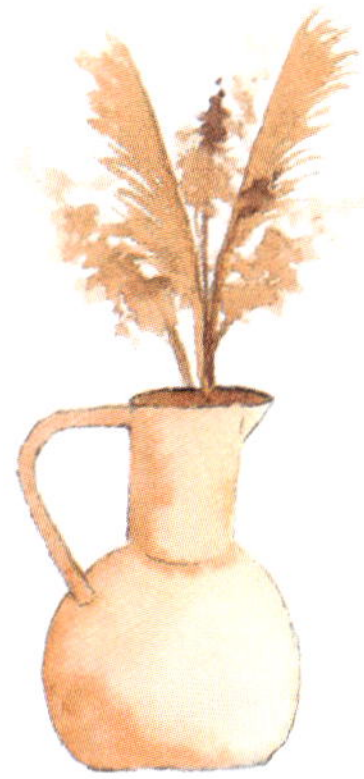

1. Koloriere die Fläche der Vase. Die Vase wirkt realistischer, wenn Schatten ergänzt werden. Nimm dazu mehr Pigment auf und tupfe es an die entsprechenden Stellen.

2. Jetzt kommt noch die Deko in die Vase. Farne können mit einem hellen und dunkleren Braunton gemalt werden. Unterschiedliche Pinseltechniken (z. B. Tupftechnik) ergeben dabei verschiedene Strukturen.

KISSEN

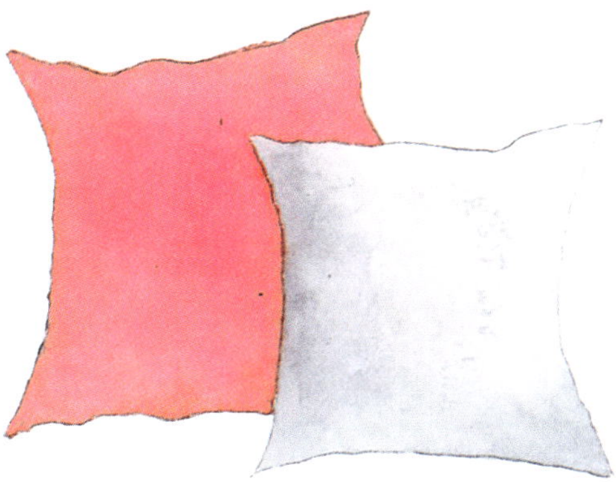

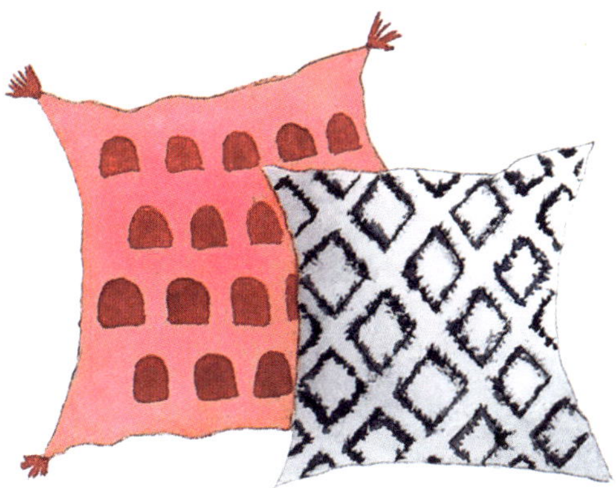

1. Koloriere die Kissen im ersten Schritt flächig, um ihnen eine farbliche Grundlage für weitere Farbaufträge zu geben.

2. Sobald die Basis getrocknet ist, kannst du mit einem Minipinsel verschiedene Muster ergänzen. Wichtig ist hier, nicht zu viel Wasser auf dem Pinsel zu haben, um den Farbauftrag besser kontrollieren zu können.

Norwegerpulli

Insbesondere in den kalten Monaten lieben die Skandinavier*innen dicke, kuschelige Pullover für ein gemütliches Hygge-Gefühl. Traditionell werden dabei mehrfarbige grafische Muster mit Zickzacklinien eingestrickt. Wie du solche Muster auf deine Watercolor-Norwegerpullis bekommst, lernst du in diesem Projekt. Viel Spaß mit meiner kreativen Strickanleitung.

FARBPALETTE

- **Bergblau (480)**
- **Indigo (485)**
- **Titandeckweiß (101)** zum Mischen von deckenden Farben
- **Perylengrün (784)**
- **Umbra natur (677)**
- **Kadmiumrot dunkel (350)**

MATERIAL

- Aquarellpapier matt
- Rundpinsel Nr. 6 zum Kolorieren der Grundfarbe
- kleiner Flachpinsel oder Minipinsel für die Muster
- Filzstift für kleine Muster
- weißer Gelstift für Muster

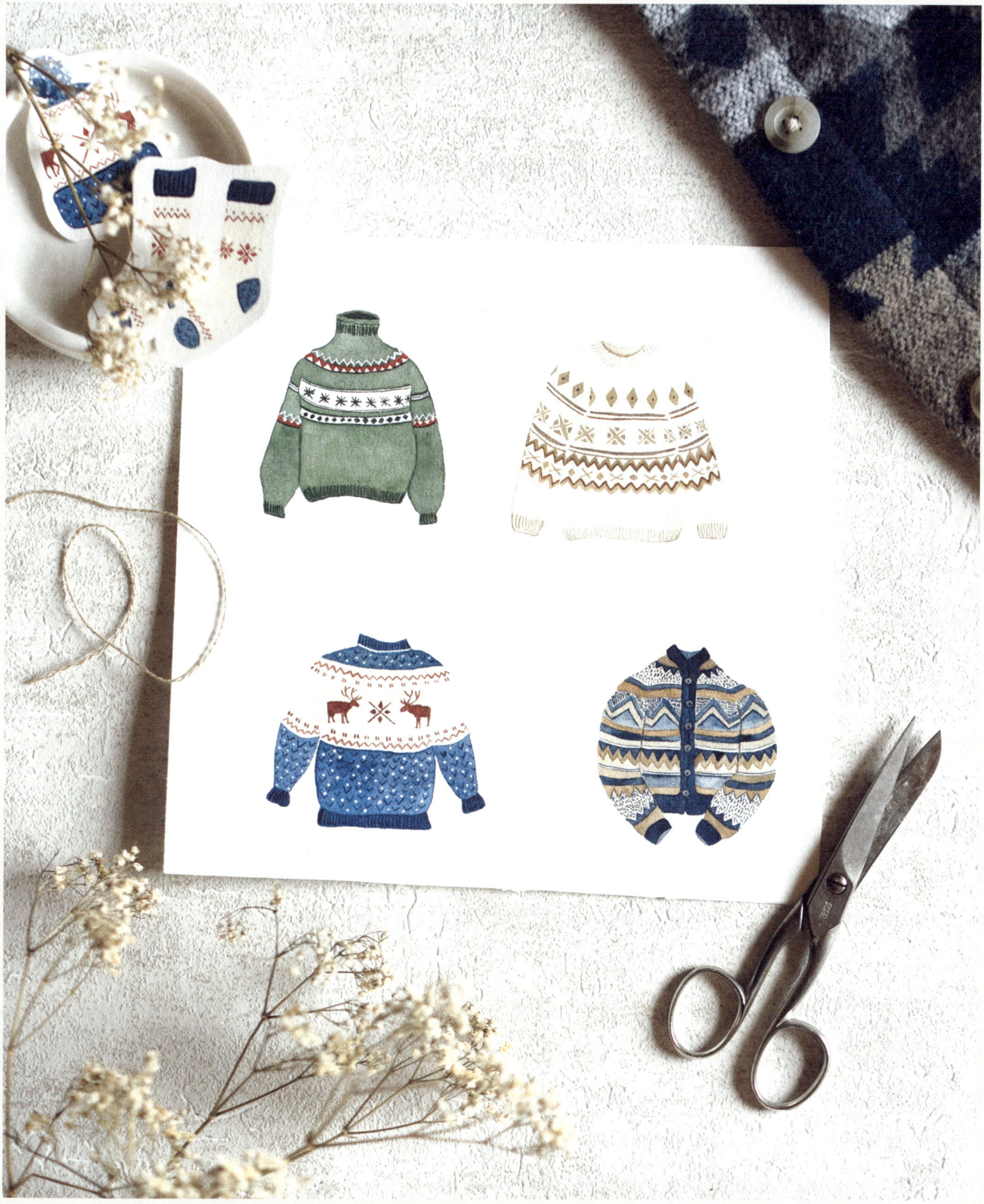

So geht's

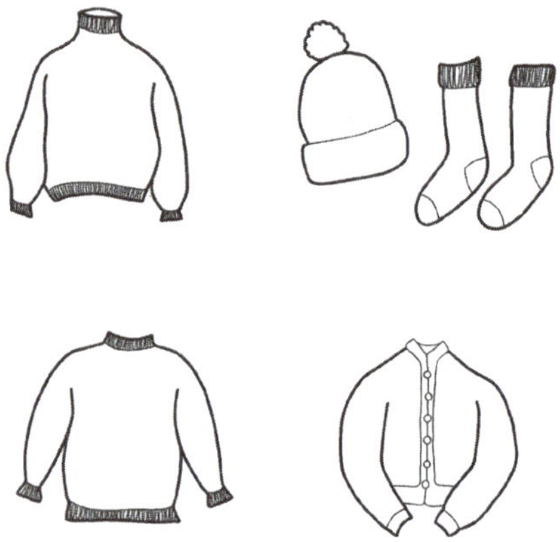

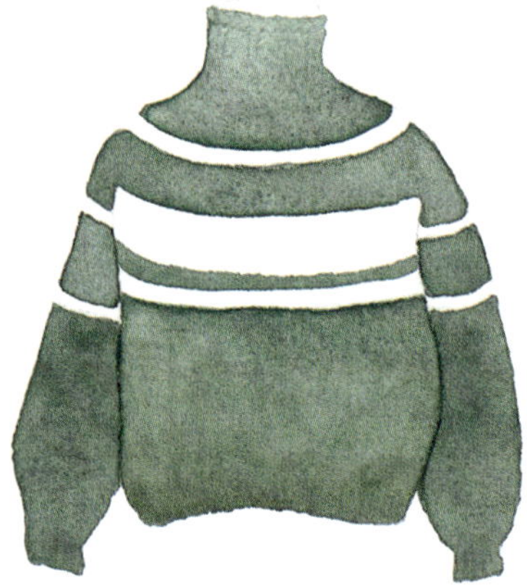

1. In der Skizze werden nur die Umrisse festgelegt. Die Muster erfolgen dann direkt im Schritt der Kolorierung. Bei der Art der Oberteile kannst du variieren mit Rollkragen, Rundhalsausschnitt, einer Strickjacke mit Knöpfen oder verschiedenen Bündchen.

2. Im nächsten Schritt werden die Pullis in einer Grundfarbe grundiert. Beachte, dass du bei einer dunklen Grundfarbe das Muster später ggf. mit einem weißen Gelstift ergänzen musst. Bei einer beigen Grundfarbe bist du noch flexibler, was die Gestaltung des Musters angeht. Statt den ganzen Pullover zu grundieren, kannst du auch bestimmte Flächen noch weiß lassen und später mit einem Muster ausfüllen.

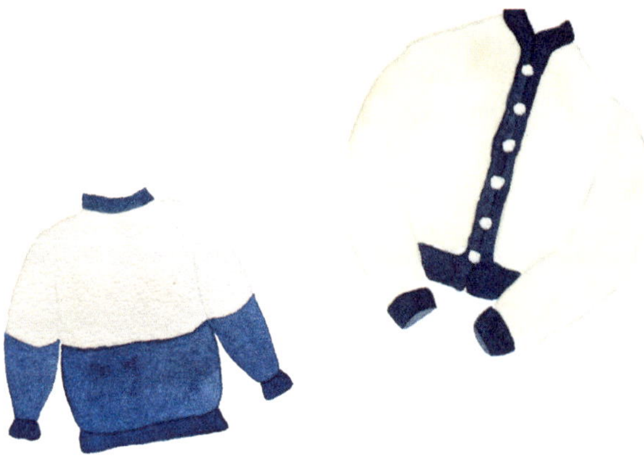

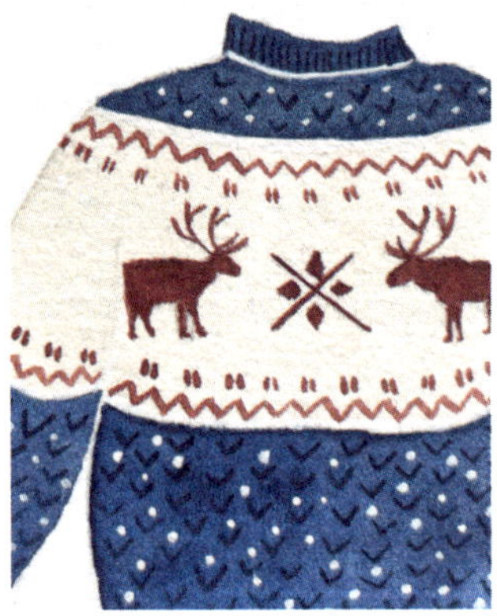

3. Zeit für bunte Wolle! Wenn die Grundierung trocken ist, können Farbblöcke ergänzt werden, wenn z. B. bestimmte Teile eines Pullis mit bunter Wolle gestrickt sein sollen. Achte darauf, die Ärmel separat zu kolorieren, damit sie nicht mit dem Körper verlaufen. Wenn du eine Strickjacke malen möchtest, male in diesem Schritt schon mal die Knopfleiste.

4. Jetzt kommt der beste Part: ganz viele bunte Muster! Dabei sind deiner Kreativität keine Grenzen gesetzt. Mögliche Elemente könnten z. B. Rauten, Zickzackreihen, Sternflocken, Rentiere, Punkte oder dicke und dünne Linien sein. Die Pullis bekommen einen einheitlicheren Look, wenn sich Elemente und Farben wiederholen. Wenn es dir schwerfällt, kleine Muster mit dem Pinsel zu malen, kannst du auch zu Filzstiften oder Buntstiften greifen.

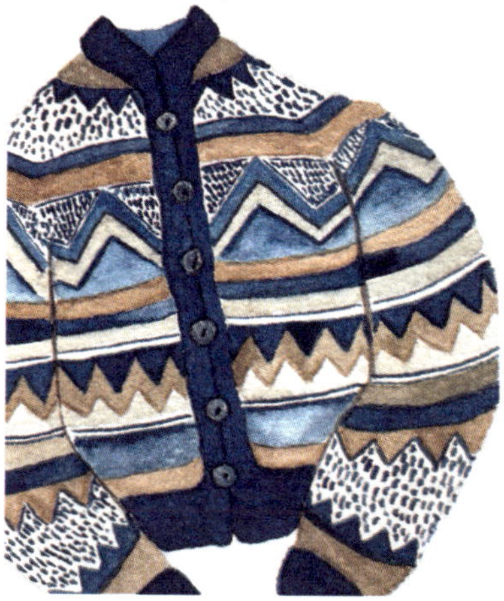

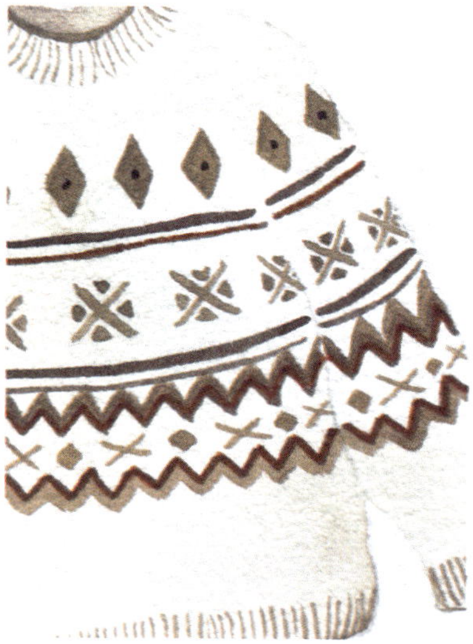

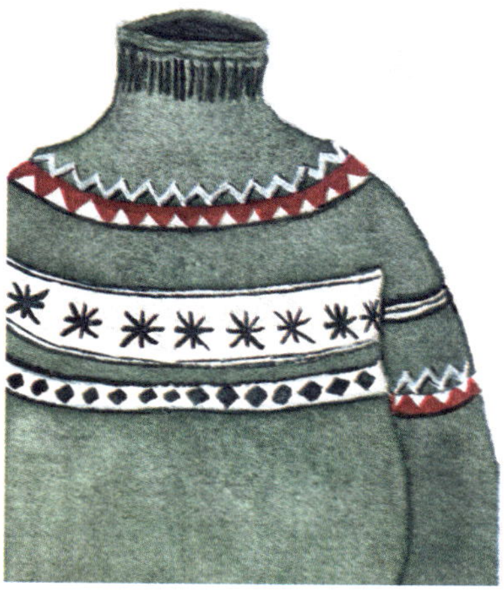

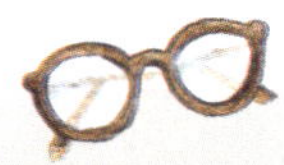

TIPP

Natürlich lassen sich auch Strickmützen oder Kuschelsocken gestalten. Stay warm & cozy!

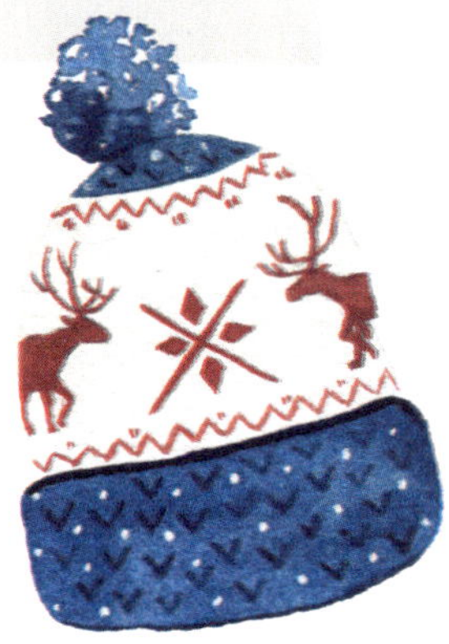

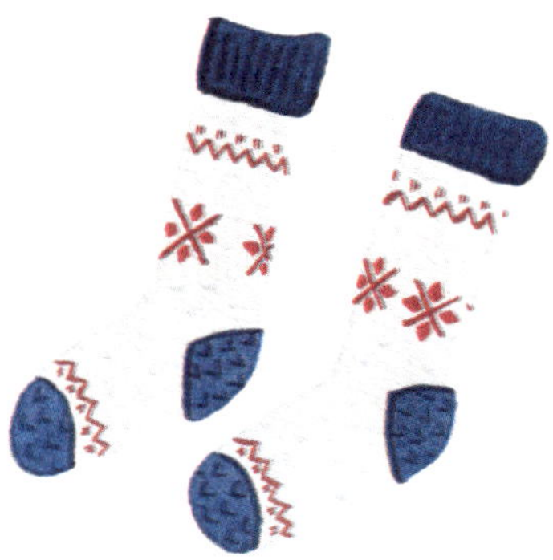

Christbaumschmuck

Wie wäre es dieses Jahr mit selbst gemaltem Christbaumschmuck? In diesem Projekt zeige ich dir Step by Step, wie du diese mit Watercolor gestalten und deine Liebsten damit an Weihnachten überraschen kannst. Die Anhänger eignen sich auch als Schmuck für deinen Baum oder einen weihnachtlichen Strauß.

FARBPALETTE

- **Kadmiumrot dunkel (350)**
- **Indigo (485)**
- **Bergblau (480)**
- **Neapelgelb (229)**
- **Titandeckweiß (101)** zum Mischen von deckenden Farben
- **Gold (893)** für die Anhänger

MATERIAL

- Aquarellpapier matt
- Rundpinsel Nr. 2 zum Kolorieren der Grundfarbe
- Minipinsel für die Muster
- weißer Gelstift für die Muster

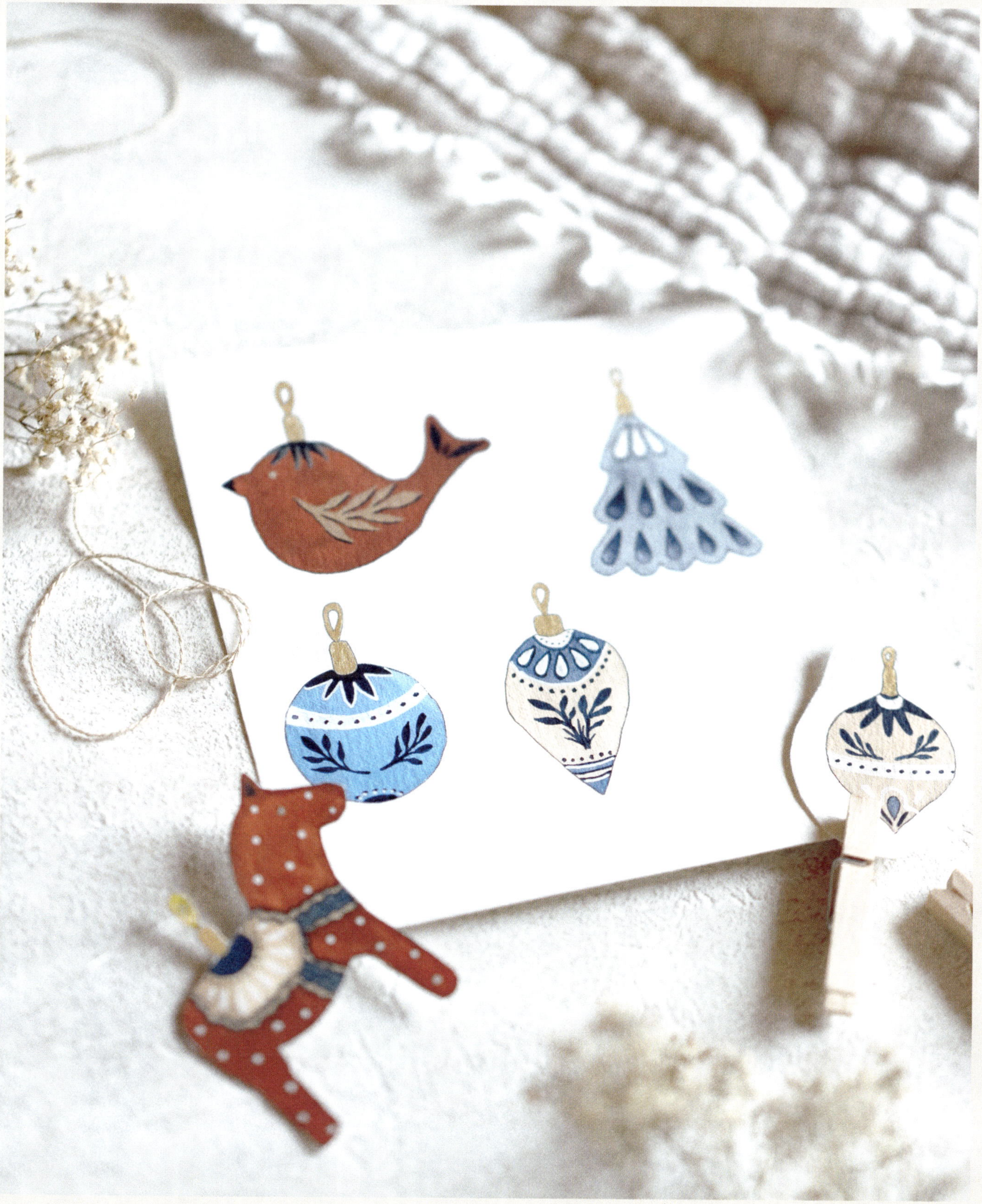

So geht's

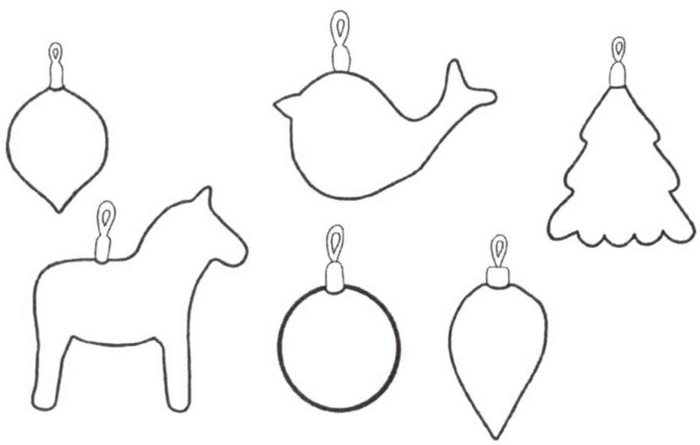

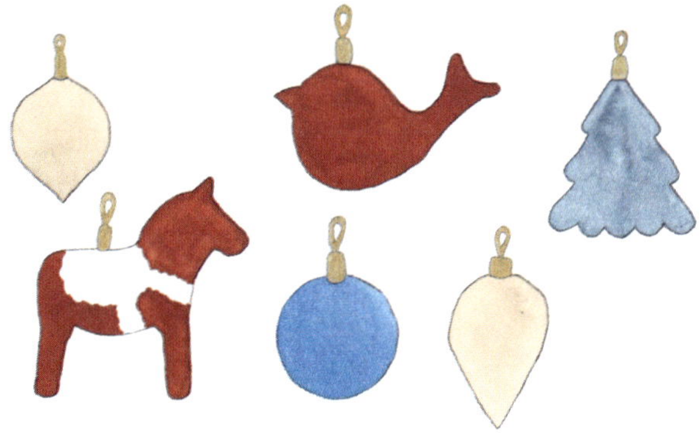

1. Sind die Grundformen skizziert, können diese koloriert werden. Mit der Hinzugabe von mehr Wasser können Verläufe oder hellere Töne erzielt werden. Mit der Hinzugabe von Titandeckweiß können Farben pastelliger oder deckender gemischt werden.

Skizze

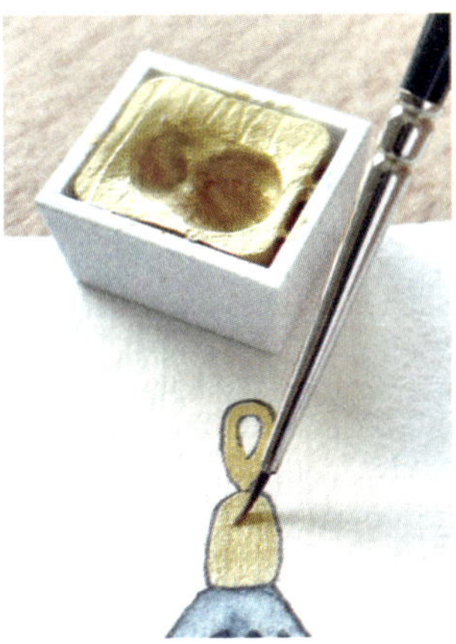

2. Während die Grundierung trocknet, kannst du die Anhänger erst mit Fineliner konturieren und danach ausmalen. Die Verwendung von Goldfarbe ist dafür ein toller Effekt. Alternativ funktionieren natürlich auch andere Farben.

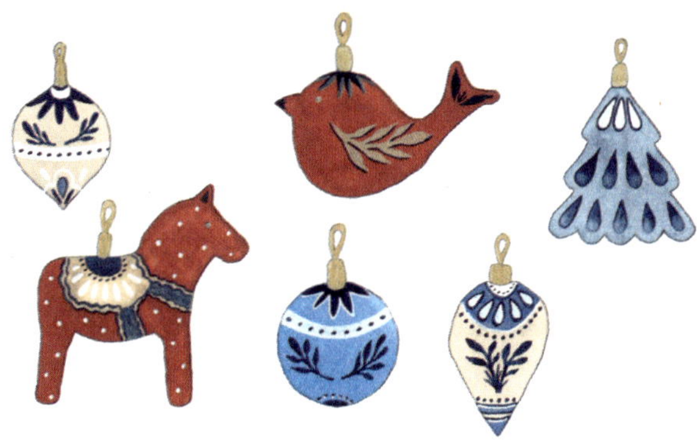

3. Jetzt können die einzelnen Figuren mit Mustern verziert werden. Dies können z. B. Punkte, Tropfen, Zweige oder Rauten sein. Mit dem Mischen von Titandeckweiß kann auch hier wieder ein deckender Ton erzielt werden.

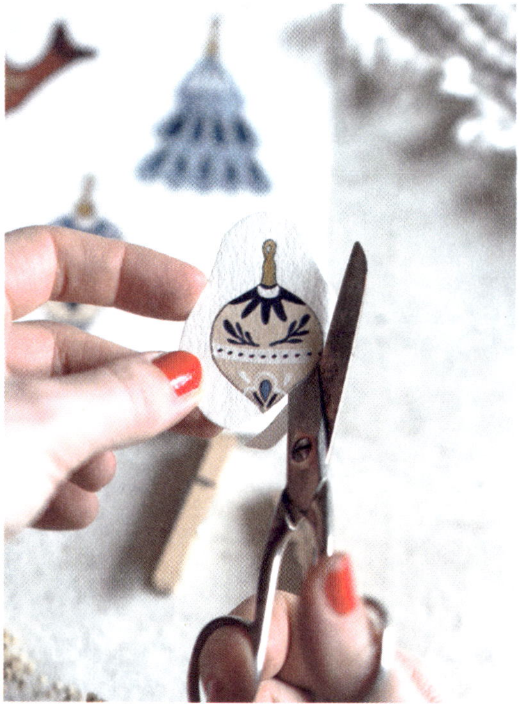

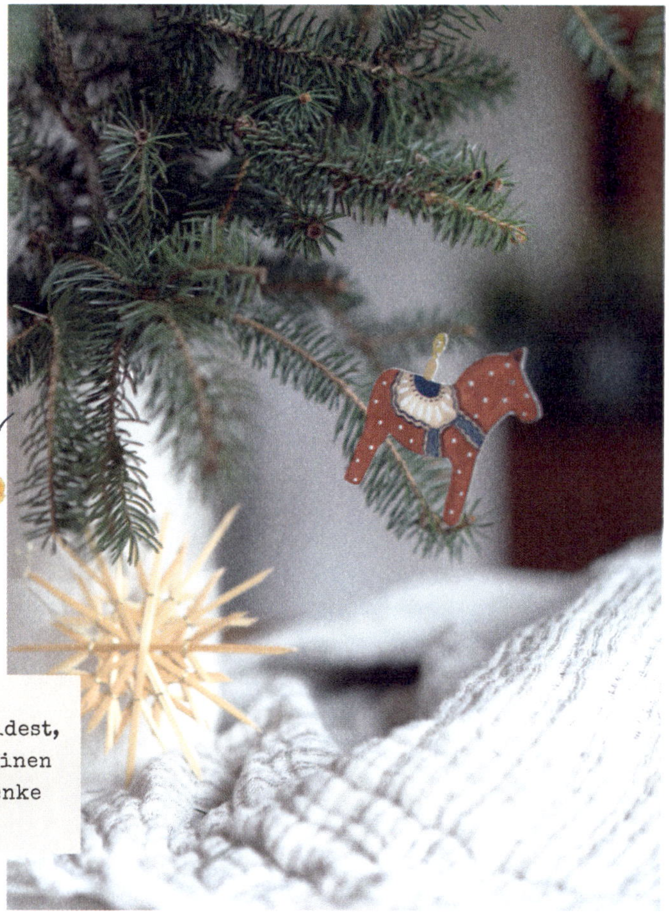

DIY-TIPP

Wenn du die Anhänger nun ausschneidest, kannst du sie als Dekoration für deinen Christbaum nutzen oder auch Geschenke damit verschönern.

Geschenke

Die größte Freude ist es doch, seinen Liebsten ein Lächeln ins Gesicht zu zaubern. Vielleicht ja dieses Jahr mit einer selbst gemalten Weihnachtskarte? In diesem Projekt lernst du, wie du Watercolor-Geschenke ganz einfach zu Papier bringst – ein super Motiv für die nächste weihnachtliche Geschenkkarte.

FARBPALETTE

Perylengrün (784)

Englisch-Venezianisch Rot (649)

Umbra natur (677)

Gold (893)

MATERIAL

- Aquarellpapier matt
- Flachpinsel zum Kolorieren der Grundfarbe
- Minipinsel für die Schleife
- Filzstift für kleine Muster und Verzierungen
- weißer Gelstift für Highlights

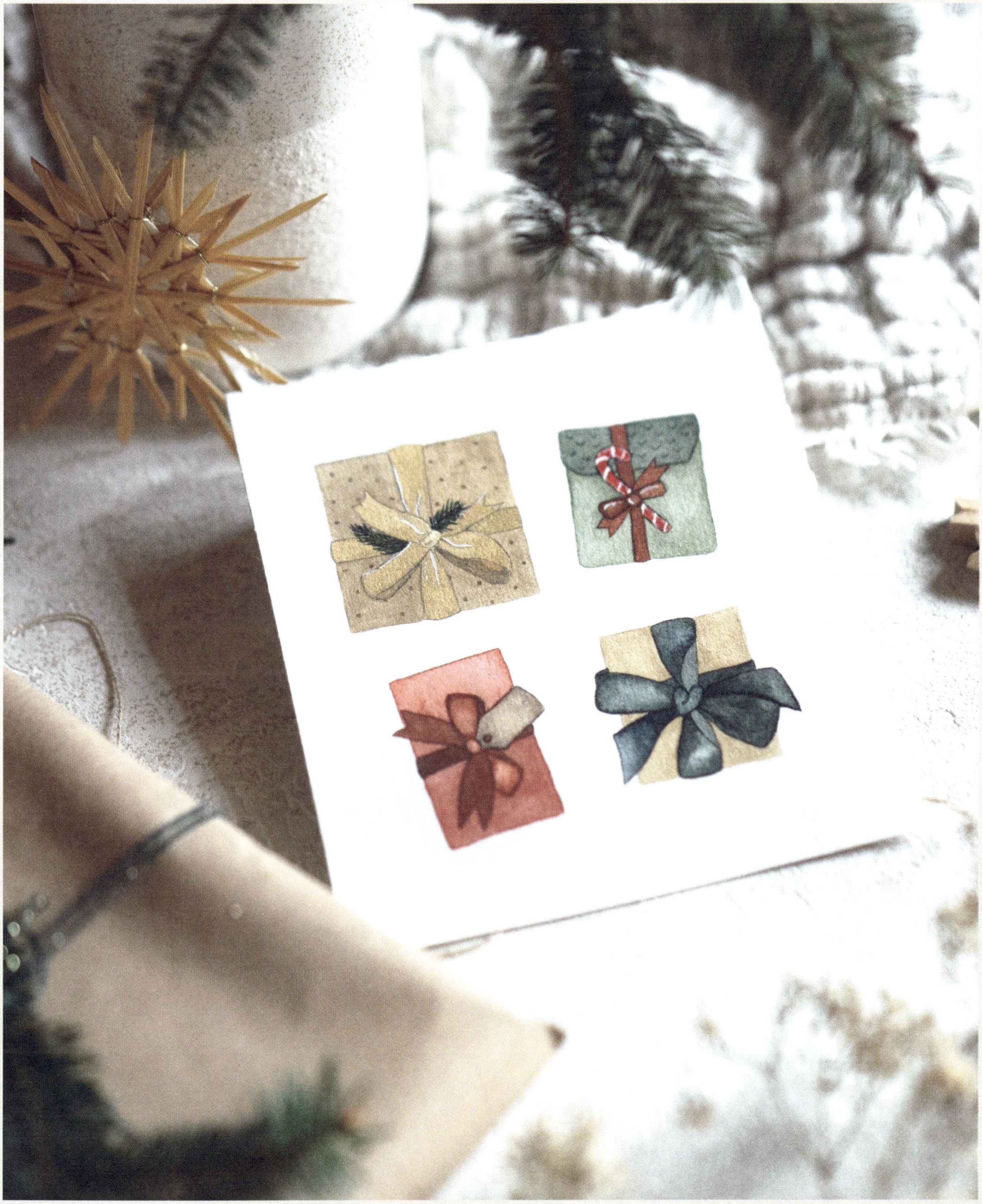

So geht's

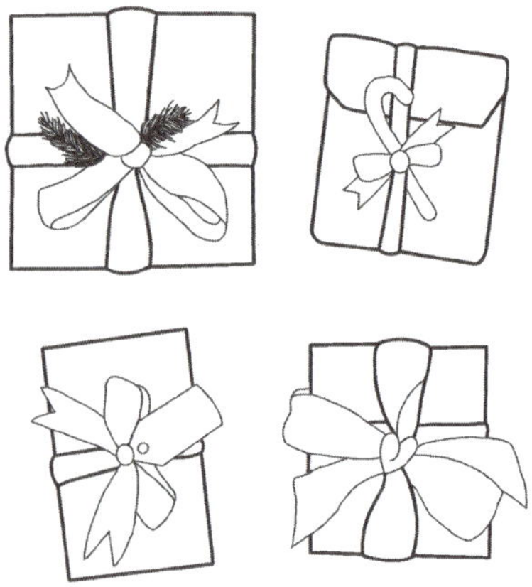

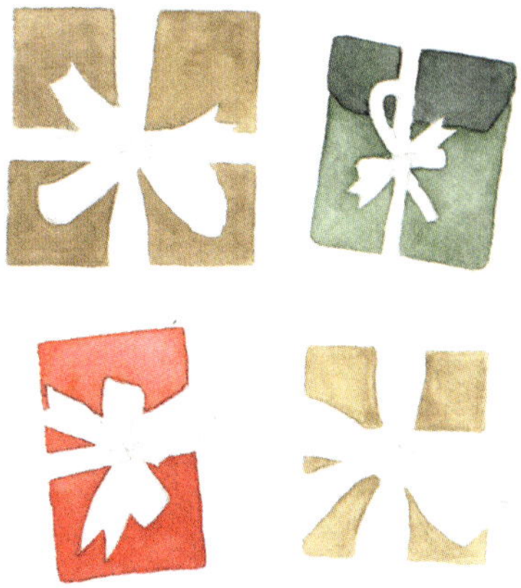

1. Am einfachsten ist es, die Geschenke in der Vogelperspektive zu malen. Um Variation in deine Geschenke zu bekommen, wechsle bei der Vorzeichnung mit verschiedenen Formen, wie Quadraten, Rechtecken oder Tüten, ab. Wenn du Schleifen ergänzen möchtest, skizziere sie in diesem Schritt direkt.

2. Im nächsten Schritt werden die Grundformen der Pakete grundiert. Meine Pinselempfehlung hierfür ist ein Flachpinsel, da mit seiner geraden Kante klare Linien gezogen werden können. Wenn das Geschenk eine Schleife erhält, versuche, das Pigment eher Richtung Schleife zu setzen, da dies meist ein schattiger Bereich ist.

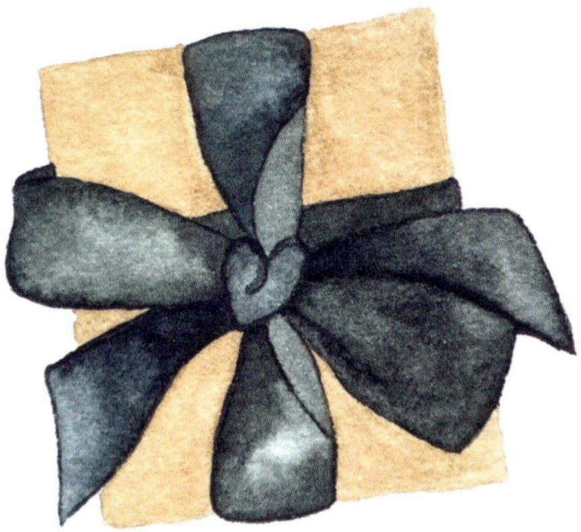

TIPP

Probiere doch mal goldene Aquarellfarbe für eine Schleife aus. Diese gibt dem Motiv einen tollen Glitzereffekt.

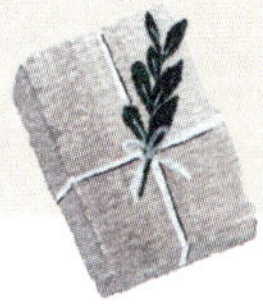

3. Bei der Kolorierung von Schleifen ist es wichtig, jedes Schleifenelement einzeln auszumalen. Mache dir im Vorfeld kurz bewusst, welche Teile untereinander liegen. Daraus ergeben sich Schatten- und Lichtpunkte. Bleibe dabei aber in einer Farbe und spiele nur mit dem Tonwert. Natürlich lassen sich auch Bänder um die Geschenke malen. Diese sind etwas einfacher umzusetzen.

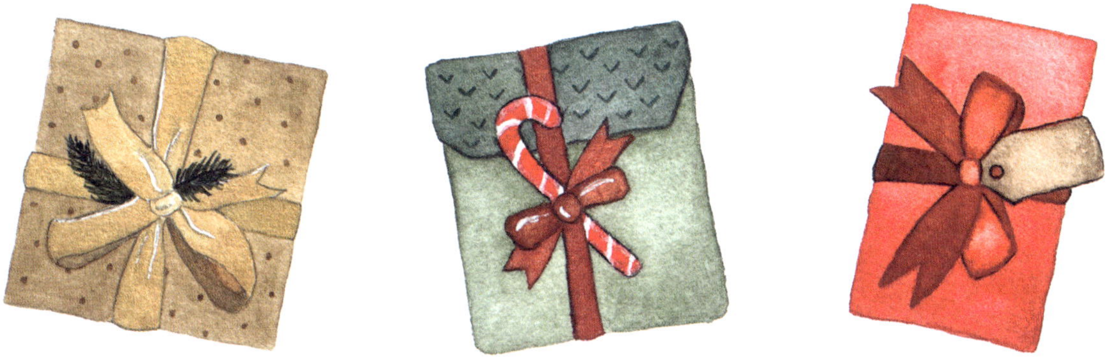

4. Jetzt fehlen nur noch die Details. Verziere deine Watercolor-Geschenke mit Dekoelementen, wie z. B. einer Zuckerstange, einem Tannenzweig oder einem Geschenkanhänger. Auch das Packpapier darf in diesem Schritt noch Muster bekommen. Schärfe anschließend Konturen mit einem farblich passenden Filzstift oder Buntstift und fertig sind deine kreativen Mini-Geschenke.

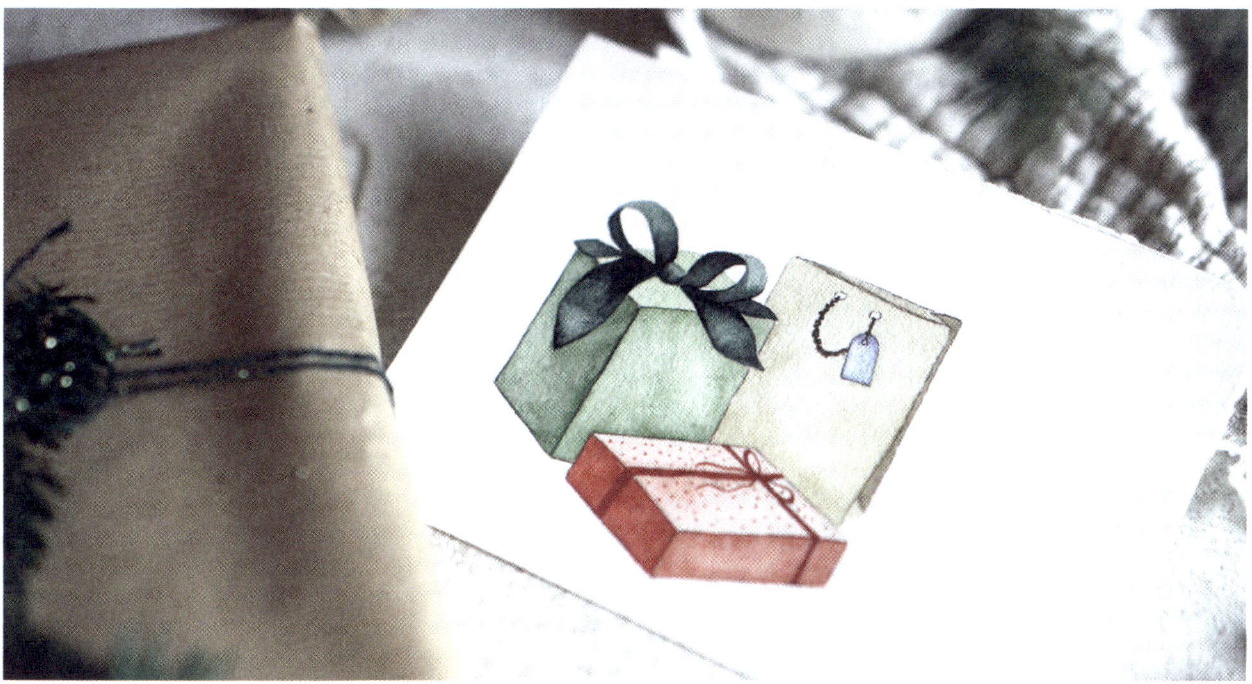

Weihnachtsstube

Der Geruch von Bienenwachs, der knisternde Kamin und draußen fällt der Schnee. Der Gedanke an eine gemütliche Weihnachtsstube hinterlässt direkt ein wohliges Gefühl. Das Motiv eignet sich auch super als Weihnachtskarte und kombiniert jetzt verschiedene Elemente und Texturen aus anderen Projekten.

MATERIAL

- Aquarellpapier matt
- Rundpinsel Nr. 6 zum Kolorieren größerer Flächen
- Rundpinsel Nr. 2 zum Kolorieren kleinerer Flächen
- Minipinsel für Details
- Flachpinsel für Kamin und Fußboden
- Filzstift für kleine Muster und Verzierungen
- weißer Gelstift für Highlights

FARBPALETTE

Titandeckweiß (101)
zum Mischen sowie für Teppich und Sessel

Umbra natur (667)
für braune Details

Umbra gebrannt (668)
für braune Details

Perylengrün (784)
für den Baum

Neutralgrau (785)
für Kamin, Fenster, Teppich

Indischgelb (220)
für das Feuer

Permanentrot Orange (360)
für das Feuer

Englisch-Venezianisch Rot (649)
für das Feuer und den Kamin

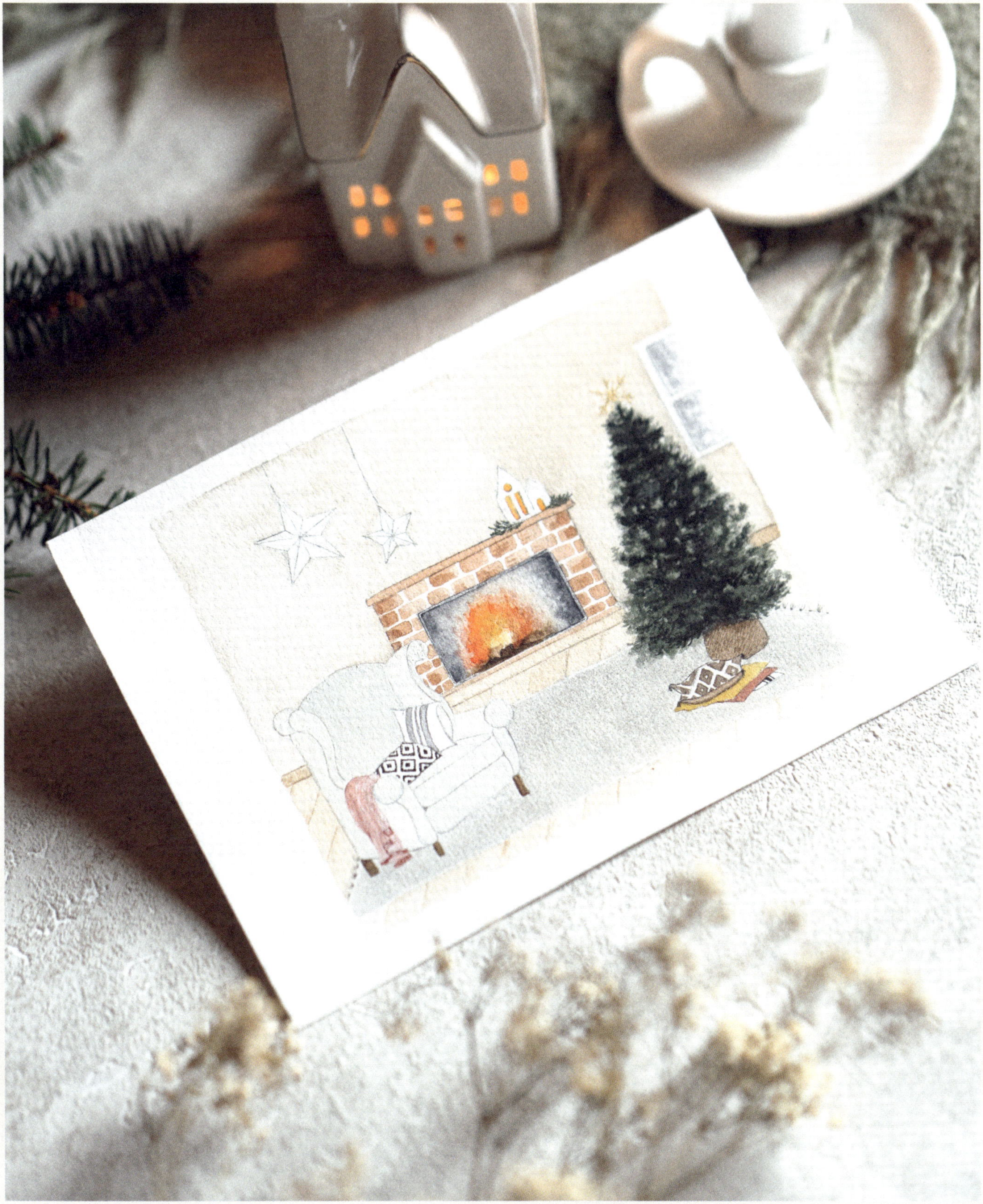

So geht's

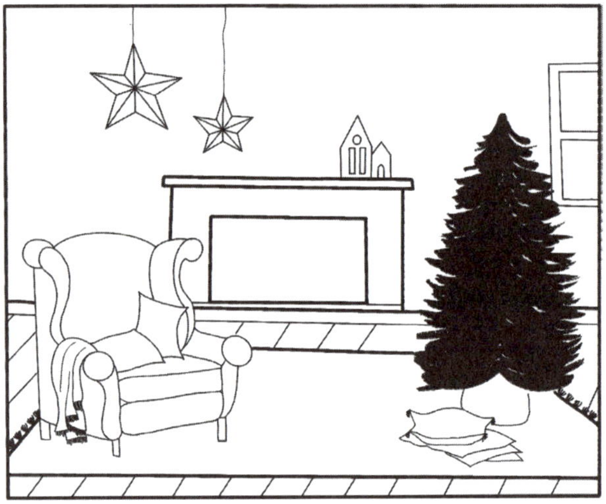

Skizze

1. Im ersten Schritt bekommt die Wand ihre Farbe. Mische dir dafür einen Beigeton, indem du einen Braunton aufhellst. Wenn du der Wand mehr Struktur verleihen möchtest, kannst du auch etwas Titandeckweiß dazumischen. Achte darauf, dass der Hintergrund nicht zu dunkel wird. Sollte das passiert sein, kannst du die Farbe mit feuchtem Pigment wieder anlösen und es abtragen, indem du den Pinsel auf einem Küchenpapier abstreifst.

2. Während die Wand trocknet, können die Holzdielen des Fußbodens koloriert werden. Achte darauf, die Latten einzeln und auf Lücke auszumalen, damit sie nicht ineinanderlaufen. Hierfür kannst du mit den Kanten des Flachpinsels arbeiten.

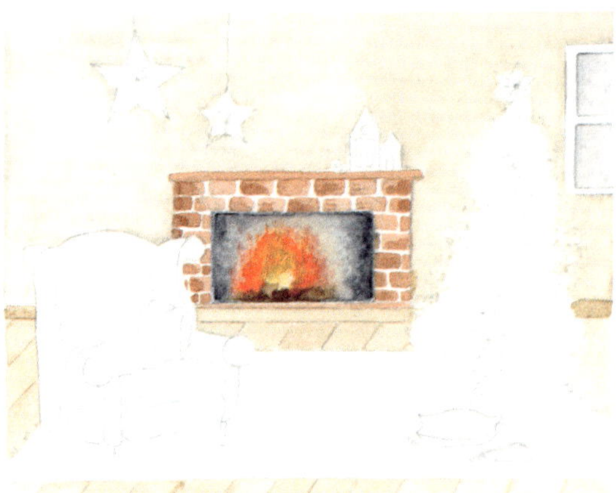

3. Den Flachpinsel kannst du anschließend direkt auswaschen, denn er hat seinen Einsatz auch am Kamin. Male die Ziegelsteine mit einem leichten Rotton und nutze dafür wieder die Pinselform. Gib für das Feuer im Inneren des Kamins etwas Neutralgrau in die Ecken und lass diese mit dem Gelb-Orange-Gemisch des Feuers verlaufen. In der Mitte des Feuers kannst du noch etwas Rot ergänzen und Braun für die Holzscheite hinzufügen.

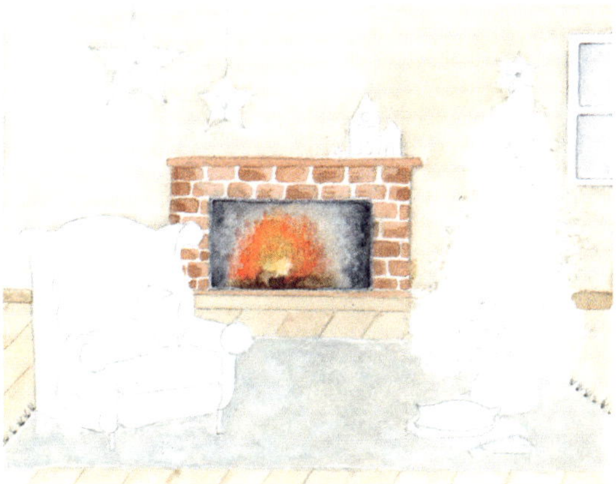

4. Die Teppichfarbe in diesem Motiv ist durch ein Farbgemisch aus Neutralgrau und Titandeckweiß entstanden. Die Teppichenden können dann noch kleine Quasten erhalten.

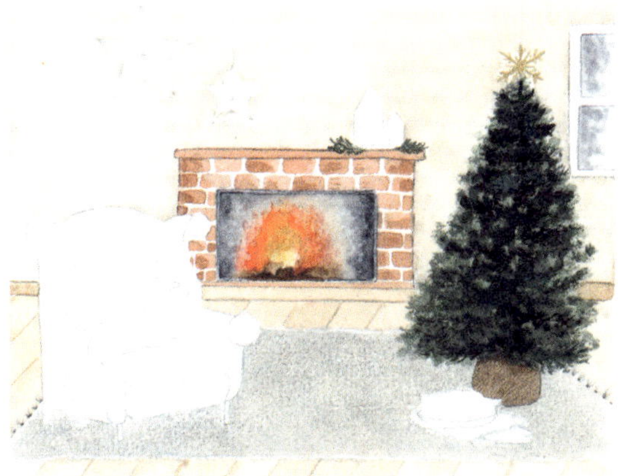

5. Für den Baum empfiehlt es sich, mehrere Grüntöne aufeinanderzuschichten und den Nadelwuchs einheitlich zu malen. Tipps zum Malen von Bäumen findest du im Fokuskapitel auf den Seiten 56 und 57.

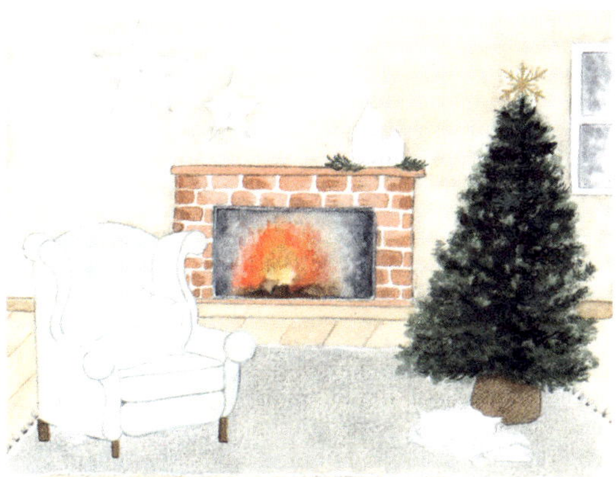

6. Der Sessel hat den Vorteil, dass er aus konkreten Einzelflächen zusammengesetzt ist, die nacheinander koloriert werden können. Mit einem Bleistift können die Konturen der Flächen nachgezogen werden.

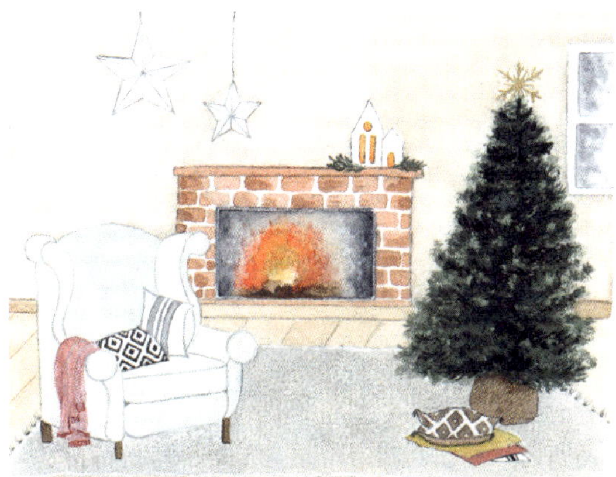

7. Im letzten Schritt erfolgen noch die Details. Dazu können weihnachtliche Dekoelemente auf dem Kamin, Lichtsterne oder auch Kissen und Decken ergänzt werden. Inspiration für Muster findest du auf den Seiten 104 und 105 zum Thema „Texturen malen".

Über die Autorin

Die Leidenschaft für Pinsel und Farben fand Victoria bereits als Kind am Küchentisch von ihrem Opa, als regelmäßig nach der Schule zusammen gemalt wurde. Dieser prägte als Künstler und Vergolder maßgeblich ihre Verbindung zum Malen. Das kreative Arbeiten zieht sich dabei wie ein roter Faden durch Victorias Lebenslauf. Auch in ihrem Studium Mode- und Designmanagement begleitete sie das visuelle Gestalten. Heute arbeitet Victoria Teilzeit in einer Agentur als Mediaplanerin und Creative-Media-Managerin.

Mit der gewonnenen Zeit im Jahr 2020 probierte Victoria sich wieder mehr mit Aquarellfarben aus und teilte ihre Ergebnisse auf Instagram. Bereits drei Monate später startete ihr erster Watercolor-Kurs und seitdem gibt sie ihr Wissen zum Watercolor-Malen an andere Kreativbegeisterte weiter. Neben Workshops kamen mit der Zeit Auftragsarbeiten, Onlinekurse und ein kleiner Etsy-Shop hinzu. Alles unter dem Dach „Victoria Florentina Kreativstudio" – ein Herzensbusiness, welches von ihr mit ganz viel Freude und Liebe zum Detail betrieben wird.

Heute lebt die gebürtige Münchnerin im bayerischen Chiemgau und erfreut sich jeden Tag am Ausblick auf die umliegenden Berge, die jetzt auch wieder öfter auf das Papier kommen.

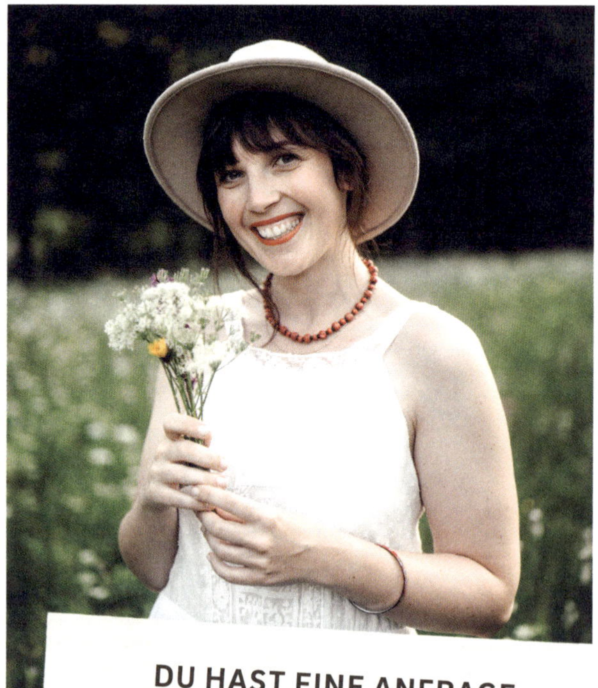

DU HAST EINE ANFRAGE FÜR EINEN WORKSHOP ODER EINE AUFTRAGSARBEIT?

Melde dich gern bei mir:

hallo@victoriaflorentina.de

www.victoriaflorentina.de

Instagram:
@victoriaflorentina

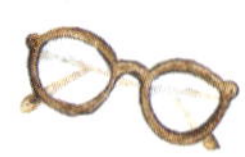

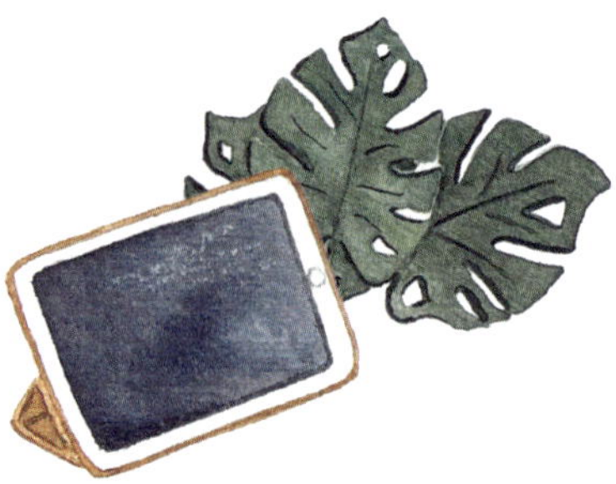

Danke

Vor ein paar Jahren hat mir meine **Freundin Lisi** ein Watercolor-Buch geschenkt. Ich fand es wunderschön und dachte mir im Geheimen: „So etwas machen zu dürfen, wäre schon richtig toll." Dieses Buch war vom EMF Verlag, und dass ich drei Jahre später die Danksagung meines eigenen Buches bei diesem Verlag schreibe, macht mich einfach nur dankbar!

Vielen Dank lieber **EMF Verlag,** dass ihr die Idee zu diesem Buch hattet und es mit mir gemeinsam umgesetzt habt. Insbesondere danke ich dir, **Saskia,** dass du als meine Lektorin mir immer mit Rat und Tat zur Seite standest und dieses Projekt unterstützt hast. Damit all die Motive für dieses Buch entstehen konnten, haben meine **Sponsoren Schmincke** und **Hahnemühle** mich im Hintergrund fleißig mit Papier und Pigmenten versorgt. Vielen lieben Dank euch!

Der Weg zu einem Kreativbuch ist natürlich ein langer und so möchte ich einen besonderen Dank an die Person richten, die den Grundstein für meine Liebe zum Malen gelegt hat. Auch wenn du es nicht mehr lesen wirst, vielen Dank, **Opa!** Deine Pinsel sind bei mir in guten Händen. Vielen Dank, **Mama, Tante Lisa** und **Papa,** dass ihr meine Kreativität immer gefördert habt. Vielen Dank, Mama, dass du immer für mich da bist und mir Rückhalt gibst.

Ein großer Dank geht auch an dich, **Salo** (@salomesommer.videografie)! Von meinem ersten Malwettbewerb in der Grundschule bis zum Foto-Shooting für dieses Buch gehst du den Weg schon seit 22 Jahren mit mir. Ich freu mich auf viele, viele weitere gemeinsame Jahre mit dir!

Vielen Dank auch an dich, **Tanja** (@tanja.kammler), meine liebste Kreativkollegin! Danke für die vielen Jahre unserer Freundschaft, den gemeinsamen Austausch und deine Inspiration und Motivation, ein kreatives Herzensbusiness aufzubauen.

In diesem Zuge geht natürlich auch ein herzlicher Dank an die **Watercolor-Community** auf Instagram, die mein Herzensbusiness auf dem Kanal @victoriaflorentina verfolgt und unterstützt. Vielen Dank für den immer sympathischen Austausch über Pinsel, Papier und Pannen.

Und zu guter Letzt: Danke an **meinen Lu.** Für den Freiraum und deine bedingungslose Unterstützung, um meine Ideen Realität werden zu lassen. Gerade in den Wochen, als ich in der Hochphase des Buchprozesses steckte und wir parallel in die Berge umgezogen sind, bin ich für deinen Support (sei es handwerklich, emotional oder ernährungstechnisch) einfach nur dankbar. Von ganzem Herzen danke, dass du an meiner Seite bist!

Wow, jetzt ist dieses Buch zu Ende geschrieben. Vielen Dank auch an dich, liebe*r Leser*in! Oder wie man in Schweden sagt: Tack!

Eure

Victoria

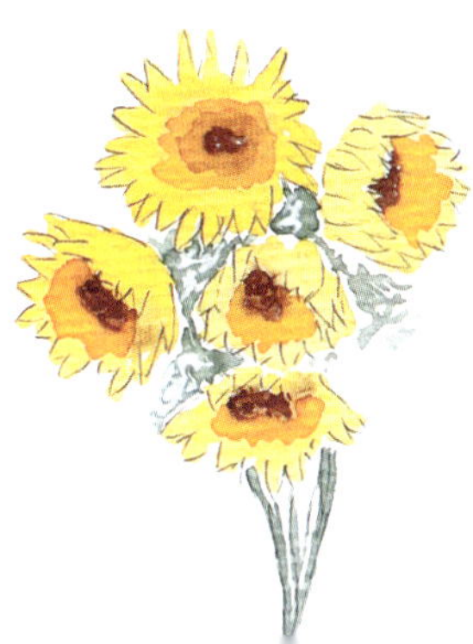

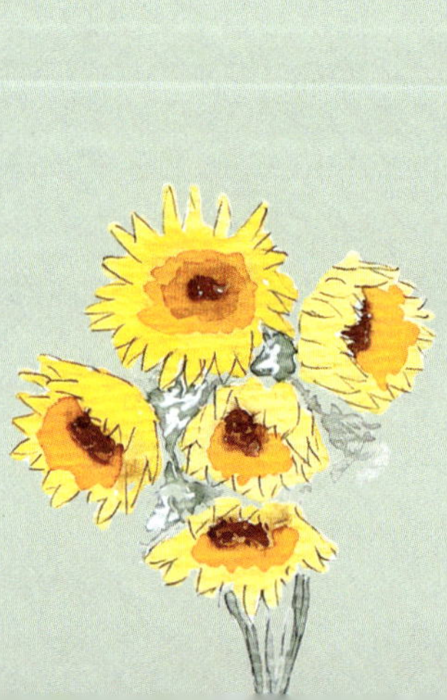